高等学校法学实验教学系列

刑事法律实务实验教程
XINGSHIFALUSHIWUSHIYANJIAOCHENG

谢雄伟　陈　斌 ◎编著

经济科学出版社
Economic Science Press

图书在版编目（CIP）数据

刑事法律实务实验教程/谢雄伟，陈斌编著 .—北京：经济科学出版社，2010.7

（高等学校法学实验教学系列教材）

ISBN 978-7-5058-9355-9

Ⅰ.①刑… Ⅱ.①谢…②陈… Ⅲ.①刑法-中国-高等学校-教材②刑事诉讼法-中国-高等学校-教材 Ⅳ.①D924②D925.2

中国版本图书馆 CIP 数据核字（2010）第 081183 号

责任编辑：赵　敏　周秀霞
责任校对：杨晓莹
版式设计：代小卫
技术编辑：邱　天

刑事法律实务实验教程

谢雄伟　陈　斌　编著

经济科学出版社出版、发行　新华书店经销
社址：北京市海淀区阜成路甲 28 号　邮编：100142
总编部电话：88191217　发行部电话：88191540
网址：www.esp.com.cn
电子邮件：esp@esp.com.cn
汉德鼎印刷厂印刷
德利装订厂装订
787×1092　16 开　13.5 印张　250000 字
2010 年 7 月第 1 版　2010 年 7 月第 1 次印刷
印数：0001—3000 册
ISBN 978-7-5058-9355-9　定价：22.00 元
（图书出现印装问题，本社负责调换）
（版权所有　翻印必究）

高等学校法学实验教学系列教材编委会

主编：杜承铭

编委：邓世豹　房文翠　纪宗宜　孙占利　陈建清

总　　序

　　法律人才的职业性特点，决定了法学实验实践性教学在法学教育中的不可或缺的地位，实验教学应当成为与理论教学紧密衔接、相互促进的教学内容与环节。基于这一理念，我们在进行课程教学时，始终将实验教学贯穿于理论教学之中，突出实验教学的地位和功能，实现理论教学与实验教学的有机结合。在理论教学基础上，通过法学实验教学进一步深化学生对法学专业知识的理解，训练学生法律实践技能，强化对学生的法律职业伦理教育，塑造法科学生的法律人格，从而实现法律人才素质的法律知识、法律能力、法律职业伦理和法律人格四者的统一。

　　法学实验教学改革应当以培养学生法治理念、实践创新能力和提高法律职业素养与技能为宗旨，以高素质实验教学队伍和完备的实验教学条件为保障，融知识传授、能力培养、素质提高为一体，通过实验教学培养学生探寻法律事实的能力、法律实务操作能力和综合表达能力，培养其法律思维能力与创新思维能力，最终实现法律知识、法律能力、法律职业伦理和法律人格四者的统一。然而，在我国的法学教育中，较普遍地存在理论与实践脱节的现象，学生难以在短期内适应法律实务部门的工作。近年来，法学教育中的实验实践性教学环节的重要性越来越受到法学教育界的重视，教育部"教学质量与教学改革工程"中开展的国家级法学实验教学中心的建设就清楚地表明了这一点。通过法学实验教学改革，我们力求达到如下目标：

　　一是促进法学理论与实践相结合。通过实验教学，使学生直接面对将来的工作环境与工作要求，促使学生将所学理论知识运用于实务之中，使学生在校时就具备适应未来法律工作所必需的心理素质、知识结构和操作能力。

二是构建模拟法律职业环境，为学生提供充分的动手操作机会。通过建立仿真实验环境，使学生在分析案件事实、收集证据、人际交往和沟通、起草法律文书等技能方面的训练得到强化，培养学生从事法律职业所需要的专业技能。

三是提供师生互动平台，变"填鸭式"教学为学生主动学习。实验教学是以学生主动学习为基础展开的，在实验教学模式下，学生也被赋予了一定的责任，在实验过程中，学生可以同指导教师就实验中遇到的问题进行无障碍的沟通。

四是提高师资队伍的教学水平。要进行法学实验教学，仅有书本知识、没有丰富的实践经验是远远不够的，这就要求指导教师必须深入法律实务部门，掌握相应的专业技能。实践经验的丰富，无疑可以帮助教师更好地讲授相关法律专业知识，促进教学水平的提高。

我校历来重视法学实验教学在法学教育和法律人才培养中的重要地位，早在1993年法学本科专业设立之初就着手法学实验室和实验教学的设计和规划，1996年竣工的法学实验室（包括模拟法庭和司法技术实验室）是当时广东省唯一的法学专业实验场地，1997年实验教学正式纳入教学计划，在物证技术学、法医学、侦查学、刑事诉讼法、民事诉讼法、行政诉讼法学等六门课程开设28个实验项目。2007年学校整合全部法学实验教学资源，成立了由法律实务实验室、法庭科学综合实验室、开发设计实验室、网络学习实验室和模拟法庭组成的法学实验教学中心。15年来，我们开展了法律实务实训教学（如案例分析诊断、庭审观摩、法律实务模拟等）、法庭科学实验教学（如法医学、物证技术学和侦查学实验）、社会专题调查（地方立法调查、法律援助调查、乡村法律服务等）、实践与实习（包括法律诊所、社会实践和毕业实习）等四种模式组成的实验教学活动，形成了有我校特点的"两大部分、三个层次、四大模块"法学实验教学的内容体系：(1) 从实验教学的空间来看，包括校内实验和校外法律实践两大部分；(2) 从实验教学的性质来看，包括基础型实验（如课程实验）、综合型实验（如专项实验、仿真实验）和法律实践（如见习、实习等）三个层次；(3) 从实验教学的类型来看，包括实验、实训、调研和实习四个模块。其中，实验模块主要由法庭科学的实验课程组成，包括法医学、侦查学、物证技术鉴定等；实训模块主要包括：庭审观摩、案例诊断、司法实务（民事法律实务、刑事法律实务、行政法律实务）、企业法律实务、警察行政执法程序、调解与仲裁等；调研模块包括地方立法、法律援助等专题调研；实习模块包括法律诊所、基于经济与管理实验教学中心平台的"企业法律实务仿真实习"和毕业实习等内容。

　　通过多年的努力建设和广大教师的辛勤劳动，我校法学实验课程和实验项目体系建设取得了较为丰硕的成果，建设了包括基础型、综合设计型、研究创新型等实验类别在内的129个实验项目，18门实验课程，涉及相关知识内容的课程28门。所有这些实验项目体系，通过作为实验课程建设直接成果的法学实验教学系列教材公开出版。本套法学实验教学系列教材是我校教师长期从事法学实验教学改革和研究的直接成果。我们相信，这些成果的出版将有力地推动我校法学实验教学改革和法律人才培育目标的实现，我们也希望能够得到广大从事法学教育特别是从事法学实验教学的专家、学者的鼓励、交流、批评和指正。

杜承铭
广东商学院法学实验教学中心
二〇〇九年十一月八日

前　言

改革开放30多年来，我国法学教育取得了巨大的成就。据教育部和有关部门统计，目前我国有615所高校开设法学专业，有115个法律硕士点，开展各种形式法学教育的单位总计有927个（包括党校、军校、民办高校、电大、自考、法官学院、检察官学院及公安警官类等）。年招生约11万余人，在校生70多万人，其中本科45万；2008年招收法学硕士生13192人，法律硕士（含全日制和在职）8705人，两者合计在校生规模近6万人；2009年招收法学博士生约1000人，在校法学博士生近3000人。2008年法学硕士、法学博士的招生规模都比2005年翻了大约1倍。[①] 我国已成为世界上发展速度快、规模最大的法学教育大国。法学教育的迅速发展无疑对我国的法治建设以及法学人才的培养具有重要意义，但也不可避免地暴露出很多问题。对此张文显教授有很好的概括：法学教育规模与质量要求不相适应；社会对高素质、高级法律人才需求与高等学校的培养能力不相适应；法学本科教育是素质教育和职业教育不相适应；法学教育的统一性基本要求与多样化发展态势不相适应；法学教育与司法考试不相适应。因此，法学教育应如何进一步科学发展成为目前亟待解决的问题。

鉴于法学教育的现状与问题，人们对法学教育的定位越来越倾向于法学教育的职业教育，并且认为法学教育应当以职业为导向，面向社会实际、面向法律等职业领域。人们也越来越多地感到中国目前法学教育的规模如此庞大，事实上不可能都进行学术化培养；要让学生多元化地发展，走向职业化，注重职业化的培养。因此，高等法学教育人才的培养应改变传统的教育方式以适应法律职业的实际需要，培养具有综合法律职业能力的应用型人才；法学学生不仅要掌握扎实的法律理论基本功，更应当具备法律分析、解决实际问题的基本技能和素质。

我校针对教育部提出的推动高等学校加强学生实践能力和创新能力的培养、加快实验教学改革和实验室建设、促进优质资源整合和共享、提升办学水平和教育质量的教育目标，成立了规模较为全面的法学实验教学示范中心，包括法律诊

[①] 转引自《法学教育改革与发展的新动向》，法制网，http://www.legaldaily.com.cn/bm/2009-11/04/content_1176423.htm，2009年11月19日。

所、法医鉴定、模拟法庭等实验教学项目。刑事法律实验课程就是顺应新的教学改革目标而设立的一门法学实践课，是在学生学完《刑法学》、《刑事诉讼法学》理论课之后所开设的多种法学实验课程之一。该教材主要具有两个特点：

一是体系较为新颖、内容交叉性比较明显。本教材改变传统教学将刑法学、刑事诉讼法学独立分开的做法，将实体法与程序法有机地结合起来，不仅涵盖刑事司法，还包括刑事立法、刑事执法项目，有利于全面考察学生的综合运用能力。

二是以学生实践为主、老师指导为辅。法学实验教学的目的就是通过实务模拟、专项技能训练等方法提高学生分析问题、解决问题的能力。本教材在提供实验素材的基础上，采用案件讨论、角色模拟、教师指导等方式，培养学生在会见、法律文书写作、刑事辩论技巧等诸多方面的实践动手能力。

诚然，我国法学实验教学改革还处于起步阶段，本教材的编写也是一种初步的尝试，不足之处在所难免，恳请同行不吝赐教。

目　　录

第一部分　刑事立法实务

实验项目一　刑事立法的入罪化 ·· 1

实验项目二　刑事立法的非罪化 ·· 6

第二部分　刑事司法实务

实验一　刑事公诉 ·· 13

　　实验项目一　讯问犯罪嫌疑人 ·· 15
　　实验项目二　律师在审查起诉阶段为犯罪嫌疑人辩护 ············· 23
　　实验项目三　审查核实证据 ·· 32
　　实验项目四　补充侦查 ··· 36
　　实验项目五　不起诉 ·· 40
　　实验项目六　提起公诉 ··· 46

实验二　刑事自诉 ·· 56

　　实验项目一　自诉的提起 ·· 56
　　实验项目二　自诉案件的审判 ·· 62

实验三　附带民事诉讼 ·· 68

　　实验项目一　附带民事诉讼的提起 ······································ 68
　　实验项目二　附带民事诉讼的审判 ······································ 73

实验四　第一审普通程序 …… 83

实验项目一　对公诉案件的庭前审查 …… 83
实验项目二　开庭前的准备 …… 87
实验项目三　开庭 …… 91
实验项目四　法庭调查 …… 94
实验项目五　法庭辩论 …… 103
实验项目六　判决书、裁定书的制作 …… 122

实验五　简易程序 …… 137

实验项目一　简易程序的提起 …… 137
实验项目二　简易审判程序 …… 140

实验六　第二审程序 …… 146

实验项目　第二审程序 …… 146

实验七　死刑复核程序 …… 163

实验项目　死刑复核程序 …… 163

第三部分　刑事执法实务

实验项目一　行刑的社会效果分析 …… 181
实验项目二　减刑 …… 185
实验项目三　假释 …… 193

参考文献 …… 203

第一部分 刑事立法实务

实验项目一 刑事立法的入罪化

一、实验原理概述

所谓刑事立法的入罪化，是指随着因时代与环境的影响和刑事政策的变化，在刑事立法中将不是犯罪的行为在法律上作为犯罪，使其成为刑罚制裁对象。由于刑法具有严厉性和补充性的法律性质，因此，我国刑法理论通说认为，犯罪必须是一种具有严重社会危害性的行为。故一种行为能不能被规定为犯罪、应不应当受到刑事处罚必须遵循一定的立法原则。

首先，要严格区分刑法与道德。

分析法学派认为，道德可以分为内部道德和外部道德。所谓内部道德就是指表现在人内心的思想、动机等意识形态；而外部道德是指内部道德的外化，即通过实施一定的行为将行为人的主观意识表现出来。外部道德不仅仅停留在意识形态的阶段，并征表为外部的行为，因此其不同于内部道德。对于两种不同的道德，由于其社会意义不同，因此也应由不同的社会规范予以调整，"就今日而言，法律已不再过问内部道德。与道德相反，法律是通过各种制裁——惩罚、替代性的补偿、特殊性补偿以及强有力的预防措施发挥作用的，因而它必须以某些切实的事物为依据。"[①] 由此可见，法律不关注内部道德，对人的思想、动机等主观意识形态，法律不予调整和规范。只有在主观思想支配下的行为才是法律、刑法需要关注的。也就是说刑法的规制对象是外部道德，而对于仅仅是隐藏在内部的道德问题，刑法是不能介入的。"思想不受处罚"是刑法的一个格言，也是不言

---

① 罗科斯·庞德著，陈林林译：《法律与道德》，中国政法大学出版社2003年版，第97页。

而喻的道理，并且如果思想不表征为外在行为，就不会对社会造成直接、有形的危害，因此决策者也不会利用刑法手段去制裁、控制人的思想动机。

其次，要遵守刑事立法的谦抑性。

谦抑性原则又称必要性原则，指立法机关只有在该规范确属必不可少——没有可以代替刑罚的其他适当方法存在的条件下，才能将某种违反法律秩序的行为设定成犯罪行为。也就是说，刑法在介入社会生活时，应当尽可能地控制其介入广度和深度，合理规定刑事处罚范围与处罚程度的原则。正如德国刑法学家耶林格所言："刑罚如两刃之剑，用之不得其当，则国家与个人两受其害"，"故刑罚之界限应该是内缩的，而不是外张的，而刑罚应该是国家为达其保护法益与维护法秩序的任务时的最后手段。能够不使用刑罚，而以其他手段亦能达到维护社会共同生活秩序及保护社会与个人法益之目的时，则务必放弃刑罚手段。"[①] 这就是说，刑罚手段的最严厉性决定了刑法只能是其他法律部门得以贯彻的最有力保证和救济，即刑法是其他法律部门的救济和保证。

根据刑法的谦抑性原理，有学者认为对某种行为规定为犯罪应满足以下条件：（1）这种行为在大多数人看来，对社会的威胁是显著的，以社会的各个方面来看都是不能容忍的；（2）对这种行为科处刑罚符合刑罚的目的；（3）对这种行为进行控制不会导致禁止或限制对社会有利的行为；（4）对这种行为的处理能够公平、无差别地进行；（5）对这种行为进行刑事处理时，不会对刑事诉讼程序产生质和量方面的负担；（6）对这种行为的处理，没有替代刑罚的其他适当方法的存在。[②]

二、实验目的

通过该实验项目，理解刑事立法入罪化的概念和刑事立法的入罪化的理论基础，加深对在我国现阶段刑事立法应当入罪化还是非罪化的认识和理解，领会刑事立法犯罪化的原则。

三、实验内容

（1）刑事立法犯罪化的原理掌握；
（2）结合社会现象，运用刑事立法原理分析犯罪化问题。

---

① 转引自林山田著：《刑罚学》，台湾商务印书馆1985年版，第127页。
② 转引自［日］大冢仁著：《刑法概说》，有斐阁1989年版，第7页。

四、实验要求

（1）要求正确理解罪刑法定原则的基本要求；
（2）认真领会并理解犯罪化的概念，进而把握刑事立法犯罪化的原则；
（3）认真理解并运用我国刑事立法犯罪化的原理。

五、实验角色分配与实验步骤

根据刑事立法的原理，本实验项目可以将实验角色作如下分配：（1）立法机关；（2）人大代表；（3）学者、法律工作者及普通公民。

六、实验素材

关于增设"见危（死）不救罪"的立法提案背景资料：

资料一：100 多人大代表建议增加"见死不救罪"[①]
2001 年全国两会上，有代表认为，现在见危不救和见死不救等现象引起了社会各界的广泛关注。见危不救和见死不救造成的社会影响相当恶劣，在有些国家早已有此类立法。在这次人代会上，刘如琦等 32 位代表也就此提出议案，他们建议在刑法中增加"见危不救和见死不救罪"，立法内容应包括犯罪行为的法律界定和惩治条款等。

资料二：2004 年人大代表建议增加"见死不救"罪名[②]
何为见死不救？眼见他人陷入险境，自己有责任救助或有能力救助而袖手旁观，这就是所谓的"见死不救"。"见死不救"是我们这个时代多次被提起的严峻话题，它具有着强烈的道德谴责意味。如何解决这种耻辱性的"见死不救"为标志的时代道德困境，诉诸法律，还是重建道德？人们面对道德失范，往往会想起法律的武器。今天，"见死不救"这种最为极端的道德恶行，是否可以用法律拯救呢？

[①]《上海市政协委员建议设立"见死不救罪"》，中国新闻网，http：//www.chinanews.com.cn/2001-02-23/26/72975.html，访问日期：2009 年 2 月 8 日。
[②] 21 世纪新闻网，http：//news.21cn.com/today/focus/2007/04/24/3197225.shtml，访问日期：2009 年 2 月 8 日。

保护公民生命是国家的法定责任

"生命的价值高于一切"是一个最基本的社会伦理，每一个人都应自觉遵守，而作为国家公务员，更应该成为践行的典范。"保护每个公民的生命和健康"正是国家的法定责任之一，所以国家权力介入"见死不救"实质上是一种"归位"。

最高人民检察院 2004 年 8 月 10 日公布《检察人员纪律处分条例（试行）》。条例明确规定，检察人员遇到国家财产和人民群众生命财产受到严重威胁时，能救而不救，情节严重的，给予降级、撤职或者开除处分。

吉林乾安县发生的案例的确触目惊心。2004 年 5 月 19 日下午，该县某村 80 余名群众去县政府上访，在县政府二楼被四五名工作人员阻止发生拥挤，16 岁的少年陶汉武意外跌倒昏迷。"当时大家向县政府工作人员请求，让他们用手机给 120 打个电话叫救护车来，结果对方回答说'没手机'。大家又请求借用一下政府的固定电话叫救护车，他们却说'电话不好使'。孩子的父亲陶金财急得给在场的政府工作人员跪下，哀求他们帮忙叫救护车。结果，没有一个人理会或者吱声"。终于，耽搁半小时后，陶汉武经抢救无效死亡。

"见死不救"罪名

"见死不救"事件屡屡发生一再表明，这一社会问题，仅仅靠道德的约束和有限的法律责任是远远不够的，唯有施以全面的法律手段，方能惩治这种具有极大社会危害性质的冷漠和怠责行为。也就是说，国家公务员在树立和倡导社会公德和善良风俗上应当起到模范带头作用，这种"应当"可以提升到法律义务的层面；每个公民应当对自己义务范围内的危险情势负有义不容辞的救助义务，这种责任也可以强制提到法律的层面上。早在 2001 年的全国人代会上，即有 32 名代表就增加刑法罪名提出议案。建议刑法增加新罪名："见危不救和见死不救罪。"

"见危不救"和"见死不救"等现象引起了社会各界的广泛关注。"见危不救"和"见死不救"造成的社会影响相当恶劣，在有些国家早已有此类立法。在 2001 年的全国人代会上，刘如军等 32 位代表就此提出议案，他们建议在刑法中增加"见危不救和见死不救罪"，立法内容应包括犯罪行为的法律界定和惩治条款等。

有法律学者建议规定：公民对于国家公共利益与他人的合法权益遭受危害时，负有救助义务；对于"见死不救"的行为，可以按其社会危害性及责任人当时的主客观条件，追究其刑事责任。

上海市政协委员、上海大学法学院教授倪正茂和一些政协委员也曾提出建议——设立"见死不救罪"，并同时制定"见义勇为奖励法"。

他们认为，"见死不救罪"的量罪依据，可以参考造成事情后果的轻重、事情发生时当事人的处置态度等等。见义勇为者奖励可根据当事人当时的献身程度、事情发生时的危急情况，以及所取得的有效后果等来决定。

社会上也一直有不同意见

是否应该追究所有"见死不救"者的法律责任呢？有法律专家认为法律追究责任的对象应被圈定在特定人群范畴内，比如特定公职人员，比如与面临生命威胁者有特殊关系的人，如当时在场的配偶、恋人等。如果只是一般路人，应当或者能够去追究其法律责任吗？见到有人自杀而未施救者有时不止一两人，难道能将他们都以"见死不救罪"判个几年吗？又如何来判定哪些人看到或没看到呢？也就是说，泛泛设立"见死不救罪"没有可操作性。

反对意见还认为之所以不宜专门设立"见死不救罪"，是因为作为非特定人员，"见死不救"在很大程度上是个道德问题，只能从道德上予以谴责，不能将对一般人员而言属于道德层面的问题"法律化"，从而混淆道德与法律间的界限。甚至有人认为将"见死不救"列入法律，是法律对道德行为的过分介入的非理性做法，并会成为一种道德专制或暴力。

资料三："见死不救罪"很搞笑①

设立"见死不救罪"又一次再现"两会"提案——在今年的"两会"上（注：指 2005 年），全国人大代表陈文希将向大会提交《关于增加"见死不救"罪名并同时制定"见义勇为法"的建议》。一种惯性思维似乎正在形成——当问题成了现象，当道德自律收效甚微，人们就会自然而然地想起法律，进而想起最具强制力的犯罪与刑罚。那么，修法吧，"入罪"吧！

1997 年，现行《刑法》经历了前所未有的一次大修，新罪的增加数以百计。本以为这么大的修订规模之后，至少可以在短期内维持法律应有的稳定，但在最近的 7 年中，《刑法》又经过 6 次修改。频繁的修改，部分缘于过往在立法技术上的陈旧与欠缺，且与中国正处于社会转型时期，新的犯罪不断涌现紧密相连。

因此，新罪名的出现不过是刑法因应社会的发展应当作出的必要回应，新罪名本身并无可置疑。但我们要讨论的是，什么样的行为，在什么情况下应当"入罪"，又当怎样"入罪"？

某项行为该不该"入罪"，其争议的焦点其实在于某项有违道德的行为该不该刑罚化。道德与法律确有交叉，进而有重合也有区分。将违反道德的行为纳入到法律规制之列甚至是刑法规制的范围，是立法的一个常用管道。但道德毕竟不

---

① 《南方都市报："见死不救罪"很搞笑》，人民网，http：//www.people.com.cn/GB/news/1023/3061876.html，访问日期：2009 年 2 月 8 日。

等同法律——法律只是底线的道德，而绝不应成为泛化的道德。

我们很难想象如果人为地将不同层级的道德一律刑罚化会对社会、对公众产生何种后果和影响：儿女不敬父母，拿"不孝罪"伺候？生两胎还嫌不够，定他个"超生罪"？想做丁克家族，那就来个"不育罪"？脚踏两只船，赶紧立"花心罪"？搞婚外恋，也得有个"不贞罪"吧？如此推导，不知还有多少新罪可以搞笑。

说它搞笑，不单是笑它陷入刑罚崇拜的迷途太深，也笑它立法常识缺欠。有些个体行为的确有"入罪"的必要，但却无需借助于设立新罪来实现。譬如"见死不救罪"这条，不少评论家都将其主体限制为负有特定职务或法定义务的人——其实，对这些特定主体的"见死不救"行为是完全不需借助于一个新罪名来加以规制的。依据现行《刑法》，他们很可能触犯以不作为方式实施的"渎职罪"或"故意杀人罪"。现行法律完全可以解决的问题，又何须劳师动众非设个新鲜的罪名不可？

对于刑事立法而言，在追求"法律生长"的同时也必须注重一定时期内的相对稳定。修法不是越频繁越好，罪名也不是越多越好，更不是越新越好。刑法的修订通常应遵循所谓的"谦抑性"，即立法者应当力求以最少的支出——少用甚至尽量不用刑罚（而用其他的刑罚替代措施），获取最大的社会效益，并有效地预防和控制犯罪。

实验项目二　刑事立法的非罪化

一、实验原理概述

非罪化是指在刑事立法上将迄今为止作为犯罪加以处罚的行为不作为犯罪，停止对其处罚，它包括变更从来都是作为犯罪科处刑罚的现状，而代之以罚款等行政措施加以处罚的情况。[①] 非罪化可以分为立法上的非罪化与司法上的非罪化。立法上的非罪化即所谓刑事立法的非罪化，是指将本来作为犯罪处理的行为通过立法方式将其从犯罪范围中去除。司法上的非罪化是指刑法虽然规定为犯罪，但由于犯罪情节轻微、危害不大，在司法过程中对这种行为不作为犯罪处理。非罪化体现了刑法的轻缓化，因而是宽严相济刑事政策的重要内容，是指一直以来科

---

① 参见赵秉志：《刑法修改中的宏观问题研讨》，载《法学研究》1996年第3期，第90页。

处刑罚手段不再用刑罚手段予以处罚。包括三种情形：一是对原为法律规定为犯罪的行为予以合法化；二是对原为法律规定为犯罪的行为行政处罚化，即将违警罪中的绝大部分犯罪行为划入秩序法中，用行政处罚代替刑罚；三是对具体危害行为（当然也包括某类行为）通过司法的程序不把它当作犯罪处理。

我国现阶段，一些学者在分析犯罪化和非犯罪化概念的基础上指出，在刑法理论中，非犯罪化是与犯罪化相对应的一个刑事政策概念，在现代刑事政策中它代表着刑法缓和、谦抑的发展趋向。还有学者在分析我国"严打"刑事政策不足的基础上指出，仅仅强调非犯罪化和犯罪化并重是不够的，现在需要更多地强调非犯罪化倾向，否则不足以纠正立法、司法中的积习。这些观点都主张我国现阶段在刑事立法上应该非犯罪化，概览这些观点的理由，其大体如下：第一，自由主义及人权保护思想是非犯罪化理论产生的哲学依据，刑法已经不仅仅是惩治犯罪，犯罪化是刑法工具主义的体现，在人权保障与社会秩序维护的价值选择中，刑法应当是"人民权利的保障书"，因而要实行非犯罪化。第二，在现行刑法上，有许多犯罪是没有被害人的，既然刑法是与严重危害法益行为作斗争的手段，与个人生活利益无关的行为就不应该规定为犯罪，因此我国应将该类犯罪"非犯罪化"。第三，认为我国虽曾有"惩办与宽大"相结合的刑事政策，但1983年以来的"严打"政策的实施使得实践中指导刑事立法和司法的其实只有重刑思想，对犯罪的原因及作用没有全面的认识，迷信刑罚的威吓作用，试图用严厉的刑罚消灭犯罪，这是犯罪化思想的体现，而且实践证明未能有效地消灭或减少犯罪，因此应当轻刑化，刑事立法上非犯罪化。第四，实践证明，单靠刑法是有局限性的，无法有效抑制犯罪，应当追求好的社会政策预防和治理犯罪，由此否定犯罪化，提倡非犯罪化。第五，根据有罪必罚原则，犯罪化思想主张入罪，必定在立法上制定法定刑，司法中科定宣告刑并执行刑罚。

而刑罚有着不可避免的负面影响：一是刑罚本身是一种恶；二是刑罚使得罪犯难以再社会化；三是大量行为入罪，司法资源不堪负担。因此主张刑事立法非罪化的意义在于，纠正基于国家的强烈处罚要求的过剩犯罪化倾向，立足于刑法谦抑主义的立场，设定适当的犯罪。由此可以看出，非犯罪化的理论根基为刑法的谦抑性。刑法的谦抑性主要表现为：（1）刑法的补充性。即刑法应当作为其他部门法的保障法、补充法而出现。（2）刑法的不完整性。即刑法不可能对社会的方方面面进行调整。（3）刑法的经济性。强调刑法也是一种资源，在动用刑法的时候应考虑刑法的成本和效益。如此，对于危害行为，只有在道德及民法、行政法等其他法律手段对之予以调整之后，仍不能达到最好的社会效果时，才能动用刑法对其进行规制，才能将其规定为犯罪。

二、实验目的

通过该实验项目，了解刑事立法非犯罪化的概念及其意义，把握非犯罪化的主要根据，分析非犯罪化在我国刑事立法中的应用。

三、实验内容

(1) 刑事立法非犯罪化的主要根据；
(2) 刑事立法非犯罪化的具体运用。

四、实验要求

(1) 掌握握刑事立法非犯罪化的概念及其意义；
(2) 掌握我国刑事立法非犯罪化的根据；
(3) 结合社会现象，具体运用非犯罪化原理分析我国相关刑事立法。

五、实验角色分配与实验步骤

根据刑事立法的原理，本实验项目可以将实验角色作如下分配：(1) 立法机关；(2) 人大代表；(3) 学者、法律工作者及普通公民。

六、实验素材

（一）刑事立法中应否吸收"亲亲相隐"原则

材料一：可不可以"亲亲相隐"[①]

中央电视台《今日说法》节目曾有一个案例，讲的是一位母亲为了包庇故意杀人的儿子，不但自己作伪证，而且串通邻居也作伪证。最后，这位母亲也被法院定罪判刑。向司法机关提供证据是公民的义务。我国《刑事诉讼法》第四十八

---

① http://www.gmw.cn/03pindao/guancha/2003-10/031029/031029-07.htm，访问日期2009年2月10日。

条规定："凡是知道案件情况的人，都有作证的义务。"作证不仅是公民的义务，作伪证还要负刑事重任，所以《刑事诉讼法》第九十八条规定："询问证人，应当告知他应当如实地提供证据、证言和有意作伪证或者隐匿罪证要负法律责任。"

材料二：从"亲亲相隐"到修改"包庇罪"[①]

全国人大代表、重庆市人大常委会秘书长刘成义等31人3月9日联名提交议案，要求修改现行《刑法》中关于"包庇罪"的条款，若包庇不危害国家安全或非严重暴力性犯罪者的直系亲属者应减轻或免除处罚。

实践中有大量的案件是丈夫犯罪，妻子窝藏；兄弟犯罪姐妹包庇；儿子犯罪父母资助逃亡天涯。当犯罪者被缉拿归案时，妻子、姐妹、父母均因窝藏、包庇、伪证等罪刑亦锒铛入狱。在这一类案件中因为亲情而使自己身陷囹圄不能不说是株连的另一种表现形态。当我们面对孤儿寡母艰难度日情形，面对老弱病残无助的眼神，面对父母均入狱而无力交纳学费的子女流落街头，甚至成为犯罪的后继者等现象时，我们是否应当反思我们的法律设定窝藏、包庇、伪证罪主体上是否具有正义性？

一部良法、一个健康的法律体系应当是符合人性的。孟德斯鸠亦说：为了保存法纪，反而破坏人性是为恶法。我们需要的不只是一个具有确定性的法律规范，我们更需要法对人性的容忍和认可。"亲亲相隐"符合人性基础，符合大多数公众的道德价值观。

（二）《刑法》第三百零六条应否废除

材料：张燕呼吁取消《刑法》第三百零六条　四理由质疑"律师伪证罪"[②]

《刑法》第三百零六条，俗称"律师伪证罪"，自刑法实施之日起，围绕这一条的争论就没有中断过。

全国人大代表张燕是陕西大唐律师事务所主任。去年，她以全国人大代表的身份参加了全国人大常委会开展的律师法执法检查。张燕告诉记者，检查组发现，来自律师界最强烈的呼声便是取消"律师伪证罪"。她说，这一条"客观上已造成律师执业环境恶化、控辩双方失衡加剧、职业报复迭出、律师声望受损等弊端"，应当予以尽早修改。张燕今年领衔提交的一份议案，列举了取消"律师

[①] 新华网，http://www.gd.xinhuanet.com/newscenter/2005-03/11/content_3854900.htm，访问日期2009年2月10日。

[②] 人民网，http://npc.people.com.cn/GB/28320/58835/58840/4186507.html，访问日期2009年2月10日。

伪证罪"的四大理由。

第一个理由是受该条影响，辩护律师的现状堪忧。她说，1997年刑法修改以后，律师的执业安全感降低，刑事辩护的风险大大提高，辩护律师的执业安全亟待保障。恐惧感使律师不敢按照自己所设计的方案开展全面调查。

张燕告诉记者一组数据，1995年全国律协接到的律师维权案件仅有十几起，而刑法修订后的1997年和1998年，每年达到70多起，其中涉及《刑法》第三百零六条规定的案件占全部维权案件的80%。另有数据表明，全国范围内有律师参与的刑事案件已不足30%，而且这一比例仍在下降。

第二个理由是律师作伪证、诱使证人改变证词的问题，在实践中难以明确界定。张燕说，该条款中的"帮助"、"引诱"等词语缺乏明确的含义和界定标准，客观上加大了律师执业的风险。

张燕认为，引导、诱导很多时候是律师帮助证人回忆情况时的技巧和手段，出于善意的引导和诱导是有效果的，也是应当被允许的。然而根据本条规定，律师一旦引诱证人违背事实改变证言或者作伪证，没有情节轻重之分，都构成犯罪。哪些行为是违反职业道德的行为，哪些行为是犯罪行为没有明确的界限。

第三个理由是该条款将律师设置为单一的"特殊主体"不恰当，和我国与国际接轨的整体发展思路相悖。

张燕说，律师就其自身工作的性质和职责而言，除了遵守国家的法律、法规，并在律师行业管理和职业道德准则指导下提供法律服务工作之外，与普通公民相比较并无任何特殊之处。在刑法中为律师单列一个罪名是非常不合适的。

第四个理由是律师的违法行为构成妨害证据或妨害作证时，可以适用《刑法》第三百零七条。

在司法实践中，个别律师受利益驱动或者其他原因，作伪证的现象确实存在。严格禁止、严厉惩罚个别律师妨害证据的行为无可厚非，但完全可以按照对司法工作人员妨害证据行为一样适用《刑法》第三百零七条。

张燕表示，修改《刑法》第三百零六条的条件已经成熟，应在刑法的修改时将该条款废除。

（三）安乐死应否非犯罪化

材料一：人大代表：期盼安乐死解救生不如死的生命[①]

今年2月，宁夏女孩李燕的一份"安乐死申请书"将"安乐死"推上了舆

---

① 搜狐新闻网，http://news.sohu.com/20070612/n250516505.shtml，访问日期2009年2月10日。

论的风口浪尖。"安乐死是否能被我国法律所允许"成了社会各界关心的问题。李燕的"安乐死申请书"在网上公开后,引爆了一场关于安乐死的大讨论。支持和反对的观点,频频见诸报端。但对于李燕来说,她最关心的问题是,有没有人大代表愿意为她递交安乐死议案。日前记者得知,全国人大代表、山西省脑康复医院院长郭新志将向全国人大提交安乐死议案。

对于是否同意安乐死,记者随机对30多名太原市民进行了采访,支持、反对的声音都有。太原市迎泽区一位姓王的先生,对"安乐死"非常支持。王先生有一个儿子,成为植物人已经好多年,"我和老伴都已经70多岁了,我们死了以后儿子怎么办?我希望在我有生之年能让儿子安乐死,不要让他在我们去世后受罪。""怎么可以选择一个人的生死呢,一旦可以安乐死,那么,会不会产生各种可怕的社会问题呢?"太原市民高先生对"安乐死"坚决反对,他说"安乐死包含着残忍"。

相对于上述两种观点,太原市民卫女士的观点比较折中。卫女士认为,"我们没有死的权利,但是如果当病痛的折磨超越我们所能承受的限度时,为什么不让生命静静地结束呢……"

据了解,20世纪80年代开始,国内曾有多次"安乐死"调查,结果显示赞成"安乐死"的群众在60%以上。最近,一家大型网站曾就"安乐死"作过专题调查,91.67%的网友支持安乐死,认为选择死或者活同样是人的权利;反对的占8.33%,认为好死不如赖活,这样对生命太不负责任。

对于安乐死,山西省律师协会会长李飞认为:"安乐死"在我国乃至世界各国普遍得到立法,还得经历很长的时间。人们对于"安乐死"合法化的担心并不是因为对病人实施了安乐死,而是其所带来的一些负面影响,比如被滥用等,这些其实牵扯到一些具体的技术性操作问题。

山西大学社会学系张教授认为,从本质上看,安乐死应该是一个哲学问题。"无条件延长生命的观念在法律和道德上处于先来位置,除非拿出特别强有力的理由,它是很难被颠覆的。"张教授认为,这就是为什么大多数国家法律禁止安乐死的原因。

材料二:因首例"安乐死"引发的蒲连升、王明成故意杀人案[①]

1984年10月,王明成的母亲夏素文被医院诊断为"肝硬变腹水"。1986年6月23日,夏病危,王明成及其亲属一起将其母送往市传染病医院治疗,入院

---

① 转引自韩玉胜:《刑法学原理与案例教程(法律硕士研究生用书)》,中国人民大学出版社2006年版,第37页。

当日，医院就给患者家属发了病危通知书，后经常规治疗，症状稍有缓解，但夏仍感到疼痛难忍，喊叫想死。6月25日，王明成向主管医生蒲连升询问其母病情，蒲连升说治疗无望。王明成问该院院长其母是否还有救，院长摇了一下头说："人已是晚期，现在不行了。"王明成说："既然我妈的病没有救，能不能采取措施，让她免受痛苦。"院长说："不行，在国外，对绝症可以进行所谓安乐死，但我国没有立法。"王明成再次向院长要求给其母采取"安乐死"，并就革命人道主义的真正含义与院长进行了辩论，院长仍不同意。6月28日，王明成要求给夏素文实施"安乐死"，蒲连升先是不同意，后因王明成一再要求，并表示愿意承担一切责任，蒲连升便先给夏素文办理了出院手续（实际未出院），后给夏素文开了100毫克复方冬眠灵处方一张，在处方上注明"家属要求安乐死"，并让王明成也在处方上签了名。注射后，夏在6月29日去世。

市公安局对此案立案侦查，地区医疗事故鉴定委员会对夏素文的死因作了鉴定，鉴定认为：夏素文的死因与病变本身和冬眠灵的作用两者兼有，其中冬眠灵则更快促进了病人的死亡。市检察院遂以故意杀人罪对蒲连升、王明成提起公诉。市人民法院公开审理后，认为蒲连升、王明成的行为符合故意杀人罪的构成要件，但根据1979年《刑法》第十条（1997年《刑法》第十三条）的"但书"宣告无罪。

材料三：上海市首例实施安乐死案件的判决[①]

2001年10月8日，上海市闵行区法院以故意杀人罪判处梁某某5年有期徒刑。在押的梁某某，男，67岁，单身无子女，凭借两年前一笔3万元辞退费，与守寡多年的老母相依为命。2001年4月8日，92岁高龄的梁母突然摔倒在地不省人事，被确诊为深度昏迷瘫痪且治愈无望。5月30日梁某某将大小便失禁只能依靠葡萄糖水维持生命的母亲接回家。5月31日，梁某某经过激烈的思想斗争，用电击的方式为母亲实施了安乐死，让母亲永远"脱离苦海"。当晚，他到公安机关投案自首。经过上海市精神卫生中心的鉴定，梁某某没有精神病，对其作案行为的性质和后果具有完全辨认和控制能力；具有完全责任能力。据闵行区法院有关人士介绍，之所以作出有期徒刑5年的判罚，除考虑到梁某某自首情节外，是因法院办案人员到医院进行调查后，证实梁某某在母亲住院期间确实恪尽孝道，对母亲照顾得无微不至。

---

① 转引自韩玉胜：《刑法学原理与案例教程（法律硕士研究生用书）》，中国人民大学出版社2006年版，第42页。

第二部分 刑事司法实务

实验一 刑事公诉

刑事公诉是指行使国家公诉权的检察机关,对公安机关侦查终结移送审查起诉的案件或自行侦查终结的案件,经过全面审查,确认案件事实清楚,证据确实、充分,犯罪嫌疑人的行为已经构成犯罪,依法应当追究刑事责任而提请人民法院审判的一种诉讼活动。公诉权是检察机关控诉犯罪,向人民法院起诉要求惩罚犯罪的权力,是检察机关的专有权力。

公诉阶段的主要任务是对侦查终结的案件进行全面审查,以决定是否对犯罪嫌疑人提起公诉。审查起诉是我国公诉案件的必经程序,是检察机关行使公诉权的一项重要职能活动。我国《刑事诉讼法》第一百三十六条的规定:"凡需要提起公诉的案件,一律由人民检察院审查决定。"因此,一方面提起公诉的决定权只能由人民检察院行使,其他任何机关、团体和个人都无权行使这一权力。另一方面,无论是公安机关支持侦查终结的案件,还是人民检察院自行侦查终结的案件,决定提起公诉之前,都必须经过人民检察院的严格审查。

审查起诉作为公诉案件的必经程序,作为连接侦查和审判程序的纽带,对于刑事案件的正确处理、实现刑事诉讼的目的具有重要意义:第一,通过审查起诉,对那些犯罪事实清楚,证据确实、充分,依法应当追究刑事责任的犯罪嫌疑人提起公诉,交付审判,可以切实实现国家刑罚请求权,将追究和惩罚犯罪的目标落到实处。第二,作为连接侦查和审判程序的纽带,通过审查起诉活动,对侦查阶段的活动进行检验和把关,可以做到肯定侦查工作的成绩,发现侦查工作中的问题,弥补侦查工作的不足,纠正侦查工作中的缺点。第三,通过审查起诉，可以保证追诉活动的公正性和准确性，能够防止将无罪的人或者依法不应追究刑事责任的人，以及指控犯罪证据不足的人提交审判，保障公民的合法权益。

根据《刑事诉讼法》第一百三十七条和《人民检察院刑事诉讼规则》第二百五十条的规定，人民检察院在公诉程序中审查移送起诉的案件，必须查明：

（1）犯罪嫌疑人身份状况是否清楚，包括姓名、性别、国籍、出生年月日、职业和单位等。

（2）犯罪事实、情节是否清楚，认定犯罪性质和罪名的意见是否正确；有无法定的从重、从轻、减轻或者免除处罚的情节；共同犯罪案件的犯罪嫌疑人在犯罪活动中的责任的认定是否恰当。

（3）证据材料是否随案移送，不宜移送的证据的清单、复制件、照片或者其他证明文件是否随案移送。

（4）证据是否确实、充分。

（5）有无遗漏罪行和其他应当追究刑事责任的人。

（6）是否属于不应当追究刑事责任的。

（7）有无附带民事诉讼；对于国家财产、集体财产遭受损失的，是否需要由人民检察院提起附带民事诉讼。

（8）采取的强制措施是否适当。

（9）侦查活动是否合法。

（10）与犯罪有关的财物及其孳息是否扣押、冻结并妥善保管，以供核查。对被害人合法财产的返还和对违禁品或者不宜长期保存的物品的处理是否妥当，移送的证明文件是否完备。

根据《刑事诉讼法》第一百三十九条和《人民检察院刑事诉讼规则》第二百四十九条的规定，审查起诉的具体程序和方法包括：

（1）审阅案卷材料。侦查机关或者侦查部门移送的案卷材料是人民检察院了解、掌握案情的基础，因此，检察人员接到案件后，应当及时审查公安机关或刑事侦查部门移送的案件材料是否齐备，有无《起诉意见书》、证据材料和其他法律文书。例如，如果犯罪嫌疑人被拘留、逮捕和被搜查过，审查有无搜查证、拘留证和逮捕证，然后仔细阅读起诉意见书，了解犯罪嫌疑人的犯罪事实、情节、犯罪性质和罪名以及要求起诉的理由，详细审阅案卷中的证据材料，对于案卷中物证、书证、视听资料、勘验检查笔录存在疑问，可以要求侦查人员提供相关的情况说明，必要时也可以询问提供证据材料的人员或进行技术鉴定。对证人证言笔录中存在的疑点或认为对证人的询问不够全面具体的，可以再次对证人进行询问调查，并制作笔录。检察人员审阅案卷要认真细致，严格按照《刑事诉讼法》

第一百三十七条和其他规定进行，并制作阅卷笔录。

（2）讯问犯罪嫌疑人。讯问犯罪嫌疑人是人民检察院审查起诉的必经程序，是人民检察院核实证据，正确认定案件事实，监督侦查活动是否合法所必需的。讯问犯罪嫌疑人还有助于直接了解犯罪嫌疑人的精神状态和悔罪态度，为其提供辩护的机会，倾听其辩解理由。

（3）听取被害人意见。听取被害人意见是人民检察院审查起诉中的一种常见方法，凡是有被害人的公诉案件，听取被害人的意见也是审查起诉中的必经程序。在听取被害人意见的过程中，既要依法维护被害人的合法权益，又要注意对被害人进行必要的法制宣传教育。

（4）听取犯罪嫌疑人、被害人委托的人的意见。即听取犯罪嫌疑人的辩护人和被害人的代理人的意见。人民检察院在审查起诉中，不仅应当依法为辩护人的活动提供方便，听取辩护人的辩护意见，还应当听取被害人委托的人的意见，保障犯罪嫌疑人和被害人的合法权益。辩护人或被害人委托的代理人可以提出书面或者口头意见，审查起诉的检察部门应当将该意见入卷，对提出口头意见的应当记录入卷，在向人民法院移送案卷材料时一并移送。

（5）调查核实其他证据。在阅卷和讯问犯罪嫌疑人、听取犯罪嫌疑人、被害人委托的人的意见后，检察机关如果发现口供和其他证据之间有矛盾、疑点，可以通过进一步调查侦查机关或侦查部门已经收集到的其他证据来核实有关问题。

（6）补充侦查。人民检察院对于需要补充侦查的，可以退回公安机关补充侦查，也可以自行补充侦查，通过进一步的侦查活动以准确认定案件事实。

（7）作出处理决定。人民检察院对于移送起诉的案件审查后，应当根据案件的事实情况，分别作出起诉或者不起诉的决定。对于经过补充侦查重新移送起诉的案件，人民检察院审查后仍然认为证据不足，不符合起诉条件的，可以作出不起诉决定。

实验项目一　讯问犯罪嫌疑人

一、法律原理概述

我国《刑事诉讼法》第一百三十九条规定："人民检察院审查案件，应当讯问犯罪嫌疑人。"据此，审查起诉阶段讯问犯罪嫌疑人是刑事诉讼中的重要活动，也是人民检察院办理公诉案件的法定程序,起着承前启后的作用。审查起诉阶段讯问犯罪嫌疑人不仅是对侦查阶段所认定的事实和证据的一种审查方式,也是对案件提起公诉和出庭支持公诉的一种准备方式。它不仅可以使公诉人进一步熟悉案情、掌握案情,同时也是公诉人进行侦查活动监督的有效方式。检察人员通过对犯罪嫌疑人的直接讯问,听取犯罪嫌疑人关于自己有罪的供述和无罪的辩解,为检验已经取得的侦查成果以及进一步揭露和证实犯罪提供依据。同时,讯问过程又是检察人员通过与犯罪嫌疑人面对面地直接交往活动,对案件进行全面、深入的认识过程。

讯问犯罪嫌疑人在复核供述、听取辩解、进行侦查监督、提前了解辩护焦点等方面有重要作用。讯问犯罪嫌疑人的目的在于通过检察人员直接听取犯罪嫌疑人的供述和辩解,核实犯罪嫌疑人在侦查阶段口供的可靠性,分析口供与其他证据之间有无矛盾,查清犯罪事实和情节的具体细节,以便正确认定犯罪性质和罪名,同时了解犯罪嫌疑人的思想动态、认罪悔罪态度和是否聘请律师辩护等情况。通过检察人员直接讯问,还可以发现有无遗漏罪行和其他应当追究刑事责任的人,发现侦查人员在侦查活动中有无刑讯逼供、诱供、骗供等违法情况。

审查起诉阶段讯问犯罪嫌疑人应把握以下原则:

1. 全面客观公正原则。审查起诉阶段讯问犯罪嫌疑人,不是对侦查阶段讯问的简单重复,也不是单纯的程序性讯问。审查起诉阶段的讯问有其特殊的要求和目的,是检察人员审查案件的重要环节。因此,检察人员在讯问前必须认真阅卷,全面熟悉案情,找出存在的问题和疑点。在讯问的时候不能带有任何倾向,对犯罪嫌疑人和其所涉及的犯罪事实以及可能与此相关的任何问题,采取全面客观公正的原则进行讯问。也就是说,无论犯罪嫌疑人在侦查阶段认罪与否,也无论其是全部认罪还是部分认罪,都应当围绕犯罪嫌疑人的基本情况、犯罪事实与构成要件、犯罪嫌疑人的责任与作用、各种法定情节的存在与否等问题展开全面细致的讯问。在讯问中要克服主观倾向,确保讯问的公正进行,以便检察人员能够得到全面、客观、真实的案件信息。

2. 侦查活动监督原则。公诉人在出庭公诉讯问被告人时,经常会遇到被告人翻供的情形。而当纠问其翻供的原因时,被告人也常常会以侦查阶段遭到刑讯逼供为由进行回答。这使得公诉人在法庭上常常很被动,有时甚至导致法庭休庭。对此可以通过审查起诉阶段的讯问予以避免。也就是说,在审查起诉阶段的讯问中要坚持侦查活动监督原则。侦查活动是否合法是审查起诉的重要内容之一,审查起诉阶段的讯问不仅仅是了解案情、掌握案情,通过讯问进行侦查活动监督也是讯问犯罪嫌疑人的目的之一。因此,检察人员在讯问犯罪嫌疑人时,应当涉及侦查活动监督的内容。实践中，在讯问犯罪嫌疑人时，可以将"在侦查阶段你的供述是否属实"，"在侦查阶段对你是否存在刑讯逼供或者诱供的情况"，"在侦查阶段的你的供述笔录是否阅读过或者是否向你宣读过并由你签名按押"列为必需的讯问内容。此外，在侦查阶段涉及的对犯罪嫌疑人进行搜查、提取、扣押以及犯罪嫌疑人辨认作案现场等情况的，也要在讯问犯罪嫌疑人时问明这些活动是否存在违法现象。检察人员可以根据以上这些情况的讯问结果进行必要的核实和调查。这样不仅可以从多个角度对案件进行审查，而且也是为出庭公诉做必要的准备。

3. 结合证据讯问原则。在审查起诉工作中，结合证据对犯罪嫌疑人进行讯问，不仅可以促使犯罪嫌疑人认罪，而且也是检察人员对证据进行审查的一种方式，有利于案件事实的认定和对证据的采用。具体而言，就是对与犯罪嫌疑人有密切联系的物证（或物证照片）、书证在讯问中要向其出示，并根据物证、书证的具体情况对其进行讯问。对于其他形式的证据也可以根据具体情况适当地结合讯问。在实践中，结合证据讯问的方式对正确审查案件能够起到非常重要的作用。

4. 给予辩护条件原则。犯罪嫌疑人、被告人的自行辩护权伴随其诉讼的全过程。在审查起诉阶段讯问犯罪嫌疑人时，检察人员应当给予犯罪嫌疑人充分的自行辩护条件，要保证犯罪嫌疑人、被告人充分行使自行辩护权。具体而言，检察人员在讯问犯罪嫌疑人时，要善于听取犯罪嫌疑人无罪或者罪轻的辩解意见。如果犯罪嫌疑人在讯问中没有提出无罪或者罪轻的辩解意见，那么检察人员应当问其是否有无罪或者罪轻的辩解意见、是否能够提供无罪或者罪轻的证据或证据线索。在讯问中坚持给予辩护条件原则，既是对犯罪嫌疑人诉讼权利的保障，同时也有利于检察人员全面掌握案情，为准确提起公诉和顺利出庭公诉做好充分准备。

检察人员在讯问犯罪嫌疑人之前应当根据侦查机关或侦查部门起诉意见书所认定的犯罪事实等方面问题以及将来出庭公诉时质证、辩论可能出现的情况，通过认真审阅卷材料，全面了解案情，掌握证据情况，尤其是犯罪嫌疑人在侦查阶段供述和辩解的情况及其与相关证据之间的矛盾，明确要核实的问题，并列出讯问提纲，使讯问既有步骤，又不遗漏应该讯问的情节。同时，通过认真审阅案卷材料，对需要讯问的内容列出提纲，根据案件的具体情况和讯问内容的多少来制定讯问方案，尽量做到讯问的时间充裕、连续。此外，还要注意与侦查人员的沟通。在讯问前与侦查人员沟通能够更深入、全面地掌握各种情况，从而使讯问更有针对性，更容易成功。

检察人员讯问犯罪嫌疑人的步骤一般为：（1）查明犯罪嫌疑人的基本情

况、被采取强制措施的种类、时间和原因。(2) 告知犯罪嫌疑人有申请回避等诉讼权利。(3) 讯问犯罪嫌疑人的作案时间、地点、手段、结果、共同犯罪中的具体作用、赃物的去向以及作案的动机、目的、被抓获的经过。(4) 犯罪嫌疑人否认犯罪或辩解的事实、理由及依据。(5) 犯罪嫌疑人有无检举、揭发他人的犯罪事实及依据等等。讯问既要符合法律程序，也要讲究讯问方法。对案情简单、犯罪事实清楚、证据确凿、定性无争议、犯罪嫌疑人认罪态度好的案件，一般可采用核对性讯问。对犯罪证据有欠缺的，要讯问到位，对关键情节要一问到底，对疑问要讯问清楚，将出庭公诉中可能出现的问题提前解决。同时不能暴露讯问意图，防止犯罪嫌疑人知道这些有争议的细节而改变口供。对犯罪事实清楚、证据充分而犯罪嫌疑人拒不认罪的案件，讯问中要有理有据地揭露犯罪、用事实说服犯罪嫌疑人，要加强思想攻势，讲清政策，明确法理，促使犯罪嫌疑人认罪服法。对犯罪事实和证据疑点较多、犯罪嫌疑人的交代前后矛盾的案件，要注意查明原因。讯问中一定要讲究方式，既威严认真，又心平气和，尽量让犯罪嫌疑人详细陈述有罪的情节或者无罪的辩解，绝不能先入为主，更不能只注重定罪的情节和证据，对犯罪嫌疑人提出新的问题或者作无罪的辩解妄加指责，防止造成冤假错案。此外，讯问要认真做好讯问笔录，使讯问和笔录同步。必须将讯问的主要内容和关键情节全面详细地记录下来，做到讯问笔录条理清晰、内容完备、简明扼要、一目了然，为公诉人出庭支持公诉打好基础。

二、实验目的

通过实验，使学生明确审查起诉阶段讯问犯罪嫌疑人与侦查阶段讯问犯罪嫌疑人的区别，理解和掌握审查起诉阶段讯问的原则和目的，熟悉讯问的一般步骤和方法，并能够结合具体案件，针对不同情况制作讯问提纲，实现讯问目的，提高学生分析和解决实际问题的能力。

三、实验要求

1. 指导教师先向学生讲解审查起诉阶段讯问犯罪嫌疑人的原则和目的，讯问的一般步骤及注意事项。
2. 学生根据实验素材提供的情况，制定讯问策略和方法，拟定讯问提纲。
3. 将学生进行实验角色分配，学生按照各自角色分组进行讯问实验，并制作讯问笔录。

四、实验素材（案例）

案例一

犯罪嫌疑人张某与张明系同村村民，2002年3月双方因小事发生争吵，张某便对张明心怀不满。2002年12月31日，张某估计张明要去参加本村胡某女儿婚宴，就产生借此机会报复张明的念头，遂将斧头藏在身上前往。下午3时许酒席结束，张明骑上摩托车欲离开，张某拿出斧头朝其头部猛砍两下后弃斧逃跑，张明受伤当日被他人送往某县中心卫生院住院治疗10天，诊断为：(1) 头部锐器伤：①头皮挫裂伤；②右颞骨骨折。(2) 失血性休克。支付医疗费1386.90元，出院后在某市医院门诊治疗，支付医疗费90元。经某县公安局以及某法医司法所鉴定，张明头部损伤构成轻伤；伤残等级为十级。

2003年1月8日，张某得知张明的伤势不严重，就欲继续报复张明的家人，张某从家中携带一把单刃尖刀，守在张明女儿张丽（6岁，某镇小学学前班学生）放学回家的路上。当日下午4时许，张丽放学回家，张某上前将其截住，拿刀在张丽面部连戳数刀，后持刀到某派出所投案。张丽受伤当日被家人送往某县医院住院治疗14天，诊断为：(1) 面部多处软组织切割伤；(2) 左眼角巩膜切割伤，色素膜、玻璃体脱出；(3) 外伤性前房积血；(4) 左眼外伤性玻璃体出血；(5) 左眼外伤性视网膜脱离。支付医疗费4556.63元，2008年1月22日伤未痊愈出院，出院后又在某县医院、某市医院门诊治疗，支付医疗费451.38元，交通费490.30元。经某县公安局以及某法医司法所鉴定，张丽左眼损伤（左眼盲）和面部损伤属重伤，左眼损伤六级伤残；面部及双眼上、下睑损伤所遗留的疤痕为十级伤残。

本案相关证据：

1. 被害人张明的陈述。
2. 证人文某的证言。
3. 证人郑某的证言。
4. 被害人张丽的陈述。
5. 证人樊某、王某、刘某的证言。
6. 作案工具斧头和单刃尖刀各一把，经犯罪嫌疑人张某辨认无异议。
7. 某县公安局刑事科学技术鉴定书。
8. 某法医司法鉴定所鉴定书。
9. 某县医院诊断证明、住院病历、医疗费票据，某市医院医疗费收据，交通费、鉴定费票据。

10. 犯罪嫌疑人张某对作案过程予以供认的供述。

案例二

2005年1月5日，犯罪嫌疑人常三（与常某、常二是同胞兄弟关系，与常庆是父子关系）、犯罪嫌疑人常庆与常二、常某一起在家中吃饭。席间，常某提出常三曾向其借了100元钱，但至今没有还钱，常三则说其没有借常某的钱，两人因此发生争吵。架越吵越凶，愤怒之下，常某朝常三动起手来。常庆见状，一边责备常某，一边试图阻止常某继续动手，却被盛怒中的常某狠狠地推了一下。常庆一下子就撞上了厨房的门板，左眼被碰伤了。摸着伤口，常庆更气了，吼着说要教训一下常某，宁可打伤后再送其去治疗。常庆话刚说完，就见常三持牛角刀朝被害人常某身上连捅了数刀。常某被送往医院后终因伤势过重经抢救无效死亡。

经尸体检验，侦查机关认为常某死亡的原因是胸背部及四肢遭锐器所伤导致失血性休克，且结合伤口形状及现场照片，推断致被害人死亡的凶器是菜刀和牛角刀。

检察机关审查起诉发现，犯罪嫌疑人常庆在侦查阶段曾供认是其用菜刀砍常某，而且是在常某砍伤其手，致其手流血的情况下，才夺过菜刀砍常某的。但他也曾供述，他没有用菜刀砍常某，承认用菜刀砍常某是为了帮常三顶罪。证人张某某则在证词中说，打架结束时其到常庆家看见常庆站在门口，身上、手上有很多血。但DNA检验鉴定结论却是菜刀上没有常庆的血，该鉴定结果与犯罪嫌疑人常庆的供述不能印证，且与证人张某某所说的看见常庆手上有血的事实不符。而犯罪嫌疑人常三先说他没看见是谁拿菜刀砍常某的；后来又说可能是常庆拿菜刀砍的，但不清楚他是怎么砍的。本案中犯罪嫌疑人常庆、常三的口供反复不定，又没有其他的物证印证，不能排除合理怀疑，且两犯罪嫌疑人中是谁持菜刀行凶致被害人死亡的主要证据不足。检察人员决定通过讯问犯罪嫌疑人以查清案件事实。

五、实验角色分配和实验步骤

实验步骤1：学生充分熟悉案情，并分配实验角色，明确各角色的职责。

实验步骤2：由学生扮演的检察官制定讯问提纲，明确讯问的目的和要解决的问题。

实验步骤3：按照法定程序模拟检察人员对犯罪嫌疑人进行讯问，并制作讯问笔录。

六、法律适用参考

案例一

《中华人民共和国刑法》第二百三十四条　故意伤害他人身体的，处3年以下有期徒刑、拘役或者管制。犯前款罪，致人重伤的，处3年以上10年以下有期徒刑；致人死亡或者以特别残忍手段致人重伤造成严重残疾的，处10年以上有期徒刑、无期徒刑或者死刑。本法另有规定的，依照规定。

《中华人民共和国刑法》第三十六条第一款　由于犯罪行为而使被害人遭受经济损失的，对犯罪分子除依法给予刑事处罚外，并应根据情况判处赔偿经济损失。

《中华人民共和国刑法》第六十七条第一款　犯罪以后自动投案，如实供述自己的罪行的，是自首。对于自首的犯罪分子，可以从轻或者减轻处罚。其中，犯罪较轻的，可以免除处罚。

《中华人民共和国民法通则》第一百一十九条　侵害公民身体造成伤害的，应当赔偿医疗费、因误工减少的收入、残废者生活补助费等费用；造成死亡的，并应当支付丧葬费、死者生前扶养的人必要的生活费等费用。

最高人民法院《关于审理人身损害赔偿案件适用法律若干问题的解释》第十七条　受害人遭受人身损害，因就医治疗支出的各项费用以及因误工减少的收入，包括医疗费、误工费、护理费、交通费、住宿费、住院伙食补助费、必要的营养费，赔偿义务人应当予以赔偿。

受害人因伤致残的，其因增加生活上需要所支出的必要费用以及因丧失劳动能力导致的收入损失，包括残疾赔偿金、残疾辅助器具费、被扶养人生活费，以及因康复护理、继续治疗实际发生的必要的康复费、护理费、后续治疗费，赔偿义务人也应当予以赔偿。

受害人死亡的，赔偿义务人除应当根据抢救治疗情况赔偿本条第一款规定的相关费用外，还应当赔偿丧葬费、被扶养人生活费、死亡补偿费以及受害人亲属办理丧葬事宜支出的交通费、住宿费和误工损失等其他合理费用。

《中华人民共和国刑事诉讼法》第一百三十九条　人民检察院审查案件，应当讯问犯罪嫌疑人，听取被害人和犯罪嫌疑人、被害人委托的人的意见。

案例二

《中华人民共和国刑法》第二百三十四条第二款　犯前款罪，致人重伤的，处3年以上10年以下有期徒刑；致人死亡或者以特别残忍手段致人重伤造成严重残疾的，处10年以上有期徒刑、无期徒刑或者死刑。本法另有规定的，依照规定。

《中华人民共和国刑事诉讼法》第一百三十九条　人民检察院审查案件，应当讯问犯罪嫌疑人，听取被害人和犯罪嫌疑人、被害人委托的人的意见。

《中华人民共和国刑事诉讼法》第一百四十条第二款　人民检察院审查案件，对于需要补充侦查的，可以退回公安机关补充侦查，也可以自行侦查。

七、主要文书附件

×××人民检察院讯问笔录

时间：1999年1月27日15时至27日16时

地点：××看守所

讯问人：王飞、孙明

记录人：赵宣

被讯问人：曹江，男，1965年5月13日生，汉族，小学文化，××市汽水厂工人，家住××市南关街，无前科。

告知：我们是××人民检察院的工作人员，今天提审你希望你实事求是回答，争取从宽处理，知道吗？

答：知道。

问：你因何罪被抓？

答：盗窃。

问：你原来在公安机关交代的情况是否属实？

答：属实。

问：交代一下你的犯罪经过。

答：1999年元月20日上午，我到儿童医院准备偷东西。上午10点多钟，我在儿童医院转了一圈，转到诊断室专家门诊最南边屋内。我看见有一个女的，穿一件红色鸭绒衣，她正在问医生什么事情。我挤过去，看到她左上衣口袋内有一部手机，就用右手插到她的口袋里，把手机掏了出来。我正准备拿手机走时，被旁边一个男的抓住了。

问：你偷的手机是什么牌子的？

答：是菲利浦牌的。

问：你为什么偷别人的手机？

答：我想把偷来的手机卖掉弄钱用。

问：你还有没有其他违法行为？

答：没有。

问：有无检举揭发？

答：没有。

问：现在向你宣读笔录，是否与你讲的相符？

答：笔录向我宣读过，和我讲的相符。

曹江（手印）

1999年1月27日

实验项目二　律师在审查起诉阶段为犯罪嫌疑人辩护

一、法律原理概述

根据《刑事诉讼法》第三十三条、第三十六条的规定，公诉案件自案件移送审查起诉之日起，犯罪嫌疑人有权委托辩护人。自诉案件的被告人有权随时委托辩护人。人民检察院自收到移送审查起诉的案件材料之日起3日内，应当告知犯罪嫌疑人有权委托辩护人。辩护律师自人民检察院对案件审查起诉之日起，可以查阅复制本案诉讼文书、技术鉴定材料，可以同在押的被告人会见和通信。据此，刑事案件由侦查机关向人民检察院移送审查起诉后，律师可以接受犯罪嫌疑人本人或其亲友的委托担任辩护人，办理委托手续；律师接受委托后，应开具律师事务所介绍信，连同授权委托书提交人民检察院。

辩护律师在审查起诉阶段，接受委托后的主要工作是：

1. 查阅、摘抄、复制案件有关材料。律师持律师事务所介绍信、授权委托书及律师执业证有权到人民检察院查阅、摘抄、复制本案的诉讼文书和技术鉴定材料。根据有关司法解释，"诉讼文书"包括立案决定书、提请批准逮捕书、批准逮捕决定书、逮捕证、搜查证、起诉意见书、采取逮捕以外的强制措施决定书及其他司法文书。"技术性鉴定材料"包括法医鉴定、司法精神病鉴定、物证技术鉴定等由有鉴定资格的人员对人身、物品及其他有关证据材料进行鉴定所形成的记载鉴定情况和鉴定结论的文书。复制、摘抄的材料内容无须司法人员审查，但有关保密材料应予保密。

2. 会见和通信。辩护律师会见犯罪嫌疑人时，应当做好以下工作：（1）介绍自己的身份和受谁的委托来为其辩护，问其是否同意，如同意签署委托书。（2）应全面听取犯罪嫌疑人对事实的陈述。此时他们会有很多话想给律师诉说，律师尽量不要打断他的陈述，让他把整个行为的发生经过陈述一遍，重点记录起因、动机、时间、地点、参与人员、采取的手段、使用的工具、危害结果等。等犯罪嫌疑人陈述完毕，再对没有陈述清楚的问题或者律师想了解的问题进行提问，特别是无罪的辩解和无罪、罪轻的线索，证据存放地点，一直到想了解的问题核实清楚为止。（3）可以对犯罪嫌疑人的询问进行回答，他们会了解罪名成立的要件、量刑情况等。（4）制作会见笔录，让犯罪嫌疑人阅读后签字按手印。会见时应由两位律师共同前往，不能携带犯罪嫌疑人亲属，也不能帮助传递纸条、药品、食物、凶器等。

辩护律师与犯罪嫌疑人通信应注明律师身份、通信地址，并加盖律师事务所公章以证明其律师身份；辩护律师与犯罪嫌疑人通信，应保留信函副本及犯罪嫌疑人来信的原件并附卷备查。

3. 调查和收集案件有关材料。（1）律师调查、收集与案件有关的材料，应持律师事务所介绍信，出示律师执业证，一般应由二人进行。（2）经本人同意，辩护律师可以向被害人或者其近亲属、被害人提供的证人收集与案件有关的材料，但事先应向人民检察院提出书面申请并取得同意。（3）律师调查笔录应当载明调查人、被调查人、记录人的姓名，调查的时间、地点；笔录内容应当有律师身份的介绍，被调查人的基本情况，律师对证人如实作证的要求，作伪证或隐匿罪证要负法律责任的说明，以及被调查事项的基本情况。（4）律师在调查、收集案件材料时，可以录音、录像。对被调查人录音、录像的，必须经被调查人同意。（5）律师制作调查笔录，应全面、准确地记录调查内容，并须经被调查人核对或者向其宣读。被调查人如有修改、补充，应由其在修改处签字、盖章或者按指纹确认。调查笔录经被调查人核对后，应由其在每一页上签名并在笔录的最后签署记录无误的意见。（6）审查起诉阶段，辩护律师认为必要时，可以申请人民检察院收集、调取证据。

4. 提出辩护意见。在审查起诉阶段，由于辩护律师尚未全面掌握侦查机关的全部材料，无法对案件作出全面客观的分析，但可就已掌握的证据材料、法律法规，对案件作出阶段性分析。若掌握的证据属判定罪与非罪的关键，则以法律意见书的形式将该证据及分析意见提交审查起诉部门办案人员。一般来说，在审查起诉阶段，律师主要从以下几个方面提出辩护意见：（1）根据事实和法律提出对犯罪嫌疑人应否起诉的意见；（2）侦查机关认定犯罪嫌疑人构成犯罪的证据材料是否充分、相关鉴定材料是否正确、充分；（3）侦查机关的侦查活动是否合法；（4）对已经超过羁押期限的犯罪嫌疑人，向人民检察院提出变更强制措施的意见；（5）犯罪嫌疑人人身权利受到侵害或人格受到侮辱的，代理犯罪嫌疑人提出控告。

二、实验目的

通过审查起诉阶段为犯罪嫌疑人辩护的实验，使学生了解和掌握：律师能够在何时接受犯罪嫌疑人委托而成为其辩护人，人民检察院应当在何时告知犯罪嫌疑人有权委托辩护人，接受委托的辩护律师在审查起诉阶段的主要工作有哪些，全面掌握律师在审查起诉阶段为犯罪嫌疑人辩护的程序、工作内容、方法和技巧。

三、实验要求

1. 指导教师首先要求学生复习《刑事诉讼法》和《律师法》中关于律师参与审查起诉阶段的规定，熟悉辩护律师在审查起诉阶段为犯罪嫌疑人辩护的工作步骤、内容、应当履行的法律手续及注意事项。
2. 要求学生熟悉实验素材，做好实验准备。
3. 将学生进行实验角色分配，学生按照各自角色分组进行实验。
4. 要求学生根据实验素材分别制作调查笔录和辩护意见。

四、实验素材（案例）

案例一

犯罪嫌疑人刘某于2007年4月13日5时许，在某市某区56号平安府宾馆，用事先准备好的钥匙进入宾馆商务中心内，盗窃戴尔牌、联想牌台式电脑各1台，经鉴定，物品共计价值人民币6680元。犯罪嫌疑人刘某于2007年4月17日到某市公安局某区分局投案。上述赃物已全部退还被害单位某市平安府宾馆。

本案相关证据有：

1. 某市公安局某区分局出具的到案经过、工作说明。
2. 证人张某、丁某、付某、洪某、林某的证言。

3. 犯罪嫌疑人刘某的辞职证明。
4. 案发现场及涉案物品照片。
5. 扣押及发还物品文件清单。
6. 某市某区涉案财产价格鉴定结论书。
7. 犯罪嫌疑人刘某的供述。
8. 犯罪嫌疑人刘某身份材料。

该案侦查终结后,侦查机关移送检察机关审查起诉。在审查起诉中,犯罪嫌疑人刘某委托某律师事务所的张律师为其辩护。张律师接受委托后到检察机关与具体承办案件的王检察官进行了联系。王检察官对张律师提供的有关法律文件进行了审查,确认张律师为犯罪嫌疑人刘某的辩护人,故依照法律规定将本案有关材料提供给张律师查阅。

案例二

2007年2月10日16时许,犯罪嫌疑人洪某以出售伪造的燃气票为名,将欲购买燃气票的事主王某约至某区云盘镇一小巷内,趁王某查看燃气票时,犯罪嫌疑人洪某持砖头砸向王某,并将王某手中电脑包(内有现金人民币9700元)抢走。在逃离途中,犯罪嫌疑人洪某被王某追上,即持砖头与王某互殴。犯罪嫌疑人洪某于当日被接到报警后赶至的民警抓获归案。

本案有以下证据:

1. 被害人王某的陈述:2007年2月10日15时30分许,我到云盘镇找一个办证件的人办营业执照,办证的人说让交2000元押金,我说要先看他的样品,然后他就把我带到一小巷里。当时他手中拿着一个手提纸袋,他把纸袋放在地上准备拿样品,我就弯下腰,把带的黑色电脑包放在身边,准备看他的样品时,他(我砍的人)用一块砖头扔向我头部,我一低头躲了过去,他就抢过我的包跑了,他一边跑一边打开我的包(包内有现金1万元),把钱拿走了就把包扔了,我追上去捡起来,一看里面的钱就剩300了,我把包扔了然后就向东边追他,当追到某某山庄北门口时追到了他,他捡起一块砖头,用砖头向我头上打,我躲开了。我也就地捡了一块砖头,并将他手上的砖头打落在地,后来我趁他不备压在他身上,不久警察就到了。

2. 证人简某的证言:2007年2月10日下午15时30分许,我准备到车站等车,当走到一小巷口时,发现有两名男子(洪某、王某)在打架,并发现其中有一名男子手里拿着砖头,用砖头向另外一个人的头部打,见此情景便报警,并且追赶那名男子,过了一会警察就来了。

3. 证人顾某的证言:2007年2月10日13时许,我在某区不锈钢建材市场内借给王某 5000 元现金，并且当时王某身上还有 5000 元现金。

4. 证人孙某的证言：王某因做生意，一般身上要带几千到 1 万元人民币。

5. 某市公安局某区分局红星派出所出具的到案经过、电话查询记录及常住人口基本信息。

6. 某市公安局某区分局红星派出所出具的提取说明、物证照片及工作说明、现场勘查笔录及现场照片：2007 年 2 月 10 日 16 时许，简某报案后民警赶到现场，当场提取洪某、王某持有的红砖各一块，未找到手提袋及黑色电脑包。

公安机关侦查终结后，移送检察机关审查起诉。审查起诉期间，犯罪嫌疑人洪某委托律师单某作为其辩护人。单律师对本案有关诉讼参与人进行了调查取证。

案例三

某年 11 月 21 日 19 时许，阜东线 25 公里处，一辆疾驰而过的摩托车将骑自行车回家的黎某撞倒后逃离现场。黎某被人发现并送医院抢救无效，于次日凌晨死亡。随后，死者的亲属向县交警大队报告，并提供线索说马某案发当晚曾前往医院打探黎某伤情。交警大队立即传唤马某。马某陈述其确有一辆无牌照铃木二轮摩托车，案发前几天一直为其朋友赵某所骑，但案发当天中午又被别人借走。交警大队经过对赵某的审查，认定赵某不具备作案条件（既无作案工具，也无作案时间），于是排除其肇事嫌疑。后死者家属不断闹事，且认定赵某是肇事司机。于是县公安局成立的专案组又对马某和赵某进行了多次调查，再次排除了赵某的作案嫌疑。不久，地区公安处和县公安局组成联合专案组，对赵某实行监视居住。当赵某陈述案发当日中午他所骑的马某的摩托车被人借走，自己不可能再驾驶此车在当日 19 时许肇事逃逸时，遭到办案人员的多次殴打。之后，他被迫根据办案人员所指的所谓作案情节，违心地承认了肇事事实。公安机关以赵某涉嫌交通肇事罪移送检察机关审查起诉。赵某委托某律师事务所的杨律师为其辩护人。

五、实验角色分配和实验步骤

案例一

实验步骤 1：由学生分别扮演刘某、张律师和王检察官。

实验步骤 2：学生按照各自角色，模拟张律师在接受委托后与检察机关联系时，应当向检察机关出具哪些法律文件以证明其辩护人身份。

实验步骤 3：学生按照各自角色，模拟王检察官将哪些材料提供给张律师查阅。

案例二

实验步骤1：由学生分别扮演单律师、被害人王某、证人简某、顾某和孙某。

实验步骤2：学生拟定调查取证提纲。

实验步骤3：学生按照各自角色，模拟单律师在接受委托后如何向证人简某、顾某和孙某调查取证，如何征得人民检察院同意向被害人王某调查取证。

实验步骤4：学生制作调查笔录。

案例三

实验步骤1：由学生分别扮演赵某、杨律师。

实验步骤2：学生按照各自角色，模拟杨律师会见犯罪嫌疑人赵某。

实验步骤3：学生按照各自角色，模拟杨律师向检察机关提出辩护意见。

六、法律适用参考

案例一

《中华人民共和国刑法》第二百六十四条　盗窃公私财物，数额较大或者多次盗窃的，处3年以下有期徒刑、拘役或者管制，并处或者单处罚金；数额巨大或者有其他严重情节的，处3年以上10年以下有期徒刑，并处罚金；数额特别巨大或者有其他特别严重情节的，处10年以上有期徒刑或者无期徒刑，并处罚金或者没收财产；有下列情形之一的，处无期徒刑或者死刑，并处没收财产：（一）盗窃金融机构，数额特别巨大的；（二）盗窃珍贵文物，情节严重的。

《中华人民共和国刑法》第五十二条　判处罚金，应当根据犯罪情节决定罚金数额。

《中华人民共和国刑法》第五十三条　罚金在判决指定的期限内一次或者分期缴纳。期满不缴纳的，强制缴纳。对于不能全部缴纳罚金的，人民法院在任何时候发现被执行人有可以执行的财产，应当随时追缴。如果由于遭遇不能抗拒的灾祸缴纳确实有困难的，可以酌情减少或者免除。

《中华人民共和国刑法》第六十七条第一款　犯罪以后自动投案，如实供述自己的罪行的，是自首。对于自首的犯罪分子，可以从轻或者减轻处罚。其中，犯罪较轻的，可以免除处罚。

《中华人民共和国刑法》第七十二条　对于被判处拘役、3年以下有期徒刑的犯罪分子，根据犯罪分子的犯罪情节和悔罪表现，适用缓刑确实不致再危害社会的，可以宣告缓刑。

被宣告缓刑的犯罪分子，如果被判处附加刑，附加刑仍须执行。

《中华人民共和国刑法》第七十三条第二款、第三款　拘役的缓刑考验期限为原判刑期以上1年以下，但是不能少于2个月。

有期徒刑的缓刑考验期限为原判刑期以上5年以下，但是不能少于1年。

《中华人民共和国刑事诉讼法》第三十二条　犯罪嫌疑人、被告人除自己行使辩护权以外，还可以委托一至二人作为辩护人。下列的人可以被委托为辩护人：（一）律师；（二）人民团体或者犯罪嫌疑人、被告人所在单位推荐的人；（三）犯罪嫌疑人、被告人的监护人、亲友。正在被执行刑罚或者依法被剥夺、限制人身自由的人，不得担任辩护人。

《中华人民共和国刑事诉讼法》第三十三条　公诉案件自案件移送审查起诉之日起，犯罪嫌疑人有权委托辩护人。自诉案件的被告人有权随时委托辩护人。

人民检察院自收到移送审查起诉的案件材料之日起3日以内，应当告知犯罪嫌疑人有权委托辩护人。人民法院自受理自诉案件之日起3日以内，应当告知被告人有权委托辩护人。

《中华人民共和国刑事诉讼法》第三十六条　辩护律师自人民检察院对案件审查起诉之日起，可以查阅、摘抄、复制本案的诉讼文书、技术性鉴定材料，可以同在押的犯罪嫌疑人会见和通信。其他辩护人经人民检察院许可，也可以查阅、摘抄、复制上述材料，同在押的犯罪嫌疑人会见和通信。

辩护律师自人民法院受理案件之日起，可以查阅、摘抄、复制本案所指控的犯罪事实的材料，可以同在押的被告人会见和通信。其他辩护人经人民法院许可，也可以查阅、摘抄、复制上述材料，同在押的被告人会见和通信。

《人民检察院刑事诉讼规则》第三百一十九条　在审查起诉中，人民检察院应当允许被委托的辩护律师查阅、摘抄、复制本案的诉讼文书、技术性鉴定材料。

诉讼文书包括立案决定书、拘留证、批准逮捕决定书、逮捕决定书、逮捕证、搜查证、起诉意见书等为立案、采取强制措施和侦查措施以及提请审查起诉而制作的程序性文书。

技术性鉴定材料包括法医鉴定、司法精神病鉴定、物证技术鉴定等由有鉴定资格的人员对人身、物品及其他有关证据材料进行鉴定所形成的记载鉴定情况和鉴定结论的文书。

案例二

《中华人民共和国刑法》第二百六十三条第一款　以暴力、胁迫或者其他方法抢劫公私财物的，处3年以上10年以下有期徒刑，并处罚金。

《中华人民共和国刑法》第五十二条　判处罚金，应当根据犯罪情节决定罚金数额。

《中华人民共和国刑法》第五十三条　罚金在判决指定的期限内一次或者分期缴纳。期满不缴纳的，强制缴纳。对于不能全部缴纳罚金的，人民法院在任何时候发现被执行人有可以执行的财产，应当随时追缴。如果由于遭遇不能抗拒的灾祸缴纳确实有困难的，可以酌情减少或者免除。

《中华人民共和国刑法》第五十五条第一款　剥夺政治权利的期限，除本法第五十七条规定外，为1年以上5年以下。

《中华人民共和国刑法》第五十六条第一款　对于危害国家安全的犯罪分子应当附加剥夺政治权利；对于故意杀人、强奸、放火、爆炸、投毒、抢劫等严重破坏社会秩序的犯罪分子，可以附加剥夺政治权利。

《中华人民共和国刑法》第六十四条　犯罪分子违法所得的一切财物，应当予以追缴或者责令退赔；对被害人的合法财产，应当及时返还；违禁品和供犯罪所用的本人财物，应当予以没收。没收的财物和罚金，一律上缴国库，不得挪用和自行处理。

《中华人民共和国刑事诉讼法》第三十七条　辩护律师经证人或者其他有关单位和个人同意，可以向他们收集与本案有关的材料，也可以申请人民检察院、人民法院收集、调取证据，或者申请人民法院通知证人出庭作证。

辩护律师经人民检察院或者人民法院许可，并且经被害人或者其近亲属、被害人提供的证人同意，可以向他们收集与本案有关的材料。

《人民检察院刑事诉讼规则》第三百二十四条　辩护律师向人民检察院提出申请要求向被害人或者其近亲属、被害人提供的证人收集与本案有关的材料的，人民检察院应当在接到申请后七日内作出是否许可的决定，通知申请人。

案例三

《中华人民共和国刑法》第一百三十三条第三款　违反交通运输管理法规，因而发生重大事故，致人重伤、死亡或者使公私财产遭受重大损失的，处3年以下有期徒刑或者拘役；交通运输肇事后逃逸或者有其他特别恶劣情节的，处3年以上7年以下有期徒刑；因逃逸致人死亡的，处7年以上有期徒刑。

《中华人民共和国刑事诉讼法》第三十六条　辩护律师自人民检察院对案件审查起诉之日起，可以查阅、摘抄、复制本案的诉讼文书、技术性鉴定材料，可以同在押的犯罪嫌疑人会见和通信。其他辩护人经人民检察院许可，也可以查阅、摘抄、复制上述材料，同在押的犯罪嫌疑人会见和通信。

辩护律师自人民法院受理案件之日起，可以查阅、摘抄、复制本案所指控的犯罪事实的材料，可以同在押的被告人会见和通信。其他辩护人经人民法院许可，也可以查阅、摘抄、复制上述材料，同在押的被告人会见和通信。

《中华人民共和国刑事诉讼法》第一百三十九条　人民检察院审查案件，应当讯问犯罪嫌疑人，听取被害人和犯罪嫌疑人、被害人委托的人的意见。

七、主要文书附件

张某涉嫌寻衅滋事案辩护意见

××区人民检察院：

贵院正在审查起诉的张某涉嫌寻衅滋事一案，受犯罪嫌疑人张某亲属的委托并征得其本人同意，由我担任其辩护人。辩护人于本月8日会见了在押的犯罪嫌疑人张某，结合×市公安局×区分局的《起诉意见书》，提出以下辩护意见：

一、关于张某所参与的案情过程

《起诉意见书》第2页中间一段"双方相互谩骂，后女孩们用电话叫来男子王某等五人，张某的哥哥纠集来犯罪嫌疑人张某、李某和许某帮其打架，张某的哥哥持水果刀……"这种表述方式，与张某的陈述相矛盾（《会见笔录》附后）。2006年×月×日下午经贵院批准，我会见了张某，会见过程中做了笔录。按张某所说的过程，他的行为表现是：在张某从×区市场与其哥哥等人吃完饭分开后，在他去女朋友家的途中，接到了他哥哥的电话。此时张某才知道其哥哥等二人在某网吧打架了。随后，是他给李某和许某打的电话，分头去了出事地点。张某见到其哥哥时，张某的哥哥已经被打，独自跑到了网吧附近的市场处。而与他在一起的那个朋友，则在网吧对面被三男两女围攻，张某赶过去拉架同样挨打。于是张某拉着其哥哥的朋友奔逃，对方有一人拿着器械追打，途中张某曾还手，给了对方两耳光，然后逃离。这说明"张某的哥哥持水果刀"扎伤被害人之后，张某才赶到现场，并非《起诉意见书》中所表述的过程。可见，张某的哥哥打电话的时候，或者说，张某到达现场之前，张某的哥哥是否已经用水果刀扎了被害人，应属于审查起诉阶段的一个审查重点，这涉及到张某等后来的几个人是否实际参与了斗殴，即为了正确认定张某是否为共犯。

二、《起诉意见书》忽略了一个环节

按照《起诉意见书》的归纳，整个事情的发展过程是：（1）从张某的哥哥等二人寻衅滋事开始，导致双方相互谩骂。（2）寻衅滋事的受害人（三个女孩），没有依法维护自己的权利。打电话不是报警，而是以打电话的方式叫来几名男子，叫人的目的不言而喻，且叫人的行为早于张某的哥哥给张某打电话。(3) 在寻衅滋事的过程中，除了人格权利外，并没有伤及任何人，本案原本可以避免。寻衅滋事的受害人叫人过来是引起斗殴的前提，被人辱骂和取笑与叫人过来打架之间，似乎合乎情理。但是从法律上讲不通。(4) 双方导致互殴，被害人王某受伤死亡，是发生在斗殴的过程中，而不是寻衅滋事的过程中。然而，侦查机关把被害人的受伤死亡，直接归罪于寻衅滋事，从而忽略了"聚众斗殴"这一重要的环节。

通过上述分析，张某的哥哥挑衅女孩的时候，张某根本不在现场，根本没有参与寻衅滋事，因此该罪名不能成立；从聚众斗殴的角度来讲，假如张某在《会见笔录》中陈述的属实，那么，他赶赴现场虽然说具有参与斗殴的主观故意，但是，是在他哥哥与对方动手之后赶到的，客观方面没有参与斗殴的行为，因此也不属于聚众斗殴的共犯。他的行为既与被害人的受伤死亡无因果关系，又不符合构成犯罪的条件，所以，本案应认定张某寻衅滋事罪名不能成立。同时，还应将案卷退回公安机关，按照《刑法》第二百九十二条（聚众斗殴）补充侦查，将遗漏的犯罪嫌疑人依法缉拿归案。

以上辩护意见，恳请贵院能予以考虑并采纳！

此致
××区人民检察院

辩护人：××律师事务所
律师：×××
2006年×月×日

实验项目三　审查核实证据

一、法律原理概述

审查核实证据就是检察机关对侦查活动中收集到的各种证据材料进行分析、研究、核实，以确定其真实性、相关性和合法性的诉讼活动。审查、核实证据在审查起诉工作中占有极为重要的位置，正确审查核实证据是确保检察机关准确定性、对犯罪嫌疑人提起公诉的前提条件，对于把好起诉关，防止错、漏案件的发生，确保办案质量十分重要。

人民检察院在接到公安机关、自侦部门移送起诉的案件材料后，应熟悉卷内有哪些证据材料，并依据案件性质，将证据分类，做到心中有数。同时，应有意识地分析证据的主次，确定审查顺序，有利于准确及时地抓住案件的主要问题。检察机关在审查核实证据时，对于单一证据，首先要确定每一证据的真实性，从证据的取得方式、证据的形成原因、证据的形式、证据提供者的情况等方面进行审查，从证据应当具备的三个特征入手，逐一地辨别每一证据的真伪，初步判断证据证明力的有无和大小，将其中明显虚假的部分予以删除，去伪存真；其次，对每个证据与案件事实之间的关系加以审查。收集在卷的材料，不一定都与案件事实有内在联系。由于种种原因，有时侦查人员也会把本来与案件无关的事实当作证据加以收集运用，在审查证据时，要注意查清每一个证据与案件事实之间的关系，与案件事实并无内在联系的，就不能用作定案的证据。此外，检察机关还必须对案件中所有的不同种类的证据进行综合分析审查判断，这包括两个方面：一是对证据确定及证据综合性的审查判断，主要是着重把握印证的方法，将全案所有证据与其所分别证明的若干个案件事实结合起来检验，以查实它们是否协调一致，证据与证据之间以及证据与案件事实之间的联系是否合理，从而判断证据的真伪及其是否具有证明力；二是对证据充分性的审查判断，主要是运用分析推理的办法，把经查证属实的证据材料与案件事实结合起来分析，看构成犯罪的四个要件是否得到了充分证明。只有把这些证据依次推导后，如果得出的定案结论是唯一的、排他的，才能最终认定现有证据是充分的，这样才能保证案件质量是可靠的，才能依法提起公诉。

二、实验目的

通过实验，使学生明确检察机关审查核实证据的重要性，掌握审查起诉阶段检察机关审查、判断证据的各种方法，熟练运用各种证据规则，提高学生分析和解决实际问题的能力。

三、实验要求

1. 指导教师首先向学生讲解证据运用的基本规则以及审查核实证据应当注意的问题和方法。
2. 要求学生熟悉实验素材，做好实验准备。
3. 要求学生根据实验素材，分析审查与核实证据的法定程序和要求。

四、实验素材（案例）

某年 8 月 10 日晚，某施工队在沙滩边施工时，挖掘出一具无名女尸。经公安机关勘验检查，尸体已经腐败，面部模糊不清，死者仅穿内衣，赤脚，身上还压着一块 70 余斤重的石头，颈部有掐痕，腹中有五个月左右的胎儿。勘查结果表明，这是一起凶杀案件。经公安机关侦查，确认被害人是某村未婚女青年史某，时年 20 岁。

经排查被害人的社会关系，发现某村村民张某有重大嫌疑。侦查机关依法对张某进行讯问，张某供述，自己与被害人相好已久，因离婚无望，又担心被害人揭发自己的作风问题，于是杀人灭口。

案件移送检察机关审查起诉。检察人员仔细审阅案卷材料后，认为认定张某杀人的证据还不确实充分，提出了以下几个疑点：

第一，虽然张某交代的情况与现场勘查以及所掌握的案件事实基本相符，但此案匿尸现场的情况已经在群众中传开，张某的交代尚不足以证明确系张某作案。

第二，张某交代杀人现场是在其家中，但经查未发现任何作案痕迹。

第三，被害人衣物去向不明。虽然张某先后交代了几个藏匿地点，但均查无所获。张某既然承认了杀人罪行，为什么交代不出死者衣物的下落呢？

第四，张某与史某通奸多年，曾准备和妻子离婚后与史某结婚，双方有一定感情。尽管史某被害的当晚两人因对是否出走意见不一致吵了一架，但随即和好。从这些情况，尚不足以促使张某决定杀害史某。

基于本案存在多处疑点，人民检察院认为，对该案件的证据仍然需要进行必要的调查核实。

五、实验角色分配和实验步骤

实验步骤 1：由学生分别扮演张某、检察人员。

实验步骤 2：学生根据提供的实验案例，拟定检察人员需要审查核实证据的范围和方法。

实验步骤 3：学生按照各自角色，模拟检察人员进行审查核实证据的活动。

六、法律适用参考

《中华人民共和国刑法》第二百三十二条第一款　故意杀人的，处死刑、无期徒刑或者 10 年以上有期徒刑。

《中华人民共和国刑事诉讼法》第一百三十九条　人民检察院审查案件，应当讯问犯罪嫌疑人，听取被害人和犯罪嫌疑人、被害人委托的人的意见。

《中华人民共和国刑事诉讼法》第一百四十条　人民检察院审查案件，可以要求公安机关提供法庭审判所必需的证据材料。

人民检察院审查案件，对于需要补充侦查的，可以退回公安机关补充侦查，也可以自行侦查。

对于补充侦查的案件，应当在 1 个月以内补充侦查完毕。补充侦查以二次为限。补充侦查完毕移送人民检察院后，人民检察院重新计算审查起诉期限。

对于补充侦查的案件，人民检察院仍然认为证据不足，不符合起诉条件的，可以作出不起诉的决定。

七、主要文书附件

人民检察院审查核实证据实例

犯罪嫌疑人王某，男，是某省某县某煤矿工人。侦查机关经侦查终结，认定：某年 7 月，王某因违章扒车出坑，被安全矿长赵某撤销班长职务作了棚工，收入相对减少。于是其对赵某不满，利用下坑干活之际，分三次偷盗了 6 磅炸药、4 枚雷管藏匿在家中。10 月 12 日凌晨，赵某携带炸药塞入赵某家的烟筒内点燃爆炸，烟筒被毁，邻居部分窗户被震坏。

本案有如下证据：

1. 许某证言，称犯罪嫌疑人王某因工作待遇问题，对安全矿长赵某不满，有报复心理。

2. 葛某证言，称犯罪嫌疑人王某发案时在村里。

3. 被害人赵某的陈述，称犯罪嫌疑人王某与自己有过矛盾，有作案可能。

4. 犯罪嫌疑人王某供述曾于案发前几天偷了某煤矿 6 磅炸药、4 枚雷管，后又翻供。

5. 矿长证明，炸药、雷管制度严格，但也存在坑下管理不善的情况，出现过丢失少量炸药的情况。

6. 炮工李某证言，在干炮工期间没有丢失过雷管、炸药。

7. 经现场勘查，发现现场遗留有残存的雷管、炸药，搜查王某家，未发现可疑证据。

本案经公安机关侦查终结移送检察机关审查起诉，检察院经审查认为本案现有证据尚不足以认定王某实施了犯罪行为，遂将案件退回公安机关补充侦查。经2次退回补充侦查后仍然未收集到新的证据，于是，检察机关作出了不起诉的决定。

实验项目四　补充侦查

一、法律原理概述

审查起诉阶段的补充侦查，是指人民检察院对公安机关侦查终结移送起诉的案件，或者对自行侦查终结的案件，在审查起诉中，发现有事实不清、证据不足或者遗漏了罪行或遗漏同案犯罪嫌疑人等情形，不能作出提起公诉或者不起诉的决定，而依照法定程序，在原有侦查工作的基础上进行有关的专门调查、补充收集证据的一种诉讼活动。在审查起诉阶段补充侦查的目的在于查清有关事实和证据，以决定是否将犯罪嫌疑人交付人民法院审判。补充侦查由人民检察院决定，公安机关或者人民检察院实施。

补充侦查并不是每一个刑事案件都必须经过的诉讼程序，它只适用于没有完成原有侦查任务，部分事实、情节尚未查明的某些刑事案件。因此，正确、及时进行补充侦查，对于公、检、法三机关查清犯罪，防止和纠正在诉讼过程中可能发生或已经发生的错误和疏漏，保证不枉不纵、不错不漏，准确适用国家法律，具有十分重要的意义。

《刑事诉讼法》第一百四十条第2款规定，人民检察院审查起诉的案件，对于需要补充侦查的，可以退回公安机关补充侦查，也可以自行侦查，必要时可以要求公安机关提供协助。对于补充侦查的案件，应当在1个月以内补充侦查完毕，补充侦查以两次为限。经过补充侦查的案件，人民检察院仍然认为证据不足，不符合起诉条件的，可以作出不起诉决定。

据此，审查起诉阶段进行补充侦查有两种形式：一种是由人民检察院退回公安机关进行。这种形式一般适用于主要犯罪事实不清、证据不足，或者遗漏了重要犯罪事实及应追究刑事责任的同案犯罪嫌疑人的案件。人民检察院对需要退回补充侦查的案件，应当制作《退回补充侦查决定书》，写明退查的理由和需要补充查明的具体事项及要求。另一种是由人民检察院自行侦查。这种方式一般适用于只有某些次要的犯罪事实、情节不清，证据不足，公安机关侦查活动中有违法情况，在认定事实和证据上与公安机关有较大分歧或者已经退查过但仍未查清的案件。自侦案件需要补充侦查的，人民检察院审查起诉部门应将案件退回本院侦查部门。

人民检察院在补充侦查中，对各种证据有疑问的都要进行重新收集或鉴定。比如人民检察院对鉴定结论有疑问或依照当事人的请求，应当自行对犯罪嫌疑人或被害人进行医学鉴定，必要时可以聘请医学机构或专门鉴定机构有鉴定资格的人员参加。人民检察院对物证、书证、视听资料、勘验、检查笔录存在疑问的，应当要求办案人员提供物证、书证、视听资料、勘验、检查笔录获取、制作的有关情况，必要时应当重新收集和制作，对物证、书证、视听资料可以进行鉴定。对证人证言有疑问的，也应当重新进行询问。

根据《刑事诉讼法》第一百四十条第3款的规定，对于补充侦查的案件，应当在1个月以内补充侦查完毕。补充侦查以2次为限。这一规定是为了防止拖延结案时间，避免对犯罪嫌疑人超期羁押、久拖不决的情况，有利于保护犯罪嫌疑人的合法权益，督促侦查机关的侦查工作。退回补充侦查的案件，如果在主要事实或证据上发生了重大变化，侦查机关就应当重新制作起诉意见书；如果只是在个别情节上补充了有关材料，可以书面意见的形式移送人民检察院。如果认为应当撤销案件的，应将决定通知人民检察院。

二、实验目的

通过实验，使学生准确把握检察机关提起公诉的基本条件，明确检察机关决定补充侦查的具体情形，正确制作补充侦查提纲，提高学生运用证据分析、解决具体问题的能力。

三、实验要求

1. 指导教师首先向学生讲解《刑事诉讼法》所规定的证明标准及其具体运用。
2. 学生实验案例，分组结合进行讨论，确定案件中哪些事实没有查清，该案件中还需要进一步查证与核实的事实。
3. 要求学生拟定该实验案例需补充侦查事项的提纲。

四、实验素材（案例）

某年4月5日深夜，某省甲市林场护林员关某在林场办公室附近的小路上被人连刺20余刀，因案发时正值停电，伸手不见五指，现场又在地形复杂的山路上，等被人发现，关某已经死亡。侦查人员根据尸体上创口的形状推断凶器为军用刺刀，将住在死者隔壁的刚从部队转业的赵某列为嫌疑人。

相关证据：

1. 经讯问，赵某在5日夜里有一段时间的行踪无人证明。

2. 4月7日，在赵某家中搜出一件带血的军衣，上面掉了3颗纽扣，都在衣兜里。

3. 在赵某家中搜出一把黑色塑料把的水果刀。

4. 法医鉴定衣服上的血迹为O型血和A型血，被害人关某是A型血。

5. 赵某的弟弟和父亲分别证明，4月4日下午，赵某与其弟发生争吵并打架，互有出血，其父也被碰伤。

检察机关经审查起诉，认为已有的证据中，有些存在相互矛盾：其一，根据尸体创口的创缘表明，被害人系被军用刺刀所刺，即使这只是一种推断，但尸检完全可以作出凶器究竟是单刃还是双刃刀具的判断，而从赵某家中搜出的刀具为水果刀，显然是单刃刀，与尸体情况不符。其二，案发在附近停电的山路上，如果被害人与歹徒发生过搏斗，而因此致歹徒的衣服扣子脱落，以当时的情形，根本不可能及时找回丢失的扣子。其三，关于犯罪嫌疑人衣服上的血迹，既然有相关证言，就应当进行必要且完整的检验鉴定，仅仅检出衣服上的血型是不够的，必须将被害人、犯罪嫌疑人的血迹分别进行鉴定。

基于本案存在多处疑点，且犯罪事实尚未查清，检察机关认为本案需要进行补充侦查。

五、实验角色分配和实验步骤

实验步骤1：由学生分组讨论分析该案件中哪些事实尚未查清。

实验步骤2：各组学生根据提供的实验案例，拟定需要补充侦查的事项。

实验步骤3：各组学生分析该案件由哪个机关进行补充侦查。

六、法律适用参考

《中华人民共和国刑法》第二百三十二条第一款 　故意杀人的，处死刑、无期徒刑或者10年以上有期徒刑；情节较轻的，处3年以上10年以下有期徒刑。

《中华人民共和国刑事诉讼法》第一百三十九条 　人民检察院审查案件，应当讯问犯罪嫌疑人,听取被害人和犯罪嫌疑人、被害人委托的人的意见。

《中华人民共和国刑事诉讼法》第一百四十条 人民检察院审查案件,可以要求公安机关提供法庭审判所必需的证据材料。

人民检察院审查案件,对于需要补充侦查的,可以退回公安机关补充侦查,也可以自行侦查。

对于补充侦查的案件,应当在1个月以内补充侦查完毕。补充侦查以二次为限。补充侦查完毕移送人民检察院后,人民检察院重新计算审查起诉期限。

对于补充侦查的案件,人民检察院仍然认为证据不足,不符合起诉条件的,可以作出不起诉的决定。

《人民检察院刑事诉讼规则》第二百六十六条 人民检察院认为犯罪事实不清、证据不足或者遗漏罪行、遗漏同案犯罪嫌疑人等情形,认为需要补充侦查的,应当提出具体的书面意见,连同案卷材料一并退回公安机关补充侦查;人民检察院也可以自行侦查,必要时可以要求公安机关提供协助。

七、主要文书附件

××县人民检察院
退回补充侦查决定书

×检补侦〔1998〕2号

××县公安局:

你局于1998年2月14日,以×公刑字〔1998〕第14号起诉意见书提请审查起诉的林××受贿一案,经本院审查认为基本事实不清,证据不足,根据《中华人民共和国刑事诉讼法》第一百四十条的规定,现决定将此案退回你局,请予以补充侦查。

此致
××县公安局

××县人民检察院
1998年2月20日
(院印)

附：1. 补充侦查提纲一份；
　　2. 侦查卷宗一册。

补充侦查提纲

1. 犯罪嫌疑人林××虽在公安机关曾供认收到某乡镇企业负责人送来的现金8000元，但据林说，这8000元钱并非他一个人所得，公司里的另一名负责人蒋××曾从他这里拿去3000元。问题是，谁能证明蒋××拿走了3000元钱（蒋已在一次车祸事故中死亡），对此，无详细的调查及旁证。

2. 犯罪嫌疑人林××在后来的交代中曾反供说，由他签字领取的这8000元钱，是在公司财务上注了账的。经调查属实。那么，这笔钱款究竟应算作某乡镇企业返还给公司作为奖金发放给林××的，还是属于某乡镇企业给林××的受贿，需要进一步仔细调查。

3. 另据证人所言，公司里其他数名负责人也曾在不同时间内，收到某乡镇企业送来的数额不等的款项，但均未达到8000元，同样是注了账的。在注账栏中注明的"材料专用款"字样。是否进一步说明，林××及其他人的行为究竟属于收取奖金，还是私人的贪污行为？这需要进一步的核实查清。

实验项目五　不　起　诉

一、法律原理概述

不起诉，是指人民检察院对公安机关侦查终结移送起诉的案件或者对自行侦查终结的案件，经过审查后，认为犯罪嫌疑人具有《刑事诉讼法》第十五条规定的不追究刑事责任的情形，或者犯罪嫌疑人犯罪情节轻微依法不需要判处刑罚或免除刑罚，或者经两次补充侦查尚未达到起诉条件，而作出的不将案件移送人民法院进行审判的决定。不起诉是人民检察院审查案件的结果之一，具有终止诉讼的法律效力。

在刑事诉讼中，决定是否起诉是一项重要的诉讼行为。对案件进行正确的过滤，可以避免对无罪的人进行追诉，避免将不需要判处刑罚或可免除刑罚的人交付审判，也可以避免将事实不清、证据不足的案件交付审判，从而减少司法机关和当事人的讼累，节约司法资源。把握不起诉制度应当注意：第一，不起诉是检察机关对刑事案件进行起诉审查后所采取的一种法律处置方式；第二，不起诉的根据在于案件不具备起诉条件或根据案件的实际情况不适宜提起诉讼；第三，不起诉决定的法律效力在于不将案件交付法院审判而终止刑事诉讼；第四，检察机关的不起诉决定具有确定效力，如不具备法律要求的条件，不得改变已发生效力的不起诉决定再行提起公诉。根据《刑事诉讼法》第一百四十条第 4 款、第一百四十二条的规定，不起诉分为法定不起诉、酌定不起诉和存疑不起诉 3 种。

凡是决定不起诉的案件，人民检察院都应当制作《不起诉决定书》，这是人民检察院代表国家依法确认不追究犯罪嫌疑人刑事责任的决定性法律文书，具有法律效力。

不起诉决定书由以下几部分组成：

（一）首部

1. 标题。在文书顶端正中分两行书写检察机关名称和文书种类，即"××人民检察院不起诉决定书"。

2. 编号。在标题右下方写上："×检刑不诉［　］号"。

3. 被不起诉人的基本情况。包括被不起诉人姓名，性别，年龄，出生年月日，出生地，身份证号码，民族，文化程度，职业或工作单位及职务（国家工作人员利用职权的犯罪，应当写明犯罪期间在何单位任何职务），住址，身份证号码，是否受过刑事处罚，采取强制措施的种类、时间、决定机关。

如系被不起诉单位，则应写明名称、住所地，并以被不起诉单位替代不起诉书格式中的"被不起诉人"。

4. 辩护人基本情况。包括姓名、单位和通信地址。

5. 案由和案件来源。

（1）如果是公安机关侦查终结的案件，写明姓名、案由、案件来源，如"被不起诉人×××盗窃一案，由×××公安局侦查终结向本院移送起诉。"

（2）如果是本院侦查终结的案件，写明姓名、案由、案件来源，如"被不起诉人×××贪污一案，由本院依法侦查终结。"

（3）如果是上级人民检察院移交起诉的或者因审判管辖的变更由同级法院移送审查起诉的，写明姓名、案由、案件来源，如"被不起诉人×××盗窃一案，由××公安局侦查终结，经××人民检察院交由本院审查起诉"或"被不起诉人×××盗窃一案，由××公安局侦查终结，××人民检察院提起公诉，××人民法院经××人民法院转至本院审查起诉……"

（二）正文

1. 案件事实，包括否定或者指控被不起诉人构成犯罪的事实以及其他作为不起诉决定根据的事实。

根据《刑事诉讼法》第一百四十条第四款和第一百四十二条第一款、第二款作出的三种不起诉，分别写明：

（1）如果是根据《刑事诉讼法》第十五条规定决定不起诉的，应简要写明案件事实及《刑事诉讼法》第十五条规定的情形之一。

（2）如果是根据《刑事诉讼法》第一百四十条第四款决定不起诉的，应简要写明经补充侦查仍然证据不足，不符合起诉条件的理由。

（3）如果是根据《刑事诉讼法》第一百四十二条第二款的规定不起诉的，应简要写明案件事实和认定"犯罪情节轻微，依刑法规定不需要判处刑罚或免除刑罚"的根据。

2. 不起诉的理由和法律根据，写明作出不起诉决定适用的刑事诉讼法条款。这一部分在前面事实、证据的基础上，阐明被起诉人无罪的理由，同时否定或纠正原控告、告发或不当的认定。既要写得简明得当，又要阐述得充分准确。具体来讲，应当通过对被起诉人行为事实的高度概括，说明其行为的性质、后果及在法律上的意义。

本院认为（以下用准确精练语言概述行为性质、情节、危害结果、法律责任）。如果是《刑事诉讼法》第一百四十二条第二款规定不起诉的，要写明触犯的刑法条款（如被不起诉人的行为触犯了《中华人民共和国刑法》第××条的规定），并写明犯罪情节轻微，依刑法规定不需要判处刑罚或免除刑罚的情形，依照《中华人民共和国刑事诉讼法》第一百四十二条第二款的规定，决定对犯罪嫌疑人×××不起诉。

（三）尾部

1. 有关告知事项。

（1）对于根据《刑事诉讼法》第一百四十二条第二款规定不起诉的，被不起诉人如果不服不起诉决定，可以自收到本决定书后7日以内向本院申诉。

（2）被害人如果不服不起诉决定，可以自收到本决定书后7日以内向上一级人民检察院申诉，请求提起公诉。被害人也可以不经申诉，直接向人民检察院起诉。

2. 统一署某人民检察院院名。

3. 制作年月日。

4. 附项。

不起诉决定书应当加盖人民检察院的院印。

人民检察院决定不起诉的案件，可以根据案件的不同情况，对被不起诉人予以训诫或者责令具结悔过、赔礼道歉、赔偿损失，对被不起诉人需要给予行政处罚、行政处分或者需要罚没其违法所得的，人民检察院应当提出检察意见，连同不起诉决定书一并移送有关机关处理。对于人民检察院直接立案侦查的案件决定不起诉后，审查起诉部门应当将不起诉书副本以及案件审查报告报送上一级人民检察院备案。其不起诉的决定，由人民检察院公开宣布，并将公开宣布不起诉决定的活动记入笔录。不起诉决定书应当送达被不起诉人及被不起诉人所在的单位。若被不起诉人被限制人身自由的，应立即宣布释放。有被害人的案件，还应将不起诉决定书送达被害人或者其近亲属及其诉讼代理人。送达时，应当告知被害人或者其近亲属及其诉讼代理人，如果对不起诉不服，可以自收到不起诉决定书之后7日之内向上一级人民检察院申诉，也可以不经申诉，直接向人民法院起诉；告知依照《刑事诉讼法》第一百四十二条第二款规定被不起诉的人，如果对不起诉不服，可以自收到不起诉决定书之后7日之内，向人民检察院申诉。对于公安机关移送起诉的案件，人民检察院决定不起诉的，应当将不起诉书送达公安机关。

二、实验目的

通过实验，使学生正确把握不起诉制度，明确人民检察院作出不起诉决定的条件和要求，熟悉作出不起诉决定的程序，掌握人民检察院不起诉决定书的内容和格式，并通过实际撰写《人民检察院不起诉决定书》来掌握其制作方法、技巧和规范格式要求，培养学生动手制作的能力。

三、实验要求

1. 指导老师向学生讲解不起诉的种类和条件，阐明《人民检察院不起诉决定书》的格式与内容，使学生掌握基本的写作方法和要领。
2. 要求学生根据实验案例，依照规范格式要求，制作《人民检察院不起诉决定书》。
3. 对学生制作的《人民检察院不起诉决定书》进行讲评。

四、实验素材（案例）

2001年4月6日晚5时许，故意杀人犯张××（后被判死刑）将××市××厂工人陈××杀害后逃至其朋友李××家，告诉李××，自己开车不小心把一个人撞伤了，现已送往医院抢救，但自己手头钱不够，想向李××借2000元钱去医院交住院费，然后自己去自首，并告诉李××，自己身上的血是抢救被撞伤的人时擦上的。李××当时虽然半信半疑，但还是拿了2000元钱给张××，张××拿到钱后随即离开。张××临走时，李××提出与张××一起去，但被张××拒绝。第二天，李××得知张××杀人的事后，即向其所在单位领导刘××报告了此事。张××在车站被堵截的公安人员抓获，交代了向李××借钱之事。4月8日，××市公安局以李××涉嫌窝藏罪将其拘留，4月10日，李××被取保候审。4月20日，××市公安局以李××涉嫌窝藏罪将案件移送××市人民检察院审查起诉。4月22日，李××聘请××律师事务所律师高××担任其辩护人。××市人民检察院审查后认为，李××虽然借钱给李××，有窝藏资助犯罪嫌疑人之嫌，但其主观上并无资助窝藏犯罪分子的故意，且在得知真相后及时向单位领导报告了此事，其行为没有触犯《刑法》第三百一十条的规定，且情节显著轻微，不应认定为犯罪，遂依据《刑事诉讼法》第一百四十二条第1款、第十五条第1项的规定，于4月25日决定对李××不起诉。

本案证据有：犯罪嫌疑人××的供述；单位领导刘××的证言；公安机关出具的办案经过等。

李××的基本情况：男性，1968年9月21日出生，籍贯：××省××县，住××市××厂宿舍××栋××单元××号，系该厂工人。高中毕业后即入厂工作，汉族。

五、实验角色分配和实验步骤

实验步骤1：将学生分成若干实验小组。
实验步骤2：学生分组讨论分析该案件可作出何种不起诉决定。
实验步骤3：各组学生根据提供的实验案例，按照《不起诉决定书》的格式和要求制作《不起诉决定书》。
实验步骤4：指导老师对各组学生制作的《不起诉决定书》进行总结、讲评。

六、法律适用参考

《中华人民共和国刑法》第三百一十条　明知是犯罪的人而为其提供隐藏处所、财物，帮助其逃匿或者作假证明包庇的，处3年以下有期徒刑、拘役或者管制；情节严重的，处3年以上10年以下有期徒刑。

《中华人民共和国刑事诉讼法》第一百四十二条第一款　犯罪嫌疑人有本法第十五条规定的情形之一的，人民检察院应当作出不起诉决定。

《中华人民共和国刑事诉讼法》第十五条第一款　有下列情形之一的，不追究刑事责任，已经追究的，应当撤销案件，或者不起诉，或者终止审理，或者宣告无罪：（一）情节显著轻微、危害不大，不认为是犯罪的。

七、主要文书附件

××县人民检察院
不起诉决定书

×检刑不诉［××］第×号

被不起诉人王××，男，25岁，汉族，××省××市人，高中文化程度，系××厂工人，住××市××二队，因本案于19××年×月×日经我院批准，同年×月×日由×县公安局执行逮捕，现羁押于××看守所。

被不起诉人王××寻衅滋事一案，经××县公安局侦查终结，于19××年×月×日移送我院起诉。现经我院查明：19××年×月×日晚12时许，被不起诉人王××随同李×（已起诉）、朱××（已起诉）到××县××转盘路个体户周××餐馆就餐，三人共喝白酒×斤，应付人民币79元，李×以钱未带够和以后常来照顾生意为由只付给人民币56元，便扬长而去，店主敢怒不敢言。次日凌晨1时许，犯罪嫌疑人王××又随同李×、朱××到××转盘路艾××录像厅看录像，李、朱纠缠店主艾××让其换武打片，艾不从，李、朱对艾扬言："如不换，就砸坏录像机，封录像厅的门。"犯罪嫌疑人王××对李、朱进行劝阻说："算了，算了"，才未能打起来。凌晨3时许，李、朱又闯进南郊××餐馆寻衅闹事，被不起诉人王××又从中劝阻。在受到李的斥责后，准备独自回厂。此时，餐馆职工包××要去南郊派出所报案，被正要回厂的王××发觉，王××抓住包××质问为什么偷其自行车，并对包××拳打脚踢，直到包××跪下叩头求饶。

以上事实，有在场证人证言，现场勘查笔录等证据在卷证实。

综上所述，被不起诉人王××在李×等人寻衅滋事一案中，不仅没有参与，而且还有多次劝阻的行为；殴打包××是基于双方的误会，属违法行为，不构成犯罪。本院根据《中华人民共和国刑法》第十三条和《中华人民共和国刑事诉讼法》第十五条第1款以及第一百四十条第1款、第2款之规定，决定对犯罪嫌疑人王××不起诉，予以释放。

被害人如不服本决定，可在收到本决定书后的七日内，向本院提出申诉。

××县人民检察院
19××年×月×日
（院印）

实验项目六 提起公诉

一、法律原理概述

对于提起公诉，检察机关享有一定的自由裁量权，然而，这种裁量权必须受到法律的限制。只有在符合法定条件的情况下，检察机关才能提起公诉。我国《刑事诉讼法》第一百四十一条规定：人民检察院认为犯罪嫌疑人的犯罪事实已经查清，证据确实、充分，依法应当追究刑事责任的，应当作出起诉决定，按照审判管辖的规定，向人民法院提起公诉。具体说来，提起公诉的法定条件主要有以下几点：

1. 犯罪嫌疑人的犯罪事实已经查清。犯罪事实是对犯罪嫌疑人正确定罪和处刑的基础，只有查清犯罪事实，才能正确定罪量刑。因此，人民检察院提起公诉，必须首先查清犯罪嫌疑人的犯罪事实。这里的"犯罪事实"，是指影响定罪量刑的犯罪事实，包括：

（1）确定犯罪嫌疑人实施的行为是犯罪，而不是一般违法行为的事实。

（2）确定犯罪嫌疑人是否负刑事责任或者免除刑事责任的事实。比如犯罪嫌疑人的主观状态（包括故意、过失、动机和目的）、犯罪嫌疑人的年龄、精神状态等。

（3）确定对犯罪嫌疑人应当从轻、减轻或者从重处罚的事实。

查清上述各项事实就符合犯罪嫌疑人的犯罪事实已经查清的条件。实践中，就具体案件来说，具有下列情形之一的，就可以确认犯罪事实已经查清：

（1）属于单一罪行的案件，与定罪量刑有关的事实已经查清，不影响定罪量刑的事实无法查清的；

（2）属于数个罪行的案件，部分罪行已经查清并符合起诉条件，其他罪行无法查清的；

（3）无法查清作案工具、赃物去向，但有其他证据足以对被告人定罪量刑的；

（4）言词证据中主要情节一致，只有个别情节不一致且不影响定罪的。

对于符合上述第（2）种情况的，应当以已经查清的罪行起诉。因此，对那些并不影响定罪量刑的事实，则没有必要查清，司法实践中那种查清案件的一切事实后才提起公诉的做法是不可取的。

2. 证据确实、充分。证据是认定犯罪事实的客观依据。因此，人民检察院指控犯罪嫌疑人实施的犯罪行为，必须要有确实、充分的证据。证据确实，是对证据质的要求，是指用以证明犯罪事实的每一证据必须是客观真实存在的事实，同时又是与犯罪事实有内在的联系，能够证明案件的事实真相。证据充分，是对证据量的要求，只要一定数量的证据足够证明犯罪事实，就达到了证据充分性的要求。

证据确实与充分是相互联系、不可分割的两个方面，证据确实必须以证据充分为条件，如果证据不充分，证据确实也无法达到；反之，如果证据不确实，而证据再充分，也不能证明案件真实。因此，证据确实、充分是提起公诉的一个必要条件。应当注意的是，证据确实、充分的要求是在诉讼进行中基于起诉时所获取的证据材料所作的阶段性要求，与判决时总结全案提出的证据要求是有区别的。

3. 依法应当追究刑事责任。依照法律规定，犯罪嫌疑人实施了某种犯罪，并非一定要负刑事责任。根据刑法、刑事诉讼法的有关规定，有些犯罪行为法定为不予追究刑事责任的情形。因此，决定对犯罪嫌疑人提起公诉，还必须排除法定不予追究刑事责任的情形。依法应当追究犯罪嫌疑人的刑事责任，就成为对其提起公诉的又一必要条件。

4. 人民检察院对此案具有公诉权，案件属于受诉法院管辖。这是主要的程序性起诉条件。检察院对此案具有公诉权，首先要求案件属于公诉范围，这包括法律明确划分的公诉案件，也包括法律规定在一定条件下可由检察院提起公诉的自诉案件。其次，检察院对某一案件具体的公诉权，还取决于案件的审判管辖范围。检察院只能对相应法院提起公诉，如依审判管辖的规定，该案不属于相应法院管辖，该检察院就不具有对这一案件的具体的公诉权。因此，我国刑事诉讼法明确要求，人民检察院按照审判管辖的规定，向人民法院提起公诉。

人民检察院在审查起诉后，认为犯罪嫌疑人实施的行为构成犯罪并应当受到刑事处罚，应当作出的将案件移送人民法院进行审判的决定。检察机关起诉决定的法律体现是起诉书。起诉书是人民检察院依照法定的诉讼程序代表国家对被告人向人民法院提起诉讼的文书。这种文书是检察机关以国家公诉人的名义制作的，因而通常又称之为公诉书。起诉书是人民检察院重要的司法文书，它具有揭露犯罪、证实犯罪的功效，是将被告人交付人民法院审判的标志，是人民法院对被告人得以行使审判权的法律依据，也是根据事实，说明追究刑事被告人刑事责任的理由和根据的一种结论性的请求书。因此，起诉书的制作无疑是一项十分严肃的工作。根据刑事诉讼法和最高人民检察院颁发的《刑事检察文书格式》样本的规定，起诉书由下列部分组成：

1. 首部。

（1）标题和文书编号。主要写明"×××人民检察院起诉书"字样。其右下方注明文书编号：×检刑诉［年度］第××号。

（2）被告人的基本情况。主要写明被告人的姓名、性别、年龄、籍贯、身份证号码、民族、文化程度、职业或工作单位及职务（国家工作人员利用职权的犯罪，应当写明犯罪期间在何单位任何职务）、住址、主要简历（包括有无前科）、何时被拘留、逮捕，在押被告人的羁押处所等。共同犯罪的案件，应当逐个写明被告人的上述情况。

（3）案由和案件来源。如果是公安机关侦查终结的案件，可以表述为："本案由××公安局侦查终结，以被告人×××涉嫌×××罪，于×××年×月×日向本院移送审查起诉。"

如果是本院自行侦查终结的案件，可以表述为："被告人×××涉嫌××罪一案，由本院依法侦查终结，××年××月××日，本院进入审查起诉阶段。"

如果是下级人民检察院先受理，又依法报送上一级人民检察院审查起诉的，可表述为："本案由××公安局侦查终结，移送××人民检察院审查起诉，该院根据《中华人民共和国刑事诉讼法》之规定，于×年×月×日报送本院审查起诉……"采用何种方式表述，可根据案件具体情况而定，但必须将"案由、案件来源和查明的犯罪事实"这三个项目交代清楚。

（4）依法告知诉讼权利及审查起诉的经过等事项，可表述为："本院受理后，于×××年×月×日已告知被告人有权委托辩护人，×××年×月×日已告知被害人及其法定代理人（或者近亲属）、附带民事诉讼的当事人及其法定代理人有权委托诉讼代理人，依法讯问了被告人，听取了被害人的诉讼代理人×××和被告人的辩护人×××的意见，审查了全部案件材料……（写明退回补充侦查、延长审查起诉期限等情况）"

2. 正文。

（1）犯罪事实和证据。这是起诉书正文部分的一项重要内容，先写明经人民检察院依法审查查明的犯罪事实，后写明经查证属实的有关证据。其起诉的事实部分的开首语为"经依法审查查明……"，写明经人民检察院审查认定的犯罪事实，包括犯罪的时间、地点、经过、手段、动机、目的、危害后果等事实要素。检察机关应当根据具体案件情况，围绕刑法规定的该罪的构成要件，特别是犯罪特征，简明扼要叙写。

对于只有一个被告人的案件，被告人实施的多起犯罪事实一般应按照犯罪时间先后顺序逐一列举；同时触犯数个罪名的被告人的犯罪事实应当按照主次顺序分类列举。共同犯罪的案件，要逐一写明各被告人在共同犯罪中的地位、作用，再按照被告人的主次顺序，分别写明各个被告人的单独犯罪事实。

正文的证据部分，应当写明"认定上述事实的证据如下……"（针对所述犯罪事实，分列相关证据）。列举证据一般采用"一事一证"的方法，即在每一起案件事实后列举能证明该犯罪事实存在的证据。对于犯几种不同性质罪行的被告人，在写明其某种罪行之后，列举认定该犯罪事实的证据，然后再写明其他罪行和相关证据。

在犯罪事实和证据列举完毕后，再以"上述犯罪事实清楚，证据确实、充分，足以认定"进行总结。

（2）起诉的理由和法律根据。其开首语为"本院认为……"，写明人民检察院对被告人犯罪事实的分析、认定，直接反映了对被告人所犯罪行追究法律责任的具体意见。

其具体内容主要包括：

（1）被告人触犯的刑法条款、犯罪的性质、对社会危害性大小；

（2）有无从重、从轻或减轻的情节，还应根据被告人认罪态度及其他原因，说明从宽或从严处罚的理由；

（3）共同犯罪各被告人应负的罪责；

（4）在公诉案件中，如果被告人的罪行给被害人造成了物质损失，有无附带民事诉讼情况的，也应写明。

3. 尾部。包括受文机关，即致送的人民法院。分两行写为"此致"、"××人民法院"，法院名称要写全称。具体承办案件的检察人员的法律职务、姓名。签发起诉书的日期并加盖制作起诉书的人民检察院公章。

4. 附项。这部分应写明：被告人的羁押处所或者取保候审、监视居住的处所；随本起诉书所附送的案卷主要内容，包括证据目录、证人名单、主要证据复印件或者照片清单；鉴定人的住址或单位地址；随案移送案卷的册数、页数；随卷移送的赃物、证物；检察机关对同案犯罪嫌疑人所作出的不起诉决定书的副本；如有附带民事诉讼的，要写明并附上相关文书，即人民检察院制作的刑事附带民事起诉状和被害人（或其家属）制作的提起附带民事诉讼的诉状。

人民检察院在制作起诉书时，如果被告人真实姓名、住址无法查清的，应当按其绰号或者自报的姓名、自报的年龄制作起诉书，并在起诉书中注明。如果被告人自报的姓名可能造成被害人、他人名誉、败坏道德风俗等不良影响的，可以对被告人编号并按编号制作起诉书，在起诉书中附具被告人的照片。

二、实验目的

通过实验，使学生准确把握刑事诉讼法规定的检察机关提起公诉的法定条件，正确认识制作起诉书的重要性，掌握人民检察院起诉书的内容和格式，并通过实际撰写《人民检察院起诉书》来掌握其制作方法、技巧和规范格式要求，培养学生亲自动手制作的能力。

三、实验要求

1. 指导老师向学生讲解人民检察院提出起诉的法定条件，阐明《人民检察院起诉书》的格式与内容，使学生掌握基本的写作方法和要领。
2. 要求学生根据实验案例，依照规范格式要求，制作《人民检察院起诉书》。
3. 对学生制作的《人民检察院起诉书》进行讲评。

四、实验素材（案例）

自 2005 年底至 2007 年 1 月间，犯罪嫌疑人陈某某从腾讯公司的网站上下载腾讯 QQ 软件后，未经腾讯公司许可擅自对腾讯 QQ 软件进行修改，将腾讯 QQ 软件的广告、搜索功能进行删除，加上显示好友 IP 地址功能，安装北京某无限科技有限公司、某网络技术（北京）有限公司、某信息技术有限公司的商-Jk 插件，以此为上述三家公司的软件或网站做广告，后将修改好的软件以珊瑚虫 QQ 的名义放在自己注册的"珊瑚虫工作室"网站（www.coralqq.com、www.soff.net）供用户下载牟取非法利益。2007 年 8 月 16 日，被告人陈某某在北京市朝阳区××家园 4 号楼×单元 1×0×房被抓获，搜出内有珊瑚虫 QQ 软件的笔记本电脑一台、招商银行一卡通（卡号：00101317××××）、金葵花卡（卡号：410062010053××××）各一张。从某网络技术（北京）有限公司黄某某处调取陈某某使用的内有珊瑚虫 QQ 软件的服务器硬盘一个。2007 年 4 月 23 日，广东省某计算机司法鉴定所从陈某某的网站上下载珊瑚虫 QQ 软件三个（IPQQ2007.exe、IPQQ06454.exe、IPTM2006.exe），于 2007 年 9 月 11 日分别从陈某某使用的手提电脑、服务器硬盘内提取珊瑚虫 QQ 安装软件各一个（IPQQ2007.exe、IPQQ0750a.exe）。经中国版权保护中心版权鉴定委员鉴定，"珊瑚虫工作室"的 IPQQ2007.exe、IPQQ06454.exe、IPTM2006.exe、IP000750a.exe、IPQQ2007.exe 软件是在腾讯公司的 qq2007betal.exe、qq2006Standard.exe、tm2006Spring.exe、qq2007beta2kbl.exe、IPQQ2007.exeQQ 软件上加以修改而来的。经查，自 2005 年 11 月至 2007 年 1 月，陈某某从北京某无限科技有限公司收取 15 笔广告费，共计人民币 105 万元（每笔 7 万元）；于 2007 年 2 月 2 日从某网络技术（北京）有限公司收取了广告费人民币 122822 元。

犯罪嫌疑人陈某某于 2007 年 8 月 16 日被深圳市公安局某分局刑事拘留，2007 年 8 月 24 日由深圳市公安局某分局执行逮捕。

本案相关证据：

1. 物证、书证：公安机关出示的抓获经过，营业执照，民事判决书，搜查笔录，扣押物品清单，调取证据清单及照片，招商银行快速汇款回单、特种转账借方传票、账户记录清单，储蓄委托转账交易单，代发企业查询单，被告人身份材料等；

2. 证人证言：证人李某、蔡某某、张某某、耿某、孙某的证言；

3. 被害人陈述：被害单位代理人齐某某的陈述；

4. 犯罪嫌疑人陈某某的供述；

5. 鉴定结论：广东某计算机司法鉴定所鉴定检验报告书，中国版权保护中心版权鉴定委员会鉴定报告。

深圳市公安局某分局侦查终结后，以犯罪嫌疑人陈某某涉嫌侵犯著作权罪，于2007年10月23日向深圳市某区人民检察院移送审查起诉。深圳市某区人民检察院审查后，准备以侵犯著作权罪对犯罪嫌疑人陈某某提起公诉。

五、实验角色分配和实验步骤

实验步骤1：将学生分成若干实验小组。

实验步骤2：学生分组讨论分析该案件是否达到提起公诉的条件。

实验步骤3：各组学生根据提供的实验案例，按照《起诉书》的格式和要求制作《起诉书》。

实验步骤4：指导老师对各组学生制作的《起诉书》进行总结、讲评。

六、法律适用参考

《中华人民共和国刑法》第二百一十七条　以营利为目的，有下列侵犯著作权情形之一，违法所得数额较大或者有其他严重情节的，处3年以下有期徒刑或者拘役，并处或者单处罚金；违法所得数额巨大或者有其他特别严重情节的，处3年以上7年以下有期徒刑，并处罚金：

（一）未经著作权人许可，复制发行其文字作品、音乐、电影、电视、录像作品、计算机软件及其他作品的；

（二）出版他人享有专有出版权的图书的；

（三）未经录音录像制作者许可，复制发行其制作的录音录像的；

（四）制作、出售假冒他人署名的美术作品的。

《中华人民共和国刑事诉讼法》第一百四十一条　人民检察院认为犯罪嫌疑

人的犯罪事实已经查清，证据确实、充分，依法应当追究刑事责任的，应当作出起诉决定，按照审判管辖的规定，向人民法院提起公诉。

七、主要文书附件

广东省广州市人民检察院
起 诉 书

穗检公一诉［2003］147号

被告人乔燕琴，又名乔艳清，男，21岁，汉族，山西省离石市人，文化程度初中，住山西省离石市××镇××村。捕前系广州市收容人员救治站护工。2003年5月12日被刑事拘留，2003年5月12日经广州市白云区人民检察院批准逮捕，同年5月13日被逮捕。

被告人李海婴，又名李海英，男，26岁，汉族，湖南省双牌县人，文化程度初中，住湖南省双牌县××乡××村委会103号。2003年5月10日被刑事拘留，2003年5月10日经广州市白云区人民检察院批准逮捕，同年5月11日被逮捕。

被告人钟辽国，又名钟条国，化名洪权才，男，31岁，汉族，湖南省平江县人，文化程度初中，住湖南省平江县××乡××村256号。1994年8月4日因犯盗窃罪被江苏省吴县人民法院判处有期徒刑一年零六个月，1995年8月6日刑满释放。2003年4月23日因抢夺被广州市劳动教养管理委员会送劳动教养一年。2003年5月13日被刑事拘留，2003年5月13日经广州市白云区人民检察院批准逮捕，同年5月14日被逮捕。

被告人周利伟，化名黄开平，男，20岁，汉族，湖北省麻城市人，文化程度初中，住湖北省麻城市××乡××村24号。2003年5月4日被刑事拘留，2003年5月8日经广州市白云区人民检察院批准逮捕，同年5月9日被逮捕。

被告人张明君，男，24岁，汉族，四川省南部县人，文化程度小学，住四川省南部县××乡××村8组。2003年5月9日被刑事拘留，2003年5月10日经广州市白云区人民检察院批准逮捕，同年5月12日被逮捕。

被告人吕二鹏，曾用名吕鹏、吕鹏鹏，男，18岁，汉族，山西省垣曲县人，文化程度初中，住山西省垣曲县××乡××村02号。捕前系广州市收容人员救治站护工。2003年5月3日被刑事拘留，2003年5月8日经广州市白云区人民检察院批准逮捕，同年5月9日被逮捕。

第二部分 刑事司法实务

被告人李龙生，绰号"长毛"，男，23岁，汉族，江苏省铜山县人，文化程度高中，住江苏省铜山县××乡××村4组161号。2003年5月10日被刑事拘留，2003年5月10日经广州市白云区人民检察院批准逮捕，同年5月11日被逮捕。

被告人李文星，男，17岁（1985年6月12日出生），汉族，河南省许昌县人，文化程度小学，住河南省许昌县××乡××村四组。2003年1月17日因犯抢夺罪被广州铁路运输法院判处拘役五个月，2003年2月22日刑满释放。2003年4月30日被刑事拘留，2003年5月8日经广州市白云区人民检察院批准逮捕，同年5月9日被逮捕。

被告人韦延良，化名徐华彬，男，22岁，汉族，贵州省正安县人，文化程度初中，住贵州省正安县××乡××村。2003年5月12日被刑事拘留，2003年5月13日经广州市白云区人民检察院批准逮捕，同年5月15日被逮捕。

被告人何家红，又名何加洪，男，29岁，汉族，四川省古蔺县人，文化程度小学，住四川省古蔺县××镇××村二社26号。1997年6月因抢劫被广州市劳动教养管理委员会送劳动教养两年，1999年1月18日解除劳动教养。2003年5月3日被刑事拘留，2003年5月8日经广州市白云区人民检察院批准逮捕，同年5月9日被逮捕。

被告人乔志军，男，24岁，汉族，山西省离石市人，文化程度中专，住山西省离石市××镇××路34号。捕前系广州市收容人员救治站护工。2003年5月3日被刑事拘留，2003年5月8日经广州市白云区人民检察院批准逮捕，同年5月9日被逮捕。

被告人胡金艳，女，20岁，汉族，河南省柘城县人，文化程度初中，住河南省柘城县××乡××村委会50号。捕前系广州市收容人员救治站护工。2003年5月3日被刑事拘留，2003年5月8日经广州市白云区人民检察院批准逮捕，同年5月9日被逮捕。

李龙生、李文星、韦延良、何家红、乔志军、胡金艳故意伤害一案，经广州市公安局侦查终结，于2003年5月20日依法移送本院审查起诉。现查明：

2003年3月18日晚10时许，被害人孙志刚被收容后因自报有心脏病被送至广州市收容人员救治站201室治疗。3月19日晚，被害人孙志刚因向其他收容救治人员的亲属喊叫求助，招致被告人乔燕琴的忌恨，被告人乔燕琴遂与被告人乔志军商量，决定将被害人孙志刚调至该站206室，让室内的收容救治人员对其进行殴打，之后被告人乔燕琴到206室窗边向室内的被告人李海婴等人直接授意。

至翌日零时30分左右，被告人乔燕琴再次向被告人乔志军及接班的被告人吕二鹏、胡金艳提出将被害人孙志刚从201室调至206室殴打,并得到被告人乔志军、吕二鹏、胡金艳的认同。随后,被告人乔燕琴、乔志军、吕二鹏、胡金艳共同将被害人孙志刚从201室调至206室,被告人乔燕琴、吕二鹏又分别向室内的被告人李海婴等人授意对被害人孙志刚进行殴打。当日1时许,206房的收容救治人员由被告人李海婴、钟辽国、周利伟、张明君、李龙生、李文星、韦延良等人以拳打、肘击、脚踩、脚跟砸等方法对被害人孙志刚的背部等处进行殴打,被告人何家红则在旁望风。被告人胡金艳发现后进行了口头制止。但被告人李海婴、钟辽国、周利伟、张明君等人后在被告人乔燕琴的唆使下,不顾被害人孙志刚跪地求饶,继续用肘击、膝顶、跳到背上踩等方法反复殴打,被告人何家红亦参与对其拳打脚踢。当值护士曾伟林(另案处理)发现后遂与被告人胡金艳将被害人孙志刚调至205室,后被害人孙志刚向被告人吕二鹏反映情况,被告人吕二鹏使用塑胶警棍向其胸腹部连捅数下。当天上午10时许,被害人孙志刚被发现伤重后经抢救无效死亡(经法医鉴定,被害人孙志刚因背部遭受钝性暴力反复打击,造成背部大面积软组织损伤致创伤性休克死亡)。

上述犯罪事实,经查证属实,证据确实、充分,足以认定。

本院认为,被告人乔燕琴、李海婴、钟辽国、周利伟、张明君、吕二鹏、李龙生、李文星、韦延良、何家红、乔志军、胡金艳无视国家法律,故意伤害他人身体,致人死亡,其行为共同触犯了《中华人民共和国刑法》第二百三十四条第二款的规定,均已构成故意伤害罪。其中被告人乔燕琴、李海婴、钟辽国、周利伟、张明君、吕二鹏在共同犯罪中起主要作用,是主犯;被告人李龙生、李文星、韦延良、何家红、乔志军、胡金艳在共同犯罪中起次要或者辅助作用,是从犯。上述12名被告人故意伤害他人身体,手段特别残忍,情节特别恶劣,在社会上造成极坏影响,危害结果极为严重,为严肃国家法律,保护公民的人身权利不受侵犯,维护社会治安秩序,保障社会主义建设事业的顺利进行,依照《中华人民共和国刑事诉讼法》第一百四十一条的规定,特提起公诉,请依法从严判处。

此致
广东省广州市中级人民法院

检察员:×××
2003年5月23日

附：

1. 被告人乔艳清、李海婴、钟辽国、周利伟、张明君、吕二鹏、李龙生、李文星、韦延良、何家红、乔志军、胡金艳现押于广州市第一看守所。

2. 主要证据复印件4册。

3. 证据目录1份。

4. 证人名单1份。

5. 本案A卷材料共12册。

实验二 刑事自诉

实验项目一 自诉的提起

一、法律原理概述

自诉是指由被害人或者其法定代理人直接向法院提起诉讼的控诉形式。在国家追诉主义占主导地位的现代刑事诉讼中，自诉是立足于保护被害人利益的必要补充，是刑事诉讼法实行国家追诉主义兼采私人追诉主义的产物。

根据我国《刑事诉讼法》第一百七十条规定，自诉案件包括：告诉才处理的案件；被害人有证据证明的轻微犯罪案件；被害人有证据证明对被告人侵犯自己人身、财产权利的行为应当依法追究刑事责任，而公安机关或者人民检察院不予追究被告人刑事责任的案件。

自诉人提起自诉的条件是：

1. 有适格的自诉人。在法律规定的自诉案件范围内，遭受犯罪行为直接侵害的被害人有权向人民法院提起自诉。被害人死亡、丧失行为能力或者因受强制威吓等原因无法告诉，或者是限制行为能力以及由于年老、患病、盲、聋、哑等原因不能亲自告诉的，被害人的法定代理人、近亲属有权向人民法院起诉。

2. 有明确的被告人和具体的诉讼请求。自诉案件的刑事诉讼程序由于自诉人的起诉而引起，对于自诉案件，公安机关和人民检察院均不介入，因此没有公安机关的侦查和人民检察院的审查起诉；自诉人起诉时应明确提出控诉的对象，如果不能提出明确的被告人或者被告人下落不明的，自诉案件不能成立。自诉人起诉时还应提出具体的起诉请求，包括指明控诉的罪名和要求人民法院追究被告人何种刑事责任。如果提起刑事自诉附带民事诉讼，还应提出具体的赔偿请求。

3. 属于自诉案件范围。即属于《刑事诉讼法》第一百七十条规定的案件。

4. 被害人有证据证明。被害人提起刑事自诉必须有能够证明被告人犯有被指控的犯罪事实的证据。

5. 属于受诉人民法院管辖。自诉人应当依据刑事诉讼法关于级别管辖和地区管辖的规定，向有管辖权的人民法院提起自诉。

以上几个是提起自诉必须具备的条件，缺一不可。自诉人只有同时具备这几个条件时，才可向人民法院提起诉讼，要求人民法院对犯罪事实进行审理，以追究被告人的刑事责任。若不具备以上条件，人民法院不予受理或驳回起诉。此外，自诉人对《刑事诉讼法》第一百七十条第三项规定的自诉案件提起诉讼，还应当符合《刑事诉讼法》第八十六条、第一百四十五条的规定。

自诉人提起自诉一般采用书面的形式，即应当制作并向人民法院呈递刑事自诉状，附带民事诉讼的，应当提交刑事附带民事诉状。但是，自诉人书写自诉状确有困难的，可以口头告诉，由人民法院工作人员作出告诉笔录，向自诉人宣读，自诉人确认无误后，应当签名或盖章。

自诉状或者告诉笔录应当包括以下内容：

1. 自诉人、被告人、代为告诉人的姓名、性别、年龄、民族、出生地、文化程度、职业、工作单位、住址。
2. 被告人犯罪行为的时间、地点、手段、情节和危害后果等。
3. 具体的诉讼请求。
4. 致送人民法院的名称及具状时间。
5. 证人的姓名、住址及其他证据的名称、来源等。

如果被告人是2人以上的，自诉人在自诉时需按照被告人的人数提供自诉状副本。

二、实验目的

通过实验，使学生进一步明确自诉案件的范围，准确把握刑事诉讼法规定的自诉人提起自诉的法定条件，明确自诉人享有的诉讼权利，掌握自诉状的内容和格式，并通过实际撰写自诉状来掌握其写作方法、技巧和规范格式要求，培养学生亲自动手制作的能力。

三、实验要求

1. 指导老师向学生讲解自诉人提起自诉的法定条件，自诉人的诉讼权利，阐明自诉状的格式与内容。
2. 要求学生根据实验案例，依照规范格式要求，制作自诉状。
3. 对学生制作的自诉状进行讲评。

四、实验素材（案例）

案例一

高某，女，某酒店管理人员。

高某某，女，某酒店管理人员，高某之姐。

某年 8 月 16 日晚 10 时许，某酒店临时服务员刘××酒后与顾客发生口角，并用啤酒瓶将顾客的胳膊扎伤，又在酒店内吵闹。当高某、高某某及其母亲黄某某（酒店管理人员）打刘××时，与拉架的该酒店临时服务员崔某、白某发生争执，白某骂了高某，高某某就打了崔某和白某。当崔某、白某与该酒店经理申××就此事谈话时，高某要剪二人的头发，被申××抢下剪刀，高某和高某某将申××推走。之后，高某、高某某及黄某某再次进入崔某、白某所在的房间，高某某、黄某某挟住崔某的两臂，将其按住，高某用剪刀剪去了崔某的大部分头发。后又以同样方式剪去了白某的大部分头发。8 月 19 日早晨，崔某、白某拿着各自被剪掉的头发，向公安机关报案，公安机关当即传讯了高某和高某某，并将她们收审。

本案证据有：酒店经理申××的证言、酒店临时服务员刘××的证言；高某和高某某向公安机关所作供述等。

崔某、白某以高某、高某某犯有侮辱罪，向某市某区人民法院提起自诉，要求追究她们的刑事责任，同时要求二被告人赔偿精神损害费及误工费 20 万元。

案例二

1998 年 10 月初王某辞去公辞，应聘来到某中外合资企业总经理办公室任文秘职务。由于王某具有大学本科学历，不仅精通两门外语，而且能熟练操作计算机，因而受到总经理的器重。王某工作不到两个月时间，即因工作需要陪同总经理去美国、中国香港各一次。这引起了同事刘某的不满，刘某认为如果没有王某，这些机会本应属于自己的，故在工作上开始与王某发生摩擦，进而发生争吵。1999 年 1 月下旬，刘某因琐事又与王某发生争执，王某无心吵架，随即到总经理处作了汇报。总经理将刘某叫去进行了批评，刘某亦表示改正，不在工作中刁难王某。但下班后，刘某却将王某拦在大街上并大骂王某是"不要脸的东西"、"狐狸精"等，引来围观群众近百人，王某开始一直沉默不语，后实在不堪忍受侮辱即抓住刘某的衣服向后猛推，致刘某和其自行车一起摔倒。刘某受轻伤，在治疗中花去医疗费用 500 余元。王某的精神也受到严重刺激，卧床休息一周后恢复正常。后刘某向人民法院提起自诉，请求追究王某故意伤害罪的刑事责任。人民法院受理后，向王某送达了自诉状副本。王某委托某律师事务所的姚律师为自己的辩护人，同时，委托姚律师代为提起诉讼，请求追究刘某侮辱罪的刑事责任。

五、实验角色分配和实验步骤

案例一
实验步骤1：将学生分成若干实验小组。
实验步骤2：各组学生根据提供的实验案例，按照刑事自诉状的格式和要求制作自诉状。
实验步骤3：指导老师对各组学生制作的自诉状进行总结、讲评。

案例二
实验步骤1：将学生分成若干实验小组。
实验步骤2：学生分别扮演刘某、王某和姚律师。
实验步骤3：各组学生根据提供的实验案例，模拟姚律师进行调查取证的活动。
实验步骤4：各组学生根据提供的实验案例，制作刑事反诉状。
实验步骤5：指导老师对各组学生制作的刑事反诉状进行总结、讲评。

六、法律适用参考

案例一
《中华人民共和国刑法》第二百四十六条　以暴力或者其他方法公然侮辱他人或者捏造事实诽谤他人，情节严重的，处3年以下有期徒刑、拘役、管制或者剥夺政治权利。

前款罪，告诉的才处理，但是严重危害社会秩序和国家利益的除外。

《中华人民共和国刑事诉讼法》第七十七条　被害人由于被告人的犯罪行为而遭受物质损失的，在刑事诉讼过程中，有权提起附带民事诉讼。如果是国家财产、集体财产遭受损失的，人民检察院在提起公诉的时候，可以提起附带民事诉讼。

人民法院在必要的时候，可以查封或者扣押被告人的财产。

《中华人民共和国刑事诉讼法》第一百七十条　自诉案件包括下列案件：
（一）告诉才处理的案件；
（二）被害人有证据证明的轻微刑事案件；

（三）被害人有证据证明对被告人侵犯自己人身、财产权利的行为应当依法追究刑事责任，而公安机关或者人民检察院不予追究被告人刑事责任的案件。

案例二

《中华人民共和国刑法》第二百三十四条第一款　故意伤害他人身体的，处3年以下有期徒刑、拘役或者管制。

《中华人民共和国刑法》第二百四十六条第一款　以暴力或者其他方法公然侮辱他人或者捏造事实诽谤他人，情节严重的，处3年以下有期徒刑、拘役、管制或者剥夺政治权利。

《中华人民共和国刑事诉讼法》第三十三条　公诉案件自案件移送审查起诉之日起，犯罪嫌疑人有权委托辩护人。自诉案件的被告人有权随时委托辩护人。

人民检察院自收到移送审查起诉的案件材料之日起3日以内，应当告知犯罪嫌疑人有权委托辩护人。人民法院自受理自诉案件之日起3日以内，应当告知被告人有权委托辩护人。

《中华人民共和国刑事诉讼法》第四十条　公诉案件的被害人及其法定代理人或者近亲属，附带民事诉讼的当事人及其法定代理人，自案件移送审查起诉之日起，有权委托诉讼代理人。自诉案件的自诉人及其法定代理人，附带民事诉讼的当事人及其法定代理人，有权随时委托诉讼代理人。

人民检察院自收到移送审查起诉的案件材料之日起3日以内，应当告知被害人及其法定代理人或者其近亲属、附带民事诉讼的当事人及其法定代理人有权委托诉讼代理人。人民法院自受理自诉案件之日起3日以内，应当告知自诉人及其法定代理人、附带民事诉讼的当事人及其法定代理人有权委托诉讼代理人。

《中华人民共和国刑事诉讼法》第七十七条　被害人由于被告人的犯罪行为而遭受物质损失的，在刑事诉讼过程中，有权提起附带民事诉讼。

如果是国家财产、集体财产遭受损失的，人民检察院在提起公诉的时候，可以提起附带民事诉讼。

人民法院在必要的时候，可以查封或者扣押被告人的财产。

《中华人民共和国刑事诉讼法》第一百七十条　自诉案件包括下列案件：

（一）告诉才处理的案件；

（二）被害人有证据证明的轻微刑事案件；

（三）被害人有证据证明对被告人侵犯自己人身、财产权利的行为应当依法追究刑事责任，而公安机关或者人民检察院不予追究被告人刑事责任的案件。

《中华人民共和国刑事诉讼法》第一百七十三条　自诉案件的被告人在诉讼过程中，可以对自诉人提起反诉。反诉适用自诉的规定。

七、主要文书附件

刑事自诉状

自诉人金某，女，现年73岁，汉族，××市××县××镇××村农民。
被告人严某，女，现年35岁，汉族，××市××县××镇××村农民。
案由：虐待
诉讼请求：被告人严某犯虐待家庭成员罪，请求人民法院依法从严惩处。
事实与理由：

被告人严某是自诉人金某的儿媳妇，自嫁到刘家与自诉人儿子刘某结婚以来，一直不孝敬自诉人。被告人好吃懒做，爱好打麻将，自诉人批评她，于是就怀恨在心，就虐待自诉人。近年来，对自诉人的态度日趋恶劣，发展到以种种手段虐待自诉人，甚至动手殴打自诉人。1997年就动手打了自诉人三次，其中较严重的一次是在1997年11月份。1997年11月11日，自诉人的儿子因公外出，到中午吃饭时被告人命令自诉人吃剩饭，自诉人说剩饭是冷的，晚上热一下再吃，于是盛了一碗新煮的米饭吃。被告人见自诉人不服从自己的摆布，非常恼火，上前就打了自诉人两个耳光，还揪住自诉人的头发，把自诉人的头往墙上撞了两下，幸亏邻居张××大婶的劝解，才制止住被告人的行凶。

被告人对自诉人的虐待不止这一次，其对自诉人的殴打也变本加厉，从用手殴打发展到用木棍殴打，其残忍程度令人发指。1998年2月6日，自诉人的儿子因公出差，在自诉人的儿子走后，被告人就命令自诉人打扫室内外卫生，而她自己却打麻将，因手气不好，输了钱，中午回家便拿自诉人出气，借口打扫的不干净，对自诉人破口大骂，自诉人批评说："骂人不对。"被告人说："你还敢顶嘴，看我怎么收拾你这个老东西！"于是被告人便顺手操起扫把乱打自诉人七八下，接着又捡起一根约三尺长的小木棍，使劲打自诉人的头部，结果打得头破血流，幸亏这时村长王××、治保主任赵××路过，才上前制止了被告人的暴力伤人行为，自诉人被送到镇医院治疗，头部伤口约4厘米长，缝了8针。

被告人近年来对自诉人的虐待逐步升级，先是辱骂自诉人，在精神上折磨自诉人；后来在生活上虐待自诉人，让自诉人吃剩饭剩菜，甚至不让吃饱，鱼肉等藏起来不让自诉人吃；现在发展到用凶器殴打自诉人。

被告人不仅从生活上、精神上虐待自诉人，而且连续数次动手殴打自诉人，其虐待行为情节恶劣，根据《中华人民共和国刑法》第二百六十条第一款之规定，被告人的行为已构成虐待家庭成员罪，并且被告人的手段凶狠，行为恶劣，后果比较严重，社会影响极其恶劣。

为了维护法律的尊严，弘扬中华民族尊老爱幼的优良美德，同时也为了保障自诉人的人身权利，避免自诉人遭到更严重的虐待，特向你院提起诉讼，请求法院依法严惩。

证据和证据来源，证人姓名和地址

1. 张××大婶证明材料一份，证明1997年11月11日被告人殴打自诉人，情况属实。张××住××市××县××镇××村。

2. 村长王××、治保主任赵××书写证明材料一份，证明被告人打破自诉人头部属实。

3. 镇医院诊断书一份，证明自诉人头部被木棍打伤。

此致
××市××县人民法院

具状人：金某
代书人：××律师事务所律师××
1998年2月16日

附：本诉状副本一份。

实验项目二 自诉案件的审判

一、法律原理概述

自诉人提起自诉后，人民法院应当在收到自诉状或者口头告诉第2日起15日内作出是否立案的决定，并书面通知自诉人或者代为告诉人。

人民法院对于自诉案件进行审查后，对于犯罪事实清楚，有足够证据的案件，应当开庭审判；对于缺乏罪证的自诉案件，如果自诉人提不出补充证据，应当说服自诉人撤回自诉，或者裁定驳回。对于已经立案，经审查缺乏罪证的自诉案件，如果自诉人提不出补充证据，应当说服自诉人撤回自诉或者裁定驳回起诉。自诉人经说服撤回起诉或者被驳回起诉后，又提出了新的足以证明被告人有罪的证据，再次提起自诉的，人民法院应当受理。

自诉人明知有其他共同侵害人，但对部分侵害人提起自诉的，人民法院应当受理，并视为自诉人对其他侵害人放弃告诉权利。判决宣告后自诉人又对其他共同侵害人就同一事实提起自诉的，人民法院不再受理。共同被害人中只有部分人告诉的，人民法院应当通知其他被害人参加诉讼。被通知人接到通知后表示不参加诉讼或者不出庭的，即视为放弃告诉权利。第一审宣判后，被通知人就同一事实又提起自诉的，人民法院不予受理，但当事人另行提起民事诉讼的，不受限制。

人民法院对于决定受理的自诉案件，应当开庭审判。对于告诉才处理的案件或者被害人有证据证明的轻微刑事案件，可以适用简易程序，由审判员一人独任审判。适用简易程序审理自诉案件，宣读起诉书后，经审判人员许可，被告人及其辩护人可以同自诉人及其诉讼代理人互相辩论。不适用简易程序审理的，审判程序应当参照公诉案件第一审程序的规定进行。人民法院对于告诉才处理和被害人有证据证明的轻微刑事案件，可以在查明事实、分清是非的基础上进行调解。调解达成协议的，人民法院应当制作刑事自诉案件调解书，由审判人员和书记员署名，并加盖人民法院印章。调解书经双方当事人签收后即发生法律效力。调解没有达成协议或者调解书签收前当事人反悔的，人民法院应当进行判决。同时，告诉才处理和被害人有证据证明的轻微刑事案件的被告人或者其法定代理人在诉讼过程中，可以对自诉人提起反诉。自诉人在宣告判决前，可以同被告人自行和解或者撤回自诉。对于已经审理的自诉案件，当事人自行和解的，应当记录在卷。自诉人要求撤诉的，人民法院应当审查，确属自愿的，应当允许撤诉。

在自诉案件审判过程中，审判人员对证据有疑问，需要调查核实的，可以宣布休庭，对证据进行调查核实。人民法院调查核实证据，可以进行勘验、检查、扣押、鉴定和查询、冻结。人民法院受理自诉案件后，对于当事人因客观原因不能取得并提供有关证据而申请人民法院调取证据的，人民法院认为必要的，可以依法调取。

人民法院对于依法宣告无罪的自诉案件，其附带民事诉讼部分应当依法进行调解或者一并作出判决。

二、实验目的

通过实验，要求学生明确人民法院对自诉进行审查的内容及审查后的处理，掌握人民法院对自诉案件进行审判的程序，准确把握人民法院审判不同自诉案件的具体要求，并通过模拟不同角色，全面熟悉和掌握审判人员如何主持庭审、各方当事人及其委托的人如何进行诉讼活动。

三、实验要求

1. 指导老师向学生讲解人民法院对自诉案件进行审判的程序，并要求学生复习《刑事诉讼法》中有关人民法院审判第一审公诉案件的程序规定。
2. 要求学生熟悉实验素材，做好实验准备。
3. 要求学生根据实验案例，分别模拟审判人员、自诉人、被告人、辩护人以及代理人等不同角色，进行模拟审判活动。
4. 要求学生根据实验案例，制作自诉案件的一审判决书。

四、实验素材（案例）

陈小花（女）与胡华（男）自幼相识，1994年建立恋爱关系，并于1996年春登记结婚，1998年2月生一女孩。1998年6月，胡华调到新的工作单位后，隐瞒已有妻女的事实，与本单位女职工王××恋爱。其为了达到与王××结婚的目的，多次给陈小花来信编造与陈小花离婚后可以在本单位分配到职工住房，待分配到住房后再复婚的谎言，欺骗陈小花离婚。当陈小花了解到真实情况后，即拒绝了胡华的要求，之后胡华经常无故打骂陈小花。1999年下半年，胡华开始不再回家，也不给孩子抚养费用。2000年3月，胡华骗取单位介绍信，与王××正式办理了结婚登记手续。

本案证据：

1. 胡华信件4封及结婚登记材料2份。
2. 证人张××的证言。
3. 证人周××的证言。
4. 胡华所在单位证明。

陈小花委托某律师事务所的汪律师代为提起自诉，请求人民法院追究被告人胡华重婚罪的刑事责任。人民法院受理后，向被告人胡华送达了起诉书副本。胡华委托某律师事务所的詹律师为其辩护人。人民法院指派审判员余某审理此案。

五、实验角色分配和实验步骤

实验步骤1：将学生分成若干实验小组。

实验步骤2：学生分别扮演自诉人陈小花、被告人胡华、汪律师、詹律师和法官余某。

实验步骤3：各组学生根据提供的实验案例，模拟法官主持庭审以及各诉讼参与人参加庭审的活动。

实验步骤 4：各组学生根据提供的实验案例，制作自诉案件的一审判决书。

实验步骤 5：指导老师对各组学生制作的判决书进行总结、讲评。

六、法律适用参考

《中华人民共和国刑法》第二百五十八条　有配偶而重婚的，或者明知他人有配偶而与之结婚的，处 2 年以下有期徒刑或者拘役。

《中华人民共和国刑事诉讼法》第一百七十条　自诉案件包括下列案件：

（一）告诉才处理的案件；

（二）被害人有证据证明的轻微刑事案件；

（三）被害人有证据证明对被告人侵犯自己人身、财产权利的行为应当依法追究刑事责任，而公安机关或者人民检察院不予追究被告人刑事责任的案件。

《中华人民共和国刑事诉讼法》第一百七十一条　人民法院对于自诉案件进行审查后，按照下列情形分别处理：

（一）犯罪事实清楚，有足够证据的案件，应当开庭审判；

（二）缺乏罪证的自诉案件，如果自诉人提不出补充证据，应当说服自诉人撤回自诉，或者裁定驳回。

自诉人经两次依法传唤，无正当理由拒不到庭的，或者未经法庭许可中途退庭的，按撤诉处理。

法庭审理过程中，审判人员对证据有疑问，需要调查核实的，适用本法第一百五十八条的规定。

《中华人民共和国刑事诉讼法》第一百七十二条　人民法院对自诉案件，可以进行调解；自诉人在宣告判决前，可以同被告人自行和解或者撤回自诉。本法第一百七十条第三项规定的案件不适用调解。

七、主要文书附件

重庆市彭水苗族土家族自治县人民法院
刑事判决书

（2008）彭法刑初字第 148 号

自诉人胡××，男，生于 19××年 8 月 24 日，汉族，重庆市彭水苗族土家族自治县人，城镇居民，住××××××。

委托代理人李××，重庆市彭水苗族土家族自治县绿荫律师事务所律师。

被告人宁××，女，生于19××年5月31日，汉族，重庆市彭水苗族土家族自治县人，农村居民，住××××××。

辩护人严××，重庆市彭水苗族土家族自治县桑柘法律服务所法律工作者。

被告人李××，男，生于19××年6月19日，汉族，重庆市彭水苗族土家族自治县人，农村居民，住××××××。

自诉人胡××指控被告人宁××、李××重婚罪、指控被告人宁××遗弃罪一案，本院受理后，依法组成合议庭于2008年8月14日在本院第四审判庭公开开庭审理了本案，自诉人胡××及代理人李××，被告人宁××及辩护人严××，被告人李××到庭参加了诉讼，本案现已审理终结。

自诉人胡××诉称，其与被告人宁××于2001年结婚并领取了结婚证，生有一女，取名胡×，现年8岁。结婚后，被告常年外出打工，不管自诉人和女儿。2007年被告人宁××和李××相识并以夫妻名义共同生活，并改名为陈××，被告李××也是结婚的，妻子是被其打跑的。二被告人于2008年2月8日生育一子。二人行为已经构成重婚罪，宁××常年不管家和孩子的行为构成遗弃罪，故自诉人提起诉讼，请求法院依法追究被告人宁××重婚罪、遗弃罪，被告人李××重婚罪。

被告人宁××辩称，重婚罪属实，因其对法律规定不清楚。被告人外出打工是经过自诉人允许的，而且经常向家里寄钱养家，只是因为生活所迫才常年外出，没有遗弃行为。

被告人李××辩称，其与前妻经过法院判决离婚后，被告人外出务工期间与被告人宁××认识，当时只知道被告人叫陈××，且被告人没有告知其已婚的事实，被告人也是被蒙蔽的，请求法院依法宣告被告人无罪。

自诉人胡××为支持其指控，向本院提供了以下证据：

1. 自诉人和被告人宁××的身份证及户口簿复印件一份；
2. 2001字第10号《结婚证》；
3. 照片一张；
4. 证人冉××、陈××、陈×的调查笔录各一份；
5. 本县龙射镇人口与计划生育办公室出具的《证明》一份。

结合自诉讼人、被告人的自诉、举证及质证情况，本院对案件事实认定如下：

自诉人胡××与被告人宁××于2001年9月15日登记结婚，婚后生育一女取名胡×。因生活压力，被告人宁××在自诉人胡××的同意下外出务工，常年不在家。2007年4月，已经和妻子离婚的被告人李××外出广州打工，和改名为陈××的被告人宁××相识后于同年5月同居生活。2008年2月8日，被告人宁××和李××生一子取名李×，并在给儿子办满月酒时按照农村习俗办了结婚酒。

　　本院认为，被告人宁××明知自己和自诉人登记结婚而和被告人李××以夫妻名义生活并生育一子，其行为构成重婚罪，本院予以确认，在庭审过程中，被告人宁××认罪态度好，且其尚在哺乳期间，本院酌情予以从轻处罚。被告人宁××和自诉人结婚后因生活压力，在自诉人的许可下外出务工，虽然被告人常年不在家，但自诉人指控其遗弃罪，无相关证据予以证明，故自诉人胡××指控被告宁××犯遗弃罪的事实不清、证据不足，本院不予支持。被告人宁××认罪态度较好，有悔罪表现，不致再危害社会，可依法宣告缓刑。被告人李××在与其妻子离婚后外出务工期间，与改名为陈××的被告人宁××认识并以夫妻名义生活，被告人宁××向其隐瞒了已登记结婚的事实，且自诉人指控被告人李××构成重婚罪也无相关证据予以佐证，应依法宣告被告人李××无罪。故此，本院依照《中华人民共和国刑法》第二百五十八条、第七十二条之规定，判决如下：

　　一、被告人宁××犯重婚罪判处有期徒刑一年，缓刑1年；

　　二、被告李××无罪。

　　如不服本判决，可在接到判决书的第二天起十日内，通过本院向重庆市第四中级人民法院提出上诉，书面上诉的，应当提交上诉状正本一份、副本二份。

审判长　吕××

审判员　彭××

审判员　陈××

本件与原本核对无异　　　　　　　　　　2008年8月18日

（院印）

书记员　×××

实验三　附带民事诉讼

实验项目一　附带民事诉讼的提起

一、法律原理概述

附带民事诉讼，是指司法机关在刑事诉讼过程中，在解决被告人刑事责任的同时，附带解决因被告人的犯罪行为所造成的物质损失的赔偿问题而进行的诉讼活动。《刑事诉讼法》第七十七条规定，被害人由于被告人的犯罪行为而遭受物质损失的，在刑事诉讼过程中，有权提起附带民事诉讼。如果是国家、集体财产遭受损失的，人民检察院在提起公诉的时候，可以提起附带民事诉讼。

附带民事诉讼解决的是物质损失赔偿问题，具有与民事诉讼中的损害赔偿相同的性质。但它和一般的民事诉讼又有区别，有着自己的特殊之处。从实体上说，这种赔偿是犯罪行为所引起的；从程序上说，它是在刑事诉讼的过程中提起的，通常由审判刑事案件的审判组织一并审判。其成立和解决都与刑事诉讼密不可分，因而是一种特殊的诉讼程序。正因为如此，解决附带民事诉讼问题时所依据的法律具有复合性特点。就实体法而言，对损害事实的认定，不仅要遵循刑法关于具体案件犯罪构成的规定，而且要受民事法律规范调整；就程序法而言，除刑事诉讼法有特殊规定的以外，应当适用民事诉讼法的规定。如诉讼原则、强制措施、证据、先行给付、诉讼保全、调解和解、撤诉反诉等，都要遵循民事诉讼法的有关规定。

提起附带民事诉讼的条件是：（1）提起附带民事诉讼的原告人、法定代理人符合法定条件；（2）有明确的被告人；（3）有请求赔偿的具体要求和事实根据；（4）被害人的物质损失是由被告人的犯罪行为造成的；（5）属于人民法院受理附带民事诉讼的范围。

附带民事诉讼应当在刑事案件立案以后第一审判决宣告以前提起。有权提起附带民事诉讼的人在第一审判决宣告以前没有提起的,不得再提起附带民事诉讼。但可以在刑事判决生效后另行提起民事诉讼。

提起附带民事诉讼一般应当提交附带民事诉状,写清有关当事人的情况、案发详细经过及具体的诉讼请求,并提出相应的证据。书写诉状确实有困难的,可以口头起诉。审判人员应当对原告人的口头诉讼请求详细询问,并制作笔录,然后向原告人宣读;原告人确认准确无误后,应当签名或者盖章。不论是口头还是书面提起的附带民事诉讼,都应当说明被害人和被告人的姓名、年龄、住址、控告的罪行以及因犯罪行为遭受的损失的程度和具体的诉讼请求等内容。人民检察院提起附带民事诉讼时必须在起诉书上写明,不能用口头的方式提起附带民事诉讼。

在诉讼过程中,被害人应当提起附带民事诉讼而没有提起时,公安机关、人民检察院、人民法院可以告知因犯罪行为遭受损失的被害人(公民、法人和其他组织)、已死亡被害人的近亲属、无行为能力或者限制行为能力被害人的法定代理人等、有权提起附带民事诉讼,以便他们决定是否行使这一权利。如果他们放弃这一权利,应当许可,并记录在案。但是如果被告人的行为是给国家、集体财产造成损失的,受损害单位不提起附带民事诉讼,人民检察院在提起公诉时,可以提起附带民事诉讼,以保护国家和集体财产免受损失。

刑事附带民事起诉状由首部、正文和尾部组成。

(1)首部。包括两项内容。一是文书名称,即"刑事附带民事起诉状";二是当事人的基本信息,如附带民事诉讼原告人、附带民事诉讼被告人的姓名、性别、出生年月日、民族、出生地、文化程度、职业或者工作单位和职务、住址等。

(2)正文。包括三项内容。一是诉讼请求,应当写明请求附带民事诉讼被告人赔偿的项目和具体数额。二是事实与理由。事实部分应当写明因附带民事诉讼被告人的犯罪行为给附带民事诉讼原告人造成实际经济损失的情况。理由部分应当根据有关法律规定,写明为什么应当由附带民事诉讼被告人承担民事赔偿责任。三是证明损失的证据,应当逐一列明名称、种类及来源。

(3)尾部。应当写明致送人民法院的名称、附带民事起诉状的份数、附带民事诉讼原告人签名或者盖章以及具状时间。

二、实验目的

通过实验,要求学生明确提起刑事附带民事诉讼的法定条件,掌握刑事附带民事诉状的内容和格式,并通过实际撰写刑事附带民事诉状来掌握其写作方法、技巧和规范格式要求,培养学生亲自动手制作的能力。

三、实验要求

1. 指导老师首先要求学生复习《刑事诉讼法》规定的提起刑事附带民事诉讼的法定条件，并向学生讲解刑事附带民事诉状的格式与内容。
2. 要求学生根据实验案例，依照规范格式要求，制作刑事附带民事诉状。
3. 对学生制作的刑事附带民事诉状进行讲评。

四、实验素材（案例）

被害人钱××，男，58岁，于某年5月15日死亡。

宋××，女，1947年2月出生，汉族，无业，住×县×乡×村，系被害人钱××之妻。

钱×，男，1973年出生，汉族，农民，住址同上，系被害人钱××之子。

诉讼代理人刘×，某律师事务所律师。

何×，男，1965年12月10日出生，汉族，初中毕业，农民，住×县×乡×村。

何×家与本村村民钱××家因土地问题发生纠纷。×年5月15日上午9时许，钱××组织数人去拆何×家的温室时，双方发生殴斗。期间，何×跑到钱×家，让钱×之妻方×出来制止拆棚；钱×的父亲钱××及其家人等数人与何×之父发生冲突，何×用铁锹打击被害人钱××头部。后被害人钱××被送至医院，经抢救无效于当日下午死亡。经法医鉴定：死者钱××头颅的伤，创口边缘欠整齐，系钝器一次打击所致，造成颅脑开放性严重挫裂伤，颅骨粉碎骨折，硬脑膜外、下血肿；心肺衰竭而死亡。经法医诊断证明：何×头部皮肤裂伤系轻微伤。

现宋××和钱×准备向何×提起附带民事诉讼，要求被告人何×赔偿原告人医疗费、丧葬费、死亡慰抚金及其他损失共计118170元。相关证据有：

1. ××县人民医院出具的钱××门诊、住院收费票据、死亡证明费收据计款1522.5元。
2. ×省×社区服务管理局出具的退休人员钱××生前每月领取养老金650.70元，及其妻每月定期生活补助费160元的证明。
3. 钱××鉴定费单据。

宋××和钱×委托某律师事务所的毛律师为代理人，以何某为被告人向某市人民法院提起附带民事诉讼，要求被告人赔偿损失。

五、实验角色分配和实验步骤

实验步骤1：将学生分成若干实验小组。

实验步骤2：学生分别扮演宋××、于×和毛律师。

实验步骤3：各组学生根据提供的实验案例，模拟毛律师进行调查取证的活动。

实验步骤4：各组学生根据提供的实验案例，按照刑事附带民事诉状的格式和要求制作附带民事诉状。

实验步骤5：指导老师对各组学生制作的刑事附带民事诉状进行总结、讲评。

六、法律适用参考

《中华人民共和国刑法》第二百三十四条　故意伤害他人身体的，处3年以下有期徒刑、拘役或者管制。

犯前款罪，致人重伤的，处3年以上10年以下有期徒刑；致人死亡或者以特别残忍手段致人重伤造成严重残疾的，处10年以上有期徒刑、无期徒刑或者死刑。本法另有规定的，依照规定。

《中华人民共和国刑法》第五十七条第一款　对于被判处死刑、无期徒刑的犯罪分子，应当剥夺政治权利终身。

《中华人民共和国刑法》第三十六条第一款　由于犯罪行为而使被害人遭受经济损失的，对犯罪分子除依法给予刑事处罚外，并应根据情况判处赔偿经济损失。

《中华人民共和国刑事诉讼法》第三十三条　公诉案件自案件移送审查起诉之日起，犯罪嫌疑人有权委托辩护人。自诉案件的被告人有权随时委托辩护人。

人民检察院自收到移送审查起诉的案件材料之日起3日以内，应当告知犯罪嫌疑人有权委托辩护人。人民法院自受理自诉案件之日起3日以内，应当告知被告人有权委托辩护人。

《中华人民共和国刑事诉讼法》第七十七条第一款　被害人由于被告人的犯罪行为而遭受物质损失的，在刑事诉讼过程中，有权提起附带民事诉讼。

《中华人民共和国民法通则》第一百一十九条　侵害公民身体造成伤害的，应当赔偿医疗费、因误工减少的收入、残废者生活补助费等费用；造成死亡的，并应当支付丧葬费、死者生前扶养的人必要的生活费等费用。

七、主要文书附件

刑事附带民事自诉状

自诉人暨附带民事诉讼原告人：王××，男，现年47岁，汉族，××市××县人，住××县××村××组。

被告人：武××，男，现年36岁，汉族，××市××县人，系××局第三工程局职工，住××局第三工程局五区×号楼×单元×楼×号。

被告人：郭××，男，出生于1969年，汉族，××市××县人，系××局第三工程局职工，住××局第三工程局四区×号楼×单元×楼×号。

诉讼请求：

1. 依法追究两被告人犯故意伤害罪的刑事责任。
2. 依法判令两被告人共同赔偿自诉人医疗费、误工费、伤残赔偿金等各项经济损失，共计：88888.10元。
3. 本案诉讼费用由两被告人承担。

事实与理由：

从2006年10月初开始，自诉人与两被告人等共同在××县××水电站工地干活。自诉人虽然与两被告人交往不多，但是双方从未发生过矛盾。2006年11月13日中午，自诉人所在工地的带班领导郭新对自诉人等说工地上的工程已经干完了，次日就可以回家。下午五点多，由工地上的厨师王先才炒了几个菜，自诉人及被告人郭××等七人一起喝酒。被告人武××等人中途从外面回来也在另一个房间喝酒。在自诉人等将酒喝完后，被告人郭××又到被告人武××的房间里和其继续喝酒，自诉人则到王先才的房间里和其聊天，其他人也回到房间休息。晚上七点多，被告人武××、郭××突然进入自诉人和王先才所在的房间，被告人武××径直冲到自诉人面前抬手朝自诉人左脸打了两耳光，自诉人质问其为何打人，不料被告人郭××随之冲上来挥拳击打自诉人的胸部。正在隔壁房间的郭新等人听到声响后赶到现场，由郭新等将正准备再次伤害自诉人的被告人郭××制服。自诉人被打后当即感到头部、胸部疼痛，并且左耳开始流血。自诉人遂于11月15日前往××市中心医院检查，经诊断为：左耳外伤性鼓膜穿孔。自诉人于11月16日在该院住院治疗30天。经自诉人及家属多次催要，被告人郭××仅支付了1000元医疗费。

2006年12月25日，自诉人的伤势经××市金州司法医学鉴定所鉴定为轻伤。

2007年4月27日，自诉人的伤势经××市金州司法医学鉴定所评定为九级伤残。

综上所述，被告人武××、郭××无故殴打自诉人，并致自诉人轻伤，其行为触犯了《刑法》第二百三十四条第 1 款的有关规定，构成故意伤害罪。同时，由于被告人的犯罪行为给自诉人造成了极大的经济损失，因此，自诉人现依照《刑事诉讼法》第七十七条的规定，特向贵院提出刑事附带民事诉讼，请依法裁判。

证据和证据来源，证人姓名和地址：
1. 郭新证明材料一份，证明被告人殴打自诉人，情况属实。郭新住××局第三工程局二区×号楼×单元×楼×号。
2. 王先才的证明材料一份，证明被告人打伤自诉人属实。王先才住××县××大街10号。
3. ××市中心医院诊断书一份，证明自诉人被打伤，导致左耳外伤性鼓膜穿孔。
4. 自诉人住院治疗费、交通费、误工费、法医鉴定费单据。

此致
××市××县人民法院

自诉人：王××
2007 年 9 月 25 日

附：本诉状副本二份。

实验项目二　附带民事诉讼的审判

一、法律原理概述

人民法院收到附带民事诉状后，应当进行审查，并在 7 日内决定是否立案。符合法定条件的，应当受理；不符合规定的，应当裁定驳回起诉。

人民法院受理附带民事诉讼后，应当在 5 日内向附带民事诉讼的被告人送达附带民事起诉状副本，或者将口头起诉的内容及时通知附带民事诉讼的被告人，并制作笔录。被告人是未成年人的，应当将附带民事起诉状副本送达其法定代理人，或者将口头起诉的内容通知其法定代理人。

人民法院送达附带民事起诉状副本时，应当根据刑事案件审理的期限，确定被告人或者其法定代理人提交民事答辩状的时间。

人民法院审理附带民事诉讼案件，在必要的时候，可以决定查封或者扣押被告人的财产。附带民事诉讼的原告人经人民法院传票传唤，无正当理由拒不到庭，或者未经法庭许可中途退庭的，应当按自行撤诉处理。附带民事诉讼当事人对自己提出的主张，有责任提供证据。人民法院审理附带民事诉讼案件，除人民检察院提起的以外，可以进行调解。调解应当在自愿合法的基础上进行。经调解达成协议的，审判人员应当及时制作调解书。调解书经双方当事人签收后即发生法律效力。调解达成协议并当庭执行完毕的，可以不制作调解书，但应当记入笔录，经双方当事人、审判人员、书记员签名或者盖章即发生法律效力。经调解无法达成协议或者调解书签收前当事人一方反悔的，附带民事诉讼应当同刑事诉讼一并开庭审理，作出判决。

刑事附带民事诉讼的判决书由以下部分组成：

1. 首部。应当写明以下内容：

（1）判决书的名称、案号。名称应写明是刑事附带民事判决书。

（2）附带民事诉讼当事人的身份。包括姓名、性别、出生年月日、民族、出生地、文化程度、职业或者工作单位和职务、住址等。委托了诉讼代理人的，要列明诉讼代理人。

（3）案件由来、审判组织、审判方式和审判过程。要写明附带民事诉讼原告人向法院提起了附带民事诉讼。

2. 事实。事实部分通常要写明以下内容，对简单案件可直接用5个自然段叙述：

（1）概述人民检察院指控被告人犯罪的事实、证据和适用法律的意见。

（2）简述附带民事诉讼原告人起诉的内容，即要求附带民事诉讼被告人赔偿经济损失的诉讼请求。

（3）写明被告人对人民检察院指控的犯罪事实和附带民事诉讼原告人的诉讼请求所作的供述、辩解、自行辩护的意见和有关证据；辩护人提出的辩护意见和有关证据。

（4）写明经法庭审理查明的全部事实。既要写明法庭审理认定的犯罪事实，又要写明由于被告人的犯罪行为使被害人遭受经济损失的事实。

（5）写明据以定案的证据。并对控辩双方有异议的事实、证据进行分析、论证。

3. 理由。根据法庭已经查明的事实、证据和有关法律规定，除应当充分论证公诉机关（或者自诉人）指控的犯罪是否成立，被告人的行为是否构成犯罪，犯什么罪，应否追究刑事责任以及应适用的法律以外，还应当充分论证被害人是否由于被告人的犯罪行为而遭受的经济损失以及经济损失的大小，被告人对被害人的经济损失是否应当承担民事赔偿责任以及法律依据。对于控辩双方关于事实认定和法律适用方面的意见，应当说明是否采纳并分析是否采纳的理由。对法律依据不仅应当引用刑法的有关规定，还应当引用民法的有关规定。

4. 判决结果。除写明被告人构成了何罪，应受何种刑罚处罚或者免予刑罚处罚，或者宣告无罪以外，还应当写明附带民事诉讼部分如何解决。

5. 尾部。这一部分主要有以下五个部分：
(1) 告知上诉权、上诉期限和上诉方法；
(2) 合议庭组成人员署名；
(3) 作出判决的时间；
(4) 加盖人民法院印章；
(5) 书记员署名。

二、实验目的

通过实验，要求学生明确人民法院对附带民事诉讼进行审查的内容及审查后的处理，掌握人民法院对附带民事诉讼案件进行审判的程序，准确把握附带民事诉讼案件的审判特点，并通过模拟不同角色，全面熟悉和掌握审判人员如何主持庭审、各方当事人及其委托的人如何进行诉讼活动。

三、实验要求

1. 指导老师向学生讲解人民法院对刑事附带民事诉讼案件进行审判的程序。
2. 要求学生熟悉实验素材，做好实验准备。
3. 要求学生根据实验案例，分别模拟审判人员、公诉人、附带民事诉讼原告人、被告人、辩护人以及代理人等不同角色，进行模拟审判活动。
4. 要求学生根据实验案例，制作刑事附带民事判决书。

四、实验素材（案例）

附带民事诉讼原告人吴某，男，67岁，系被害人吴某某之父。
附带民事诉讼原告人柳某，女，64岁，系被害人吴某某之母。
诉讼代理人孙某，某律师事务所律师。
被告人暨附带民事诉讼被告人杨某，男，25岁，因涉嫌犯故意伤害罪于2003年9月19日被羁押，同日被逮捕；现羁押于某市看守所。
辩护人陈某，某某律师事务所律师。

杨某于 1999 年 4 月 21 日晚，因吴某某（男，殁年 25 岁）无故要求其购买鲜花，而与吴某某发生争执，后杨某返回住处纠集白某、李某、毛某、王某（均已被判刑）等人，于当日 23 时许，分别持刀、铁管、酒瓶、砖头等物，到某市某区某酒家附近，对吴某某进行殴打。在殴打中，杨某持刀猛刺吴某某胸部 1 刀，吴某某因被刺破肝右叶，致急性失血性休克死亡。被告人杨某作案后潜逃，于 2003 年 9 月 19 日被查获归案。

本案相关证据：

1. 证人曹某的证言：1999 年 4 月 21 日 22 时许，我和杨某等几个同事在某市某区某酒家门前吃羊肉串时，1 个胖子（吴某某）过来搂住杨某的脖子，指着旁边 1 个卖花的小女孩说："这是我妹，你买几枝花送女朋友吧。"杨说："没钱"。胖子说："那你以后别再来了"，且话里带着脏字。他们回到宿舍后，杨把刚才的事跟其他同事说了，并提出去报复那个胖子，后杨某等 9 人一起出去了。过了约 20 分钟，杨某等人回宿舍，杨说："打架时，我先上去打了胖子 1 砖头，后捅了 1 刀。"

2. 证人刘某某的证言：1999 年 4 月 21 日 22 时许，我到某酒家卖花时，有 1 桌吃饭的客人叫我，我过去后，客人中的 1 个胖子（吴某某）对我说："以前你卖给我花时，我还骂过你，你就做我妹妹吧，如果有人欺负你，我打他们。"后她出了酒家见卖羊肉串的摊位旁站着 5 个人，她让这几个人买花，这几个人不买，那个胖子出来对这几个人讲："你们不买花，明天就别到这儿来。"这几个人说："明天就来，怎么样"，说完这几个人就走了。

3. 证人张某的证言：1999 年 4 月 21 日 23 时许，杨某回到宿舍后说，自己在外面被人欺负了，让我去打欺负杨某的人。打架前杨某拿了 1 把展开有 10 多公分长，1.5 公分宽的折叠刀。后杨纠集我们共 9 人去了某酒家附近，有人拿铁管、有人拿酒瓶，后我看见杨某等几人围着 1 个胖子（吴某某）打。跑回宿舍后听杨某说：杨扎了那胖子 1 刀。

4. 同案人李某的供述：1999 年 4 月 21 日 23 时许，杨某回到单位的宿舍后说，自己在外面被人欺负了，并纠集我去报复那个欺负杨的胖子。有人从宿舍拿了铁管，我和杨某等 9 人去了某酒家附近，有的人要了啤酒边喝边等那个胖子。杨某先发现的胖子（吴某），冲上去打了胖子的胸部一下，那胖子追杨某，其他同伙过去分别拿铁管、酒瓶、砖头围打胖子。当时，我见杨某带了 1 把折叠刀去的案发现场，后来还看到杨某冲上去扎了胖子的腹部 1 刀。毛某供述的内容与李某的供述基本一致。

5. 某市公安局某区分局出具的现场勘查笔录：现场位于某市某区某酒家门外，周围为拆迁后的废墟，地面散乱砖头、碎酒瓶。

6. 某市公安局出具的刑事科学技术鉴定结论（尸体检验报告）：吴某某系被他人用刺器（片刀类）刺破肝右叶，致急性失血性休克死亡。

7. 福州铁路公安处福州车站公安派出所出具的抓获经过：2003年9月19日13时许，检查时，发现1名男子携带2本身份证，经网上比对，该人系网上逃犯杨某，后将其抓获。

8. 某市某区人民法院（1999）某刑初字第618号刑事附带民事判决：被告人白某、李某、毛某、王某均犯故意伤害罪判处有期徒刑十年，剥夺政治权利二年；被告人白某、李某、毛某、王某各赔偿附带民事诉讼原告人吴某、柳某人民币1661.40元。

9. 被害人吴某某及被告人杨某的户籍证明。

10. 附带民事诉讼原告人吴某、柳某提供的丧葬费、法医鉴定费、交通费等经济损失人民币11000元的单据。

11. 吴某、柳某的户籍证明。

五、实验角色分配和实验步骤

实验步骤1：将学生分成若干实验小组。

实验步骤2：学生分别扮演公诉人、附带民事诉讼原告人吴某、柳某、孙律师、陈律师、证人曹某、刘某某、张某和审判人员。

实验步骤3：各组学生根据提供的实验案例，模拟法官主持庭审以及公诉人、各诉讼参与人参加庭审的活动。

实验步骤4：各组学生根据提供的实验案例，制作附带民事判决书。

实验步骤5：指导老师对各组学生制作的附带民事判决书进行总结、讲评。

六、法律适用参考

《中华人民共和国刑法》第二百三十四条第二款　故意伤害他人身体，致人重伤的，处3年以上10年以下有期徒刑；致人死亡或者以特别残忍手段致人重伤造成严重残疾的，处10年以上有期徒刑、无期徒刑或者死刑。

《中华人民共和国刑法》第五十七条第一款　对于被判处死刑、无期徒刑的犯罪分子，应当剥夺政治权利终身。

《中华人民共和国刑法》第六十一条　对于犯罪分子决定刑罚的时候，应当根据犯罪的事实、犯罪的性质、情节和对于社会的危害程度，依照本法的有关规定判处。

《中华人民共和国刑法》第三十六条第一款　由于犯罪行为而使被害人遭受经济损失的，对犯罪分子除依法给予刑事处罚外，并应根据情况判处赔偿经济损失。

《中华人民共和国民法通则》第一百一十九条　侵害公民身体造成伤害的，应当赔偿医疗费、因误工减少的收入、残废者生活补助费等费用；造成死亡的，并应当支付丧葬费、死者生前扶养的人必要的生活费等费用。

《中华人民共和国刑事诉讼法》第七十七条　被害人由于被告人的犯罪行为而遭受物质损失的，在刑事诉讼过程中，有权提起附带民事诉讼。

如果是国家财产、集体财产遭受损失的，人民检察院在提起公诉的时候，可以提起附带民事诉讼。

人民法院在必要的时候，可以查封或者扣押被告人的财产。

《中华人民共和国刑事诉讼法》第七十八条　附带民事诉讼应当同刑事案件一并审判，只有为了防止刑事案件审判的过分迟延，才可以在刑事案件审判后，由同一审判组织继续审理附带民事诉讼。

七、主要文书附件

江西省赣州市中级人民法院
刑事附带民事判决书

（2008）赣中刑一初字第50号

公诉机关江西省赣州市人民检察院。

附带民事诉讼原告人李君蓁，男，1966年10月29日出生于江西省南康市，汉族，农民，家住南康市××街道办事处××号。系被害人李佳美父亲。

附带民事诉讼原告人钟春玉，女，1968年3月22日出生于江西省南康市，汉族，农民，住址同上，系被害人李佳美母亲。

委托代理人刘洪基，南康市蓉江法律服务所法律工作者。

被告人黄贵明，男，1983年7月13日出生于广西壮族自治区贵港市，汉族，初中文化，农民兼外出务工，家住贵港市港北区根竹乡××村××屯××号。因涉嫌犯故意杀人罪于2008年7月7日被刑事拘留，同年7月18日被逮捕。现羁押于南康市看守所。

指定辩护人刘玉海，江西宋城律师事务所律师。

江西省赣州市人民检察院以赣市检刑诉（2008）62号起诉书指控被告人黄贵明犯故意杀人罪，于2008年10月27日向本院提起公诉。在诉讼过程中，附带民事诉讼原告人李君蓁、钟春玉向本院提起附带民事诉讼。本院依法组成合议庭,于同年 11 月 18 日公开开庭进行了合并审理。江西省赣州市人民检察院指派检察员黄太斌出庭支持公诉,被告人黄贵明及其指定辩护人刘玉海,附带民事诉讼原告人李君蓁、钟春玉及其委托代理人刘洪基等到庭参加诉讼。现已审理终结。

公诉机关指控,2008 年 7 月 6 日晚,被告人黄贵明与其女朋友李佳美在南康市东山街道办事处东山南路××平价旅馆×××房住宿。黄贵明想到李佳美的父母不同意二人在一起,并要李佳美嫁在南康等感情问题,产生先杀害李佳美后自杀的想法。2008 年 7 月 7 日零时许,被告人黄贵明趁被害人李佳美睡着后,从自己拎包内拿出携带的水果刀朝李佳美的腹部刺了一刀。李佳美发出叫喊声,被告人黄贵明用左手压住李佳美又朝被害人李佳美的腹部刺了一刀。李家美用力挣扎并叫起来,黄贵明怕被他人发现,用双手掐住李美佳的脖子几分钟,又在床头拿了一块布条缠绕李佳美脖子,并用腿压住李佳美双手用力往上斜拉布条两端,直至李佳美没有动弹才松手。之后,黄贵明用水果刀割腕自杀未遂。7 日早上 8 时许,被告人黄贵明到公安机关投案自首。经南康市公安局法医学尸体检验,李佳美系被他人用锐器(水果刀)暴力刺破肝脏致失血休克死亡。

公诉机关认为,被告人黄贵明的行为构成故意杀人罪,并向法庭提供、出示了被告人黄贵明的供述、证人证言、现场勘查笔录、刑事摄影照片、提取、辨认笔录,物证检验报告、法医学鉴定书等证据。

附带民事诉讼原告人李君蓁、钟春玉及其委托代理人要求依法追究被告人黄贵明犯故意杀人罪的刑事责任,判处被告人黄贵明死刑,赔偿经济损失死亡赔偿金 81960 元、丧葬费 9199.98 元、处理丧事误工费 1088.1 元,共计人民币 92248.08 元。并向法庭提交了附带民事诉讼原告人及其被害人李佳美的户籍证明等证据。

被告人黄贵明对起诉书指控的犯罪事实没有异议。辩称他杀人的原因不仅因为李佳美的父母不同意他俩的婚事,而且双方的父母都不同意他们俩结婚。对附带民事诉讼原告人提出的诉讼请求,表示愿意赔偿。

其辩护人刘玉海辩护提出,被告人黄贵明与被害人是感情深厚的情侣,由于双方父母的反对,没有处理好情感关系,导致了不可挽回的后果,但其行为与性质恶劣、蓄谋已久的故意杀人案件不同,请求法庭对被告人黄贵明从轻处罚。

被告人黄贵明及其辩护人均未向法庭提交证据材料。

经审理查明,2006 年 5 月,被告人黄贵明与被害人李佳美在广东省佛山市南海区九江镇下东村振兴皮制品厂一起打工时相识恋爱,后因李佳美的父母发现并叫李佳美回家。2008 年 5 月,李佳美在南康市康泰服装厂打工,父母给其介绍了对象并定了亲。被告人黄贵明得知后,便产生先杀害李佳美后自杀的念头。2008

年7月4日下午，被告人黄贵明携带事先购买的水果刀一把，从广东坐客车来到江西省南康市，当晚至7月6日晚上与被害人李佳美同住在东山街道办事处"××平价住宿"602号房。7月7日零时许，被告人黄贵明趁被害人李佳美熟睡之机，持水果刀朝李佳美的腹部刺了一刀，李佳美发出叫喊后，被告人黄贵明又压住李佳美朝其腹部刺了一刀。被害人李家美用力挣扎喊叫，被告人黄贵明怕被他人发现，双手掐住李佳美的脖子几分钟，又在床头拿了一块布条缠绕其脖子，双手用力往上拉，直至李佳美死亡。之后，被告人黄贵明用水果刀割腕自杀未遂，于7日早上8时许到南康市公安局金鸡派出所投案自首。经法医鉴定，被害人李佳美系被他人用锐器（水果刀）暴力刺破肝脏致失血性休克死亡。

证明上述事实的证据有：

1. 证人肖东莲证言及辨认笔录，证明2008年7月7日上午8时多，她女儿叫其拿钥匙上旅社六楼去开门，说楼上出了事，公安民警过来了。后来才知道是7月4日和男朋友一起来602房间住的那个年轻女子被杀害了。602号房客是7月4日晚上11时许来店里住宿的，住了3天。女的好像是男的女朋友，看起来有男的这么高，长头发，20岁左右，讲南康话。经辨认，肖东莲指认5号照片上的男子（黄贵明）系2008年7月4日至7月6日在其经营的"××平价住宿"旅店602号房住宿的男子。

2. 证人朱挺忠证言，证明2008年7月7日上午8时20分左右，金鸡派出所的民警告诉"××平价住宿"的六楼出了事，他就陪同派出所的民警到楼上去看。602房间门是打开的，他看到一个年轻女子面朝床面，俯卧在床上，床上和地板上有很多血迹。当时房间门口的客厅里还站着一个年轻男子，是这个男子自己报的案，跟派出所的民警说是其把女朋友杀死了。

3. 证人钟春玉证言，证明2008年7月7日中午，她丈夫李君蓁告诉说女儿李佳美被一个广西男子给杀害了。李佳美2006年初与钟为福一起到广东南海九江镇振兴皮衣厂做事，当时那个广西男子也在该皮衣厂做事，追她女儿。她发现后叫其辞工回家，现在南康市康泰服装厂做事。李佳美回家后，其丈夫问过女儿与那个广西男子是否有关系，并说如果你要嫁到外地，就不要回这个家。李佳美哭着说没有关系。2008年5月家里给李佳美介绍对象，李佳美同意后即定了亲。

4. 证人钟元香证言，证明她与李佳美在南康市康泰服装厂同住一个宿舍。2008年7月4日、7月5日晚上李佳美没有回宿舍睡觉，7月6日中午看到李佳美打饭回宿舍吃，下午在厂里上班，晚饭后6时30分左右从宿舍拿了一把折叠雨伞出厂去了，之后再没有见到李佳美。

5. 证人吴化涌证言，证明李佳美2008年5月开始在南康市康泰服装厂做车位工，他是其师傅。2008年7月5日李佳美没有来上班，他打其手机，李佳美告

第二部分 刑事司法实务

诉说其奶奶病了。7月6日李佳美来厂里上班，晚饭后一个人离开厂，后听其父亲讲李佳美被人杀害了。

6. 证人黄汉标证言，证明他哥哥黄汉文告诉说黄贵明在南康市把女朋友杀了后，他就到南康市公安局了解情况。他以前听侄儿黄贵明讲过其女朋友是江西人，而且感情很好，但其女朋友的家人不同意他们两个人在一起。

7. 证人钟卫福证言，证明其姐姐钟春玉告诉他李佳美被一个广西人杀害了。他认识这个广西人叫黄贵明，是一起在广东佛山南海区九江镇下东村振兴皮制品厂一起打工的时候认识的。2006年春节后，他带外甥女李佳美到该厂打工，黄贵明也在这个厂打工。后听很多人讲李佳美与黄贵明在谈恋爱，就叫李佳美回南康与其父亲一起在沙发厂做事。2008年春节后，李佳美又去了广东顺德美的电子厂做事，直到5月份其父母给她介绍男朋友才回南康。

8. 现场勘查笔录、现场方位、平面图、刑事摄影照片、提取痕迹物证登记表，证明了现场的方位概貌、现场血迹，死者李佳美的损伤状况及被告人黄贵明自杀时留下的伤口检验情况等。现场提取水果刀一把、白布条一条、人字拖鞋一双（红色）、黄绿色拖鞋一双、挎包一只、手机两部、手表一块、厂牌一个、相片11张、身份证一张、笔记本一本及血迹若干。上述物证经被告人黄贵明当庭辨认无误。

9. 南康市公安局法医学尸体检验鉴定书及尸检照片，证明死者李佳美系被他人用锐器（水果刀）暴力刺破肝脏致失血性休克死亡。

10. 赣州市公安局法医物证鉴定书证明：（1）所送检的现场卫生间的血迹、现场床下粉红色拖鞋旁的血迹中检出人血，且为嫌疑人黄贵明所留。（2）所送检的现场床角下绿色拖鞋旁的血迹、现场床上提取的带血的布片中检出人血，且为死者李佳美所留。（3）所送检的现场床上提取的水果刀上检出人血，其基因可从李佳美、黄贵明获取。

11. 被告人黄贵明手机（136×××2901）及被害人李佳美手机（159×××9485）待机图片和黄贵明手机上短信息（复印件）及公安机关调取的被害人李佳美2008年5月至7月7日通话清单，证明了案发前被告人黄贵明与被害人李佳美相互交往情况。

12. 南康市公安局金鸡派出所出具的"关于犯罪嫌疑人黄贵明归案情况说明"，证明了案发后，黄贵明到南康市公安局金鸡派出所投案自首的事实经过。

13. 广西壮族自治区贵港市公安局根竹派出所出具的户籍证明及居民身份证（复印件）、南康市公安局金鸡派出所出具的常住人口信息，证明了被告人黄贵明及被害人李佳美的身份情况。

14. 被告人黄贵明归案后供述他因和李佳美相爱却不能在一起，便产生先杀死李佳美然后自杀的想法。2008年7月4日下午，他携带水果刀一把从广东坐客车来南康市，与李佳美同住在"××平价住宿"602号房。同年7月7日零时许，趁李佳美熟睡之机，采用刀刺、勒颈等手段将被害人杀死。之后用水果刀割腕自杀未遂，于当日早上到南康市公安局金鸡派出所投案自首的事实。

以上证据经当庭举证、质证、查证属实，可以认定。

关于附带民事部分，经查，被害人李佳美现年19岁，与附带民事诉讼原告人李君蓁、钟春玉均系农业家庭户口，其死亡赔偿金应按农村居民人均纯收入标准20年计算，即2007年度江西省农民人均年纯收入4098元×20年＝81960元；丧葬费应按职工月平均工资标准6个月计算，即2007年度江西省职工月平均工资1533.33元×6个月＝9199.98元；处理丧事误工费30×36.27元＝1088.1元，共计人民币92248.08元。认定依据有被害人李佳美及附带民事诉讼原告人李君蓁、钟春玉的户籍证明等。

本院认为，被告人黄贵明恋爱不成竟持刀杀人，非法剥夺他人生命，其行为已触犯刑律，构成故意杀人罪。公诉机关指控的罪名成立。被告人黄贵明犯罪情节后果严重，应当从严惩处，但其作案后能投案自首，认罪悔罪，可依法从轻处罚。其辩护人要求从轻处罚的辩护意见成立，本院予以采纳。由于被告人黄贵明的犯罪行为而使被害人亲属遭受经济损失，依法应当赔偿。据此，依照《中华人民共和国刑法》第二百三十二条、第六十七条第1款、第四十八条第1款、第五十七条第1款、第三十六条第1款、《中华人民共和国民法通则》第一百一十九条、最高人民法院《关于审理人身损害案件适用法律若干问题的解释》第十七条第3款、第二十七条、第二十九条之规定，判决如下：

一、被告人黄贵明犯故意杀人罪，判处死刑，缓期二年执行，剥夺政治权利终身；

二、被告人黄贵明赔偿附带民事诉讼原告人李君蓁、钟春玉丧葬费9199.98元，死亡赔偿金81960元，处理丧事误工费1088.1元，共计人民币92248.08元。限在本判决生效后一个月内付清。

如不服本判决，可在接到判决书之次日起10日内，通过本院或者直接向江西省高级人民法院提出上诉。书面上诉的，应交上诉状正本一份、副本二份。

审判长　李　平
审判员　杨世雄
审判员　尹钟华
2008年11月28日
书记员　李　琼

实验四　第一审普通程序

实验项目一　对公诉案件的庭前审查

一、法律原理概述

公诉案件的庭前审查，是指人民法院对人民检察院提起公诉的案件进行庭前审查，以决定是否开庭审判的活动。

《刑事诉讼法》第一百五十条规定：人民法院对提起公诉的案件进行审查后，对于起诉书中有明确的指控犯罪事实并且附有证据目录、证人名单和主要证据复印件或者照片的，应当决定开庭审判。这一规定表明，人民法院对人民检察院提起公诉的案件，并非径直开庭审判，而是需要经过一定审查，然后才能决定是否开庭审判。因此，对公诉案件的审查，是公诉案件第一审程序中的一个必经阶段。

根据《刑事诉讼法》第一百五十条以及《最高人民法院关于执行〈中华人民共和国刑事诉讼法〉若干问题的解释》（以下简称《解释》）的规定，人民法院对公诉案件的审查以程序性审查为主，主要审查人民检察院提起公诉的案件是否具备开庭审判的条件。人民法院公诉审查的具体内容包括：（1）案件是否属于本院管辖。（2）起诉书指控的被告人的身份、实施犯罪的时间、地点、手段、犯罪事实、危害后果和罪名以及其他可能影响定罪量刑的情节等是否明确。（3）起诉书中是否载明被告人被采取强制措施的种类、羁押地点、是否在案以及有无扣押、冻结在案的被告人的财物及存放地点；是否列明被害人的姓名、住址、通讯处，为保护被害人而不宜列明的，应当单独移送被害人名单。（4）是否附有起诉前收集的证据的目录。（5）是否附有能够证明指控犯罪行为性质、情节等内容的主要证据复印件或者照片。（6）是否附有起诉前提供了证言的证人名单；证人名单应当分别列明出庭作证和拟不出庭作证的证人的姓名、性别、年龄、职业、住址和通讯处。（7）已委托辩护人、代理人的，是否附有辩护人、代理人的姓名、住址、通讯处明确的名单。（8）提起附带民事诉讼的，是否附有相关证据材料。（9）侦查、起诉程序的各种法律手续和诉讼文书复印件是否完备。（10）有无《刑事诉讼法》第十五条第二至六项规定的不追究刑事责任的情形。

  审查的方法，应为书面审查。即通过审阅起诉书及所附的证据目录、证人名单和主要证据复印件或者照片等材料，并围绕上述内容逐项予以审查。

  人民法院对公诉案件审查后，对于起诉书有明确的指控犯罪事实并且附有证据目录、证人名单和主要证据复印件或者照片，所需材料齐备，并属于本院管辖的，应当决定开庭审判。对于不属于本院管辖或者被告人不在案的，应当决定退回人民检察院；对于需要补送材料的，应当通知人民检察院在3日内补送；对于根据《刑事诉讼法》第一百六十二条第三项规定宣告被告人无罪的，人民检察院依据新的事实、证据材料重新起诉的，人民法院应当依法受理；人民法院裁定准许人民检察院撤诉的案件，没有新的事实、证据，人民检察院重新起诉的，人民法院不予受理；对于符合《刑事诉讼法》第十五条第二至六项规定的情形的，应当裁定终止审理或者决定不予受理；对于被告人真实身份不明，但符合《刑事诉讼法》第一百二十八条第二款规定的，人民法院应当依法受理。

二、实验目的

  通过实验，使学生明确人民法院对公诉案件进行开庭前审查的重要性，掌握人民法院对人民检察院提起公诉的案件进行审查的方法和内容，以及审查之后根据案件的不同情况所作的处理，并能够熟练运用所学习的知识解决具体问题。

三、实验要求

  1. 指导老师要求学生复习《刑事诉讼法》第一百五十条以及最高人民法院《解释》中关于人民法院对公诉案件进行审查的规定，掌握人民法院公诉审查的内容、方法以及审查后对案件的不同处理。
  2. 要求学生熟悉实验素材，做好实验准备。
  3. 要求学生根据实验案例，分别模拟审判人员、公诉人进行诉讼活动。
  4. 要求学生根据实验案例，制作相应的法律文书。

四、实验素材(案例)

被告人罗某,男,35岁。因涉嫌犯故意伤害罪,于2006年4月25日被某区公安局刑事拘留,同年5月12日被依法逮捕,现押于某区看守所。

某年6月15日16时许,被告人罗某和宋某从某镇赶完场后回家,路过某煤矿时,碰见煤矿里的工人朱某,被告人罗某与宋某遂到朱某屋内小坐。吃饭时,易某去打了一斤酒,被告人罗某与宋某、易某三人一同喝酒吃饭,一会儿,黎某与陈某二人也来一同喝酒。喝酒过程中,被告人罗某在闲谈中提及其家与某煤矿之间的纠纷,心里极为不愉快,随口说出对某煤矿有意见的话语。黎某对其进行劝解而致二人言语不和,导致发生争执。被告人罗某就将杯子朝黎某扔去,嘴里说:"你不服气就不喝了。"当他朝被害人黎某连扔两个杯子时,黎某便用他坐着的板凳朝罗某打去,罗某就顺手把那板凳拖过去朝黎某的头部打。有人去拖架被罗某推开,后罗某在桌子上拿起朱某煮饭用的菜刀,易某见状去拖,不幸被罗某将其左手的无名指、中指、食指砍致轻伤。接着被告人罗某手持菜刀又对黎某进行一阵乱砍,将黎某面部砍致重伤。案发后,被告人罗某外逃,于2006年4月25日被抓获归案。案发后,被告人罗某的兄长自愿代罗某赔偿了被害人黎某、易某的部分医疗费用10000元。

本案相关证据有:刑事案件受理登记表;被告人罗某的供述与辩解;被害人黎某的陈述;被害人易某的证言;证人朱某的证言;证人宋某的证言;法医学人体损伤程度鉴定书;常住人口登记表;抓获经过;黎某、易某出具的收条;现场照片与作案工具照片、扣押物品清单及辨认笔录。

某区人民检察院以被告人罗某犯故意伤害罪,于2006年7月2日向某区人民法院提起公诉,并向人民法院移送了本案相关证据材料。某区人民法院收到检察机关的起诉书后,指定审判员周某进行审查。

五、实验角色分配和实验步骤

实验步骤1:将学生分成若干实验小组。

实验步骤2:学生扮演审判员周某,根据提供的实验案例,模拟周某在收到某区人民检察院提起公诉时移送的材料后进行审查的活动。

实验步骤3:各组学生根据提供的实验案例,模拟周某经过审查,发现某区人民检察院移送的材料中没有证人名单时的处理方法。

六、法律适用参考

《中华人民共和国刑法》第二百三十四条第二款　故意伤害他人身体,致人重伤的,处3年以上10年以下有期徒刑;致人死亡或者以特别残忍手段致人重伤造成严重残疾的,处10年以上有期徒刑、无期徒刑或者死刑。

《中华人民共和国刑事诉讼法》第一百五十条　人民法院对提起公诉的案件进行审查后,对于起诉书中有明确的指控犯罪事实并且附有证据目录、证人名单和主要证据复印件或者照片的,应当决定开庭审判。

《最高人民法院关于执行〈中华人民共和国刑事诉讼法〉若干问题的解释》第一百一十六条　人民法院对人民检察院提起的公诉案件,应当在收到起诉书(一式八份,每增加一名被告人,增加起诉书五份)后,指定审判员审查以下内容:

(一)案件是否属于本院管辖;

(二)起诉书指控的被告人的身份、实施犯罪的时间、地点、手段、犯罪事实、危害后果和罪名以及其他可能影响定罪量刑的情节等是否明确;

(三)起诉书中是否载明被告人被采取强制措施的种类、羁押地点、是否在案以及有无扣押、冻结在案的被告人的财物及存放地点;是否列明被害人的姓名、住址、通讯处,为保护被害人而不宜列明的,应当单独移送被害人名单;

(四)是否附有起诉前收集的证据目录;

(五)是否附有能够证明指控犯罪行为性质、情节等内容的主要证据复印件或者照片;

(六)是否附有起诉前提供了证言的证人名单;证人名单应当分别列明出庭作证和拟不出庭作证的证人的姓名、性别、年龄、职业、住址和通讯处;

(七)已委托辩护人、代理人的,是否附有辩护人、代理人的姓名、住址、通讯处明确的名单;

(八)提起附带民事诉讼的,是否附有相关证据材料;

(九)侦查、起诉程序的各种法律手续和诉讼文书复印件是否完备;

(十)有无《刑事诉讼法》第十五条第二至六项规定的不追究刑事责任的情形,前款第5项中所说的主要证据包括:

1. 起诉书中涉及的《刑事诉讼法》第四十二条规定的证据种类中的主要证据;

2. 同种类多个证据中被确定为主要证据的;如果某一种类证据中只有一个证据,该证据即为主要证据;

3. 作为法定量刑情节的自首、立功、累犯、中止、未遂、防卫过当等证据。

七、主要文书附件

××县人民法院补充材料函

×刑字（　）第×号

××人民检察院：

　　你院×年×月×日提起公诉的被告人肖××盗窃罪一案，经审查，缺少部分材料。根据《中华人民共和国刑事诉讼法》第一百五十条的规定，请你院在收到本函的次日起五日内，补充以下材料，送交本院。

　　一、勘验、检查笔录制作人名单。

　　二、被害人的住址、通讯处。

　　三、扣押、冻结被告人财物的情况说明。

××年××月××日
（院印）

实验项目二　开庭前的准备

一、法律原理概述

　　开庭审判是人民法院在公诉人、被害人、被告人、辩护人、证人等的参加下，严格依照法律规定的审判制度和程序，当庭对案件进行全面审理，查清案件事实，并依法对案件作出判决的诉讼活动。为了保证法庭审判的顺利进行，开庭前必须做好必要的准备工作。

　　根据《刑事诉讼法》第一百五十一条和最高人民法院《解释》的规定，人民法院对公诉案件决定开庭审判后，应当进行下列各项准备工作：

　　1. 确定合议庭的组成人员。人民法院决定开庭审判以后，适用普通程序审理的案件，由院长或者庭长指定审判长并确定合议庭组成人员；适用简易程序审理的案件，由庭长指定审判员1人独任审理，人民法院的书记员，其职责是担任审判庭的记录工作，并办理有关审判的其他事项，不属于合议庭的组成人员。

2. 将人民检察院的起诉书副本至迟在开庭 10 日以前送达被告人。对于被告人未委托辩护人的，告知被告人可以委托辩护人，或者在必要的时候为被告人指定承担法律援助义务的律师为其提供辩护。

3. 通知被告人、辩护人于开庭 5 日前提供出庭作证的身份、住址、通讯处明确的证人、鉴定人名单及不出庭作证的证人、鉴定人名单和拟当庭宣读、出示的证据复印件、照片。

4. 将开庭的时间、地点在开庭 3 日以前通知人民检察院。

5. 将传唤当事人和通知辩护人、诉讼代理人、证人、鉴定人和勘验、检查笔录制作人、翻译人员的传票和通知书，至迟在开庭 3 日以前送达。对于不满 18 岁的未成年人犯罪的案件，在必要的时候，通知被告人的法定代理人到庭。人民法院通知公诉机关或者辩护人提供的证人时，如果该证人表示拒绝出庭作证或者按照所提供的证人通讯地址未能通知该证人的，应当及时告知申请通知该证人的公诉机关或者辩护人。被害人、诉讼代理人、证人、鉴定人经人民法院传唤或者通知未到庭，不影响开庭审判的，人民法院可以开庭审理。

6. 公开审判的案件，在开庭 3 日以前先期公布案由、被告人姓名、开庭时间和地点。

上述庭审前的各项准备工作，对保证审判的顺利进行和保障当事人及其他诉讼参与人的诉讼权利具有重要意义。对上述工作情况，应当制作笔录，并由审判人员和书记员签名。

二、实验目的

通过实验，使学生正确认识开庭前准备工作的重要性，了解和掌握人民法院对公诉案件决定开庭审判后，应当进行的各项准备工作，全面熟悉和掌握人民法院开庭前准备的步骤和方法。

三、实验要求

1. 指导老师要求学生复习《刑事诉讼法》第一百五十四条以及最高人民法院《解释》中关于人民法院开庭前准备的规定，掌握人民法院开庭前准备工作的步骤和方法。

2. 要求学生熟悉实验素材，做好实验准备。

3. 要求学生根据实验案例，模拟审判人员进行开庭前准备活动。

四、实验素材（案例）

被告人曹某，男，39岁，汉族，小学文化，农民，住湖北省×县×镇×村。因涉嫌票据诈骗罪于2004年2月1日被刑事拘留，同年3月5日被逮捕，现羁押在某市某区看守所。

辩护人王某，某律师事务所律师。

被告人曹某于2003年9月3日、4日，在某区大桥镇金诚装饰板材经销部，用一张印鉴不符作废的农村信用合作社转账支票作抵押，骗取被害人张某人民币43050元的刨花板，后被抓获。

某市某区人民检察院指控被告人曹某犯票据诈骗罪，于2004年6月28日向某市某区人民法院提起公诉。某区人民法院对案件进行审查后，决定于2004年7月15日公开开庭审理此案。

本案相关证据：

1. 被害人张某陈述。
2. 证人章某、徐某、邓某的证言。
3. 证人章某、徐某、邓某的辨认笔录。
4. 转账支票。
5. 销售出库单、价格鉴定结论书。
6. 扣押物品文件清单及照片。
7. 到案经过。
8. 被告人的身份证明。

五、实验角色分配和实验步骤

学生扮演审判人员，模拟进行开庭前准备的各项工作。

实验步骤1：确定合议庭的组成人员。

实验步骤2：将人民检察院的起诉书副本至迟在开庭10日以前送达被告人。

实验步骤3：通知被告人、辩护人于开庭5日前提供出庭作证的身份、住址、通讯处明确的证人名单及不出庭作证的证人名单和拟当庭宣读、出示的证据复印件、照片。

实验步骤4：将开庭的时间、地点在开庭3日以前通知人民检察院。

实验步骤5：将传唤当事人和通知辩护人、证人、鉴定人的传票和通知书，至迟在开庭3日以前送达。

实验步骤 6：在开庭 3 日以前先期公布案由、被告人姓名、开庭时间和地点。

六、法律适用参考

《中华人民共和国刑法》第一百九十四条第一款第四项　有下列情形之一，进行金融票据诈骗活动，数额较大的，处 5 年以下有期徒刑或者拘役，并处 2 万元以上 20 万元以下罚金；数额巨大或者有其他严重情节的，处 5 年以上 10 年以下有期徒刑，并处 5 万元以上 50 万元以下罚金；数额特别巨大或者有其他特别严重情节的，处 10 年以上有期徒刑或者无期徒刑，并处 5 万元以上 50 万元以下罚金或者没收财产：……（四）签发空头支票或者与其预留印鉴不符的支票，骗取财物的。

《中华人民共和国刑法》第五十二条　判处罚金，应当根据犯罪情节决定罚金数额。

《中华人民共和国刑法》第五十三条　罚金在判决指定的期限内一次或者分期缴纳。期满不缴纳的，强制缴纳。对于不能全部缴纳罚金的，人民法院在任何时候发现被执行人有可以执行的财产，应当随时追缴。如果由于遭遇不能抗拒的灾祸缴纳确实有困难的，可以酌情减少或者免除。

《中华人民共和国刑法》第六十四条　犯罪分子违法所得的一切财物，应当予以追缴或者责令退赔；对被害人的合法财产，应当及时返还；违禁品和供犯罪所用的本人财物，应当予以没收。没收的财物和罚金，一律上缴国库，不得挪用和自行处理。

《中华人民共和国刑事诉讼法》第一百五十一条　人民法院决定开庭审判后，应当进行下列工作：

（一）确定合议庭的组成人员。

（二）将人民检察院的起诉书副本至迟在开庭 10 日以前送达被告人。对于被告人未委托辩护人的，告知被告人可以委托辩护人，或者在必要的时候指定承担法律援助义务的律师为其提供辩护。

（三）将开庭的时间、地点在开庭 3 日以前通知人民检察院。

（四）传唤当事人，通知辩护人、诉讼代理人、证人、鉴定人和翻译人员，传票和通知书至迟在开庭 3 日以前送达。

（五）公开审判的案件，在开庭 3 日以前先期公布案由、被告人姓名、开庭时间和地点。

上述活动情形应当写入笔录，由审判人员和书记员签名。

实验项目三 开　庭

一、法律原理概述

根据《刑事诉讼法》第一百五十四条及最高人民法院《解释》的有关规定，开庭阶段的活动程序是：

1. 开庭审理前，由书记员依次进行下列工作：查明公诉人、当事人、证人及其他诉讼参与人是否已经到庭；宣读法庭规则；请公诉人、辩护人入庭；请审判长、审判员（人民陪审员）入庭；审判人员就座后，当庭向审判长报告开庭前的准备工作已经就绪。

2. 审判长宣布开庭，传被告人到庭后，应当查明被告人的下列情况：姓名、出生年月日、民族、出生地、文化程度、职业、住址，或者单位的名称、住所地、诉讼代表人的姓名、职务；是否曾受到过法律处分及处分的种类、时间；是否被采取强制措施及强制措施的种类，时间；收到人民检察院起诉书副本的日期；附带民事诉讼的，附带民事诉讼被告人收到民事诉状的日期。

3. 审判长宣布案件的来源、起诉的案由、附带民事诉讼原告人和被告人的姓名（名称）及是否公开审理。对于不公开审理的，应当当庭宣布不公开审理的理由。

4. 审判长宣布合议庭组成人员、书记员、公诉人、辩护人、鉴定人和翻译人员的名单。

5. 审判长应当告知当事人、法定代理人在法庭审理过程中依法享有下列诉讼权利：可以申请合议庭组成人员、书记员、公诉人、鉴定人和翻译人员回避；可以提出证据，申请通知新的证人到庭、调取新的证据、重新鉴定或者勘验、检查；被告人可以自行辩护；被告人可以在法庭辩论终结后作最后的陈述。

6. 审判长分别询问当事人、法定代理人是否申请回避，申请何人回避和申请回避的理由。如果当事人、法定代理人申请审判人员、出庭支持公诉的检察人员回避，合议庭认为符合法定情形的，应当依照有关回避的规定处理；认为不符合法定情形的，应当当庭驳回，继续法庭审理。如果申请回避人当庭申请复议，合议庭应当宣布休庭，待作出复议决定后，决定是否继续法庭审理。同意或者驳回申请的决定及复议决定，由审判长宣布，并说明理由。必要时，也可以由院长到庭宣布。

对于共同犯罪案件，应将各被告人同时传唤到庭，逐一查明身份及基本情况后，集中宣布上述事项和被告人在法庭审理过程中享有的权利，询问是否申请回避。

二、实验目的

通过实验，使学生了解和掌握开庭阶段的活动程序，明确法庭如何查明被告人的基本情况，对当事人及其法定代理人提出的回避申请如何处理，熟悉和掌握审判人员主持开庭的步骤和方法。

三、实验要求

1. 指导老师要求学生复习《刑事诉讼法》第一百五十四条以及最高人民法院《解释》中关于公诉案件开庭阶段的规定，掌握人民法院开庭阶段的活动程序。
2. 要求学生熟悉实验素材，做好实验准备。
3. 要求学生根据实验案例，分别扮演审判人员、公诉人、被害人、被告人、辩护人，模拟审判人员主持开庭的活动。

四、实验素材（案例）

被告人马某，男，20岁，汉族，初中文化，农民，住江北县二里镇大西乡。因本案于2005年4月5日被刑事拘留，同月30日被逮捕。现羁押于某市河中区看守所。

被告人袁某，男，20岁，汉族，初中文化，农民，住江北县二里镇大西乡。因本案于2005年4月5日被刑事拘留，同月30日被逮捕。现羁押于某市河中区看守所。

被告人马某、袁某共谋抢劫后，于2005年4月4日22时许，由被告人袁某将被害人何某某约至本市河中区某网吧上网，被告人马某尾随其后。次日凌晨0时许，被告人袁某带被害人何某某离开网吧。当何某某与袁某分手后，行至本市河中区一巷口处，被告人马某即上前拦住被害人何某某，使用语言威胁等手段，抢走其价值人民币360元的移动电话1部。同日，被告人袁某被捉获归案，并带领公安人员捉获被告人马某。案发后，公安机关追回了赃物，并发还被害人。

某市河中区人民检察院以被告人马某、袁某犯抢劫罪，于2005年6月24日向河中区人民法院提起公诉。河中区人民法院依法组成合议庭，于同年7月29

日公开开庭对本案进行审理。某市河中区人民检察院指派检察员彭某出庭支持公诉,被告人马某及其辩护人刘某、被告人袁某及其辩护人孟某到庭参加诉讼。

公诉机关向法庭提交的证据有:

1. 被抢手机的照片。
2. 到案经过材料、指认现场笔录及照片、扣押物品清单、发还物品清单。
3. 被害人何某某的报案材料及陈述。
4. 被告人马某、袁某的供述。
5. 赃物估价鉴定结论。

五、实验角色分配和实验步骤

学生分别扮演审判人员、公诉人、被害人、被告人、辩护人,模拟本案开庭阶段的活动程序。

实验步骤1:审判长宣布开庭,传被告人到庭,查明被告人的基本情况。

实验步骤2:宣布案件的来源、起诉的案由。

实验步骤3:宣布合议庭组成人员、书记员、公诉人、辩护人的名单。

实验步骤4:告知当事人诉讼权利。

实验步骤5:询问当事人是否申请回避。

六、法律适用参考

《中华人民共和国刑法》第二百六十三条 以暴力、胁迫或者其他方法抢劫公私财物的,处三年以上十年以下有期徒刑,并处罚金;有下列情形之一的,处十年以上有期徒刑、无期徒刑或者死刑,并处罚金或者没收财产:(一)入户抢劫的;(二)在公共交通工具上抢劫的;(三)抢劫银行或者其他金融机构的;(四)多次抢劫或者抢劫数额巨大的;(五)抢劫致人重伤、死亡的;(六)冒充军警人员抢劫的;(七)持枪抢劫的;(八)抢劫军用物资或者抢险、救灾、救济物资的。

《中华人民共和国刑法》第二十五条第一款 共同犯罪是指二人以上共同故意犯罪。

《中华人民共和国刑法》第六十八条第一款 犯罪分子有揭发他人犯罪行为,查证属实的,或者提供重要线索,从而得以侦破其他案件等立功表现的,可以从轻或者减轻处罚;有重大立功表现的,可以减轻或者免除处罚。

犯罪后自首又有重大立功表现的,应当减轻或者免除处罚。

《中华人民共和国刑法》第五十二条 判处罚金，应当根据犯罪情节决定罚金数额。

《中华人民共和国刑法》第五十三条 罚金在判决指定的期限内一次或者分期缴纳。期满不缴纳的，强制缴纳。对于不能全部缴纳罚金的，人民法院在任何时候发现被执行人有可以执行的财产，应当随时追缴。如果由于遭遇不能抗拒的灾祸缴纳确实有困难的，可以酌情减少或者免除。

最高人民法院《关于处理自首和立功具体应用法律若干问题的解释》第五条 根据《刑法》第六十八条第一款的规定，犯罪分子到案后有检举、揭发他人犯罪行为，包括共同犯罪案件中的犯罪分子揭发同案犯共同犯罪以外的其他犯罪，经查证属实；提供侦破其他案件的重要线索，经查证属实；阻止他人犯罪活动；协助司法机关抓捕其他犯罪嫌疑人（包括同案犯）；具有其他有利于国家和社会的突出表现的，应当认定为有立功表现。

《中华人民共和国刑事诉讼法》第一百五十四条 开庭的时候，审判长查明当事人是否到庭，宣布案由；宣布合议庭的组成人员、书记员、公诉人、辩护人、诉讼代理人、鉴定人和翻译人员的名单；告知当事人有权对合议庭组成人员、书记员、公诉人、鉴定人和翻译人员申请回避；告知被告人享有辩护权利。

实验项目四　法庭调查

一、法律原理概述

开庭阶段的事项进行完毕后，由审判长宣布开始法庭调查。法庭调查是在公诉人、当事人和其他诉讼参与人的参加下，由合议庭主持对案件事实和证据进行调查核对的诉讼活动。法庭调查是案件进入实体审理的一个重要阶段，是法庭审判的中心环节。案件事实能否确认，被告人是否承担刑事责任，关键在于法庭调查的结论如何。根据《刑事诉讼法》第一百五十五至一百五十九条的规定，法庭调查的程序是：

1. 公诉人宣读起诉书。审判长宣布法庭调查开始后，先由公诉人宣读起诉书；有附带民事诉讼的，再由附带民事诉讼原告人或者其诉讼代理人宣读附带民事诉状。宣读起诉书时，如果一案有数名被告人，应同时在场。

2. 被告人、被害人就起诉书指控的犯罪事实分别陈述。公诉人宣读起诉书后，在审判长主持下，被告人、被害人可以就起诉书指控的犯罪事实分别进行陈述。被告人如果承认起诉书指控的犯罪事实，则应就自己的犯罪行为进行陈述；如果否认指控，应允许其陈述辩解意见。被告人陈述之后，应允许被害人根据起诉书对犯罪的指控陈述自己受害的经过。

3. 讯问、发问被告人、被害人。在审判长主持下，公诉人可以就起诉书中所指控的犯罪事实讯问被告人。被害人、附带民事诉讼的原告人和辩护人、诉讼代理人，经审判长许可，可以向被告人发问。控辩双方经审判长准许，可以向被害人、附带民事诉讼原告人发问。审判人员认为有必要，可以向被告人、被害人及附带民事诉讼原告人、被告人讯问或者发问。

讯问、发问被告人和发问被害人，必须在审判长主持下进行。起诉书指控的被告人的犯罪事实为两起以上的，一般应当就每一起犯罪事实分别进行讯问与发问。审判长对于控辩双方讯问、发问的内容与本案无关或者讯问、发问的方式不当的，应当制止。对于控辩双方认为对方讯问或发问的方式不当并提出异议的，审判长应当判明情况予以支持或者驳回。审判长主持讯问、发问被告人时，对于共同犯罪案件中的被告人，应当安排分别对被告人进行讯问、发问，以免被告人相互影响，作虚假口供。合议庭认为必要时，可以传唤共同被告人同时到庭对质。

4. 出示、核实证据。

对指控的每一起案件事实，经审判长准许，公诉人可以提请审判长传唤证人、鉴定人和勘验、检查笔录制作人出庭作证，或者出示证据，宣读未到庭的被害人、证人、鉴定人和勘验、检查笔录制作人的书面陈述、证言、鉴定结论及勘验、检查笔录。被害人及其诉讼代理人和附带民事诉讼的原告人及其诉讼代理人经审判长准许，也可以分别提请传唤尚未出庭作证的证人、鉴定人和勘验、检查笔录制作人出庭作证，或者出示公诉人未出示的证据，宣读未宣读的书面证人证言、鉴定结论及勘验、检查笔录。

被告人、辩护人、法定代理人经审判长准许，可以在起诉一方举证提供证据后，分别提请传唤证人、鉴定人出庭作证，或者出示证据、宣读未到庭的证人的书面证言、鉴定人的鉴定结论。

控辩双方要求证人出庭作证，向法庭出示物证、书证、视听资料等证据，应当向审判长说明拟证明的事实，审判长同意的，即传唤证人或者准许出示证据；审判长认为与案件无关或者明显重复、不必要的证据，可以不予准许。控辩双方向法庭提供的证据，都应当经当庭质证、辨认和辩论。

公诉人、辩护人应当向法庭出示物证，让当事人辨认，对未到庭的证人的证言笔录、鉴定人的鉴定结论、勘验笔录和其他作为证据的文书，应当当庭宣读。当庭出示的物证、书证、视听资料等证据，应当先由出示证据的一方就所出示的证据的来源、特征等作必要的说明，然后由另一方进行辨认并发表意见。

控辩双方可以互相质问、辩论。公诉人要求出示开庭前送交人民法院的证据目录以外的证据，辩护方提出异议的，审判长如认为该证据确有出示的必要，可以准许出示。如果辩护方提出对新的证据要作必要准备时，可以宣布休庭，并根据具体情况确定辩护方作必要准备的时间。确定的时间期满后，应当继续开庭审理。

5. 调取新证据。当事人和辩护人申请通知新的证人到庭、调取新的证据，申请重新鉴定或者勘验的，应当提供证人的姓名、证据的存放地点，说明所要证明的案件事实，要求重新鉴定或者勘验的理由。审判人员根据具体情况，认为可能影响案件事实认定的，应当同意该申请，并宣布延期审理，但延期审理的时间不得超过1个月。

在法庭调查过程中，合议庭对证据有疑问的，可以宣布休庭，对该证据调查核实。人民法院调查核实证据时，可以进行勘验、检查、扣押、鉴定和查询、冻结。必要时，可以通知检察人员、辩护人到场。

二、实验目的

通过实验，使学生正确认识法庭调查的重要性，了解和掌握法庭调查阶段的活动程序，明确法官如何主持法庭调查，全面熟悉和掌握审判人员主持法庭调查的步骤和方法。

三、实验要求

1. 指导老师要求学生复习《刑事诉讼法》第一百五十五至一百五十九条以及最高人民法院《解释》中的相关规定，掌握人民法院法庭调查阶段的活动程序。
2. 要求学生熟悉实验素材，做好实验准备。
3. 要求学生根据实验案例，分别扮演审判人员、公诉人、被告人、被害人、辩护人、证人，模拟审判人员主持法庭调查的活动。

四、实验素材（案例）

案例一

被告人何某，男，43岁，汉族，某省某县人，初中文化，农民，住某县某乡某村。因涉嫌犯盗窃罪，于2007年3月19日被某县公安局刑事拘留，同年3月28日被逮捕。

第二部分 刑事司法实务

被告人郭某，男，41岁，汉族，某省某县人，初中文化，农民，住某县某乡某村。因涉嫌犯盗窃罪，于2007年3月19日被某县公安局刑事拘留，同年3月28日被逮捕。

2007年3月5日早上，二被告人到某水库偷鱼未遂，将渔网放到水中后回家。在路上，被告人何某和郭某商量用药和雷管捕鱼。接着，被告人何某便要郭某到王某家去取来10发雷管。何某和郭某将能用的8发雷管插上导火索，并到唐某的生资门市部花30元钱买了8瓶甲氰菊酯农药。随后到某水库，由郭某划船，何某将雷管和甲氰菊酯用封口胶绑在预先准备好的小石头上，分别丢在八个水域。次日上午，被告人何某、郭某相约进水库盗得鲜鱼600余千克。经价格鉴定，被盗鲜鱼价值人民币7730元。3月7日，被告人何某、郭某三人将鱼出售给唐某，得赃款5000元，何某与郭某各分得赃款2500元。所获赃款已被全部挥霍。被告人何某、郭某用农药甲氰菊酯毒鱼后，导致某水库先后死鱼约3400千克，经价格鉴定，被毒死的鲜鱼价值24473.5元。

某县人民检察院以被告人何某、郭某犯盗窃罪于2007年6月25日向某县人民法院提起公诉。某县人民法院依法组成由审判员马某任审判长，人民陪审员丁某、谢某参加的合议庭，于2007年7月12日公开开庭对本案进行审理。某县人民检察院指派高某、刘某出庭支持公诉，被告人何某及其辩护律师易某、被告人郭某及其辩护律师徐某均出庭参加诉讼。

公诉人提供的证据有：
1. 被害人吴某的陈述。
2. 证人王某、唐某、杨某、卓某、唐某的证言。
3. 现场方位图及现场照片。
4. 价格鉴定书。
5. 物证鉴定书。
6. 被告人何某、郭某的供述及辩解。

被告人何某的辩护律师易某对公诉机关指控被告人何某犯盗窃罪不持异议，但认为何某犯罪情节轻微。被告人何某的辩护人提供的证据有：
1. 证人唐某、周某、侯某、王某、陈某、赵某、覃某、汪某的证言。
2. 某镇某社区居委会出具的证明。
3. 某县畜牧水产局出具的某县养殖业冰冻灾情情况汇报。
4. 扣押清单。

被告人郭某的辩护律师徐某认为被告人郭某等人在某水库捕鱼不是秘密窃取，公诉机关指控的罪名不能成立。被告人郭某的辩护人提供的证据有：
1. 被告人郭某的悔过书。

2. 某县某社区居委会出具的被告人郭某犯罪前表现好的证明。

3. 被告人郭某赔偿被害人吴某部分损失的收条及证明。

案例二

被告人万某，男，1984年10月3日出生，汉族，出生地湖南省某县，文化程度初中。因涉嫌犯抢劫罪于2005年8月12日被羁押，次日被刑事拘留，2005年8月27日被逮捕。

辩护人赖某，某律师事务所律师。

某省某市人民检察院以被告人万某犯抢劫罪，于2005年12月17日向某省某市人民法院提起公诉。某市人民法院依法组成合议庭，公开开庭审理了此案。某市人民检察院指派检察员方某出庭支持公诉，被告人万某及其辩护人赖某到庭参加诉讼。

某市人民检察院指控：2005年8月12日凌晨4时许，被告人万某携带一把水果刀，撬开自己租住的某区小岭镇梅桥二街5号401房厨房防盗网，进入隔壁402房，盗窃被害人马某放于床头的诺基亚N73型手机（价值人民币2340元）时，被害人马某当场惊醒并呼叫，被告人万某遂持水果刀刺向马某，致被害人马某失血性休克死亡。

公诉机关向法庭提交的证据有：

1. 《接受刑事案件登记表》和《立案决定书》。

2. 某市公安局某区分局制作的现场勘查笔录及现场照片：2005年8月12日13时，公安机关对案发第一现场某区小岭镇梅桥二街5号402房及第二现场401房进行现场勘查，发现402房内的床上有一具只穿内裤的女尸，402房、401房内均有大量血迹；从现场提取了两枚指纹、一把尖刀、一台诺基亚N73移动电话机和一块电池、多处血迹。

3. 某市公安局某区分局制作的搜查笔录、起获作案工具笔录、起赃笔录及扣押物品清单：2005年8月12日，公安人员对被告人万某的住处进行搜查，在房门口上方通风窗口处发现一台黑色诺基亚N73型手机、一块诺基亚手机电池、一把单刃尖头水果刀，公安机关将上述物品予以扣押。

4. 某市公安局某区分局法医学尸体检验鉴定书。

5. 某市公安局某区分局法医学活体检验鉴定书。

6. 某市公安局刑警支队刑事技术所法医物证鉴定书。

7. 某市某区价格认证中心出具的涉案物价格鉴定结论书。

8. 某市公安局某区分局出具的抓获经过。

9. 证人陈某的证言：2005年8月12日凌晨4时许，听见有女人在叫，但听不清楚叫什么。

经辨认照片，证人陈某辨认出被告人万某。

10. 证人马某某的证言：2005 年 8 月 12 日上午 11 时 30 分，到梅桥二街 5 号 402 房找妹妹马某，但房门已锁上，叫房东打开门后看见马某上身裸露、下身只穿内裤趴在床上，背部和颈部有血，翻过身来发现胸部、颈部、肩膀均有刀伤，于是报警。

11. 被告人万某的供述，对作案路线、作案现场、作案工具水果刀、赃物移动电话机等进行的指认。

被告人万某对指控的犯罪事实无异议，请求法院对其从轻判处。其辩护人赖某提出以下辩护意见：

1. 万某伤害被害人马某致死的行为具有一定的突发性，因被害人惊醒后大声呼叫，万某为制止被害人，惊恐之中才持刀刺向被害人。

2. 万某认罪态度好，有悔罪表现。

3. 万某的家庭生活困难，是初犯。请合议庭考虑上述量刑情节作出公正判决。

五、实验角色分配和实验步骤

案例一

学生分别扮演审判人员、公诉人、被告人、被害人、辩护人、证人，根据提供的实验案例，模拟本案法庭调查阶段的诉讼活动。

实验步骤 1：公诉人宣读起诉书。

实验步骤 2：被告人、被害人陈述。

实验步骤 3：公诉人讯问被告人。

实验步骤 4：被害人经审判长许可，向被告人发问。

实验步骤 5：辩护人经审判长许可，向被告人发问。

实验步骤 6：公诉人、被告人、辩护人经审判长许可，向被害人发问。

实验步骤 7：公诉人举证，被告人、辩护人质证。

实验步骤 8：被害人提供证据，被告人、辩护人进行质证。

实验步骤 9：被告人、辩护人提供证据，公诉人、被害人发表质证意见。

案例二

学生分别扮演审判人员、公诉人、被告人、辩护人、证人，根据提供的实验案例，模拟本案法庭调查阶段的诉讼活动。

实验步骤1：公诉人宣读起诉书。

实验步骤2：被告人、被害人陈述。

实验步骤3：公诉人讯问被告人。

实验步骤4：辩护人经审判长许可，向被告人发问。

实验步骤5：公诉人举证，被告人、辩护人质证。

实验步骤6：被告人、辩护人提供证据，公诉人、被害人发表质证意见。

六、法律适用参考

案例一

《中华人民共和国刑法》第二百六十四条　盗窃公私财物，数额较大或者多次盗窃的，处3年以下有期徒刑、拘役或者管制，并处或者单处罚金；数额巨大或者有其他严重情节的，处3年以上10年以下有期徒刑，并处罚金；数额特别巨大或者有其他特别严重情节的，处10年以上有期徒刑或者无期徒刑，并处罚金或者没收财产；有下列情形之一的，处无期徒刑或者死刑，并处没收财产：

（一）盗窃金融机构，数额特别巨大的；

（二）盗窃珍贵文物，情节严重的。

《中华人民共和国刑法》第二十五条第一款　共同犯罪是指二人以上共同故意犯罪。

《中华人民共和国刑法》第二十六条第一、四款　组织、领导犯罪集团进行犯罪活动的或者在共同犯罪中起主要作用的，是主犯。对于第三款规定以外的主犯，应当按照其所参与的或者组织、指挥的全部犯罪处罚。

《中华人民共和国刑法》第二十七条　在共同犯罪中起次要或者辅助作用的，是从犯。

对于从犯，应当从轻、减轻处罚或者免除处罚。

《中华人民共和国刑法》第六十四条　犯罪分子违法所得的一切财物，应当予以追缴或者责令退赔；对被害人的合法财产，应当及时返还；违禁品和供犯罪所用的本人财物，应当予以没收。没收的财物和罚金，一律上缴国库，不得挪用和自行处理。

《中华人民共和国刑法》第七十二条第一款　对于被判处拘役、3年以下有期徒刑的犯罪分子，根据犯罪分子的犯罪情节和悔罪表现，适用缓刑确实不致再危害社会的，可以宣告缓刑。

《中华人民共和国刑法》第七十三条第二、三款　有期徒刑的缓刑考验期限为原判刑期以上5年以下，但是不能少于1年。

缓刑考验期限，从判决确定之日起计算。

《中华人民共和国刑事诉讼法》第一百五十五条　公诉人在法庭上宣读起诉书后，被告人、被害人可以就起诉书指控的犯罪进行陈述，公诉人可以讯问被告人。

被害人、附带民事诉讼的原告人和辩护人、诉讼代理人，经审判长许可，可以向被告人发问。

审判人员可以讯问被告人。

《中华人民共和国刑事诉讼法》第一百五十六条　证人作证，审判人员应当告知他要如实地提供证言和有意作伪证或者隐匿罪证要负的法律责任。公诉人、当事人和辩护人、诉讼代理人经审判长许可，可以对证人、鉴定人发问。审判长认为发问的内容与案件无关的时候，应当制止。

审判人员可以询问证人、鉴定人。

《中华人民共和国刑事诉讼法》第一百五十七条　公诉人、辩护人应当向法庭出示物证，让当事人辨认，对未到庭的证人的证言笔录、鉴定人的鉴定结论、勘验笔录和其他作为证据的文书，应当当庭宣读。审判人员应当听取公诉人、当事人和辩护人、诉讼代理人的意见。

《中华人民共和国刑事诉讼法》第一百五十八条　法庭审理过程中，合议庭对证据有疑问的，可以宣布休庭，对证据进行调查核实。

人民法院调查核实证据，可以进行勘验、检查、扣押、鉴定和查询、冻结。

《中华人民共和国刑事诉讼法》第一百五十九条　法庭审理过程中，当事人和辩护人、诉讼代理人有权申请通知新的证人到庭，调取新的物证，申请重新鉴定或者勘验。

法庭对于上述申请，应当作出是否同意的决定。

案例二

《中华人民共和国刑法》第二百六十三条第一、五项　以暴力、胁迫或者其他方法抢劫公私财物的，处3年以上1年以下有期徒刑，并处罚金；有下列情形之一的，处10年以上有期徒刑、无期徒刑或者死刑，并处罚金或者没收财产：（一）入户抢劫的；……（五）抢劫致人重伤、死亡的。

《中华人民共和国刑法》第四十八条第一款　死刑只适用于罪行极其严重的犯罪分子。对于应当判处死刑的犯罪分子，如果不是必须立即执行的，可以判处死刑同时宣告缓期二年执行。

《中华人民共和国刑法》第五十七条第一款　对于被判处死刑、无期徒刑的犯罪分子，应当剥夺政治权利终身。

《中华人民共和国刑法》第五十九条　没收财产是没收犯罪分子个人所有财产的一部或者全部。没收全部财产的，应当对犯罪分子个人及其扶养的家属保留必需的生活费用。

在判处没收财产的时候，不得没收属于犯罪分子家属所有或者应有的财产。

《中华人民共和国刑法》第六十四条　犯罪分子违法所得的一切财物，应当予以追缴或者责令退赔；对被害人的合法财产，应当及时返还；违禁品和供犯罪所用的本人财物，应当予以没收。没收的财物和罚金，一律上缴国库，不得挪用和自行处理。

《最高人民法院关于审理抢劫案件具体应用法律若干问题的解释》第一条第二款　对于入户盗窃，因被发现而当场使用暴力或者以暴力相威胁的行为，应当认定为入户抢劫。

《中华人民共和国刑事诉讼法》第一百五十五条　公诉人在法庭上宣读起诉书后，被告人、被害人可以就起诉书指控的犯罪进行陈述，公诉人可以讯问被告人。

被害人、附带民事诉讼的原告人和辩护人、诉讼代理人，经审判长许可，可以向被告人发问。

审判人员可以讯问被告人。

《中华人民共和国刑事诉讼法》第一百五十六条　证人作证，审判人员应当告知他要如实地提供证言和有意作伪证或者隐匿罪证要负的法律责任。公诉人、当事人和辩护人、诉讼代理人经审判长许可，可以对证人、鉴定人发问。审判长认为发问的内容与案件无关的时候，应当制止。

审判人员可以询问证人、鉴定人。

《中华人民共和国刑事诉讼法》第一百五十七条　公诉人、辩护人应当向法庭出示物证，让当事人辨认，对未到庭的证人的证言笔录、鉴定人的鉴定结论、勘验笔录和其他作为证据的文书，应当当庭宣读。审判人员应当听取公诉人、当事人和辩护人、诉讼代理人的意见。

《中华人民共和国刑事诉讼法》第一百五十八条　法庭审理过程中，合议庭对证据有疑问的，可以宣布休庭，对证据进行调查核实。

人民法院调查核实证据，可以进行勘验、检查、扣押、鉴定和查询、冻结。

《中华人民共和国刑事诉讼法》第一百五十九条　法庭审理过程中，当事人和辩护人、诉讼代理人有权申请通知新的证人到庭，调取新的物证，申请重新鉴定或者勘验。

法庭对于上述申请，应当作出是否同意的决定。

实验项目五 法庭辩论

一、法律原理概述

法庭辩论，是在法庭调查的基础上，控诉方与辩护方就被告人的行为是否构成犯罪、犯罪的性质、罪责轻重、证据是否确实充分，以及如何适用刑罚等问题，进行互相争论和反驳的一种诉讼活动。合议庭认为本案事实已经调查清楚，应当由审判长宣布法庭调查结束，开始就全案事实、证据、适用法律等问题进行法庭辩论。它是刑事审判程序的一个重要环节。通过控辩双方的辩论，将进一步揭示案情，明确如何适用法律，为案件的正确裁判奠定基础。

法庭辩论应当在审判长的主持下，按照下列顺序进行：（1）公诉人发言；（2）被害人及其诉讼代理人发言；（3）被告人自行辩护；（4）辩护人辩护；（5）控辩双方进行辩论。

对附带民事诉讼部分的辩论应当在刑事诉讼部分的辩论结束后进行，其辩论顺序是：先由附带民事诉讼原告人及其诉讼代理人发言，然后由被告人及其诉讼代理人答辩。总之，法庭辩论的顺序应是自控方发言始，至辩方发言止为一轮，反复进行。

司法实践中，公诉人的首轮发言被称做发表公诉词。公诉词是公诉人根据控诉职能，对案件事实、证据和适用法律发表的总结性意见。其内容一般包括：对法庭调查结果的简单概括；进行证据分析，认定被告人的犯罪行为；揭露被告人犯罪的动机、目的、手段、性质和犯罪行为的社会危害性；分析被告人犯罪的思想根源和社会根源；进行法律上的论证，指出被告人触犯的刑事法律条款和应负的法律责任；提出对被告人依法处理的要求。公诉词一般内容由标题和正文两个部分组成。

辩护人的首轮发言被称做发表辩护词。辩护词是辩护人以法庭调查查明的案情为基础，提出的维护被告人合法权益的总结性意见。辩护词的内容由序言、辩护理由和结论三部分组成。

法庭辩论应在审判长主持下进行。在法庭辩论过程中，审判长对于控辩双方与案件无关、重复或者互相指责的发言应当制止。对于辩护人依照有关规定拒绝为被告人进行辩护的，合议庭应当准许。如果被告人要求另行委托辩护人，合议庭应当宣布延期审理，由被告人另行委托辩护人或者由人民法院为其另行指定辩护律师。被告人当庭拒绝辩护人为其辩护，要求另行委托辩护人的，应当同意，并宣布延期审理。被告人要求人民法院另行指定辩护律师，合议庭同意的，应当宣布延期审理。

在法庭辩论过程中，如果合议庭发现新的事实，认为有必要进行调查时，审判长可以宣布暂停辩论，恢复法庭调查，待该事实查清后继续法庭辩论。

经过几轮辩论，审判长认为控辩双方的发言中已经没有新的问题和意见提出，没有继续辩论的必要时，即应终止双方发言，宣布辩论终结。

二、实验目的

通过实验，使学生正确认识法庭辩论的重要性，了解和掌握法庭辩论阶段的活动程序，明确法官如何主持法庭辩论，全面熟悉和掌握审判人员主持法庭辩论的步骤和方法。

三、实验要求

1. 指导老师要求学生复习《刑事诉讼法》第一百六十条以及最高人民法院《解释》中的相关规定，掌握人民法院法庭辩论阶段的活动程序。
2. 要求学生熟悉实验素材，做好实验准备。
3. 要求学生根据实验案例，分别扮演审判人员、公诉人、被告人、被害人、辩护人、代理人、证人，模拟审判人员主持法庭辩论的活动。

四、实验素材（案例）

案例一

被害人暨附带民事诉讼原告人杨某，男，41岁，汉族，某市某区人，务农，住某市某区某乡。

委托代理人郑某，某市律师事务所律师。

被告人孙某，男，28岁，汉族，某市某区人，中专文化，农民，住某市某区某乡。因涉嫌犯故意伤害罪，于2005年4月11日被某区公安局取保候审。

辩护人暨附带民事诉讼代理人李某，某律师事务所律师。

2004年11月2日上午，被告人孙某的母亲陈某与马某、李某在某乡场上为争摊位而发生纠纷，陈某将马某、李某家摆摊位的板凳扔下河去（后被乡政府找人捡回）。当日下午2时许，附带民事诉讼原告人（被害人）杨某与马某、李某、叶某等人到陈某家屋外去评理，要求陈某家赔板凳。因双方言语不当，再次发生纠纷，李某、马某将陈某家板凳提起欲往河中扔，陈某去制止，引起互殴。被告人孙某见状后，从屋里手持钢管出来帮母亲陈某的忙，将手持板凳正欲殴打自己的被害人杨某打伤。经鉴定，被害人杨某的伤属轻伤。杨某受伤后到某区医院住院治疗12天，共花去医药费4424.16元。后经某市中心医院进行鉴定，结论为杨某的伤构成9级伤残。

某区人民检察院以被告人孙某犯故意伤害罪，于2005年5月26日向某区人民法院提起公诉。在诉讼过程中，附带民事诉讼原告人杨某向某区人民法院提起附带民事诉讼，要求被告人孙某按其诉求赔偿其医疗费、营养费、交通费、护理费、误工费、住院伙食补助费、伤残赔偿金、残疾鉴定费等费用共计14466.16元。某区人民法院于2005年6月15日依法组成合议庭公开开庭审理了此案，某区人民检察院指派检察员王某依法出庭支持公诉，附带民事诉讼原告人杨某及其诉讼代理人郑某，被告人孙某及其辩护人暨附带民事诉讼代理人李某到庭参加了诉讼。

公诉人出示的证据主要有：

1. 被害人杨某的陈述。
2. 被告人孙某的供述。
3. 证人陈某、马某、李某、叶某、魏某的证言。
4. 刑事案件受、立案登记表、现场照片、住院医疗证明、转院证明、抓获经过。
5. 刑事科学技术鉴定书。
6. 被告人孙某的常住人口登记表及相貌照片。

附带民事诉讼原告人杨某提供的证据有：

1. 杨某的身份证复印件。
2. 某区医院的住院病历、诊断证明书、出院证、手术记录单、X线检查报告单。
3. 杨某的医药费发票收据，门诊发票9张，共计费用288元，住院发票一张，费用为4137.16元。
4. 住院费用日清单11张，住院用药明细清单7张。
5. 某市中心医院的司法鉴定意见书。

被告人孙某的辩护人暨附带民事诉讼代理人李某向法庭提交了孙某主动赔偿被害人杨某1000元人民币的收条一张。并提出以下辩护意见：

1. 在案件的起因上，被害人帮助他人殴打被告人，自身存在不可推卸的责任，可相应减轻被告人的罪责。
2. 被告人愿意赔偿被害人的经济损失，且已经实际赔偿了部分，应对其酌情从轻处罚。

3. 被告人孙某归案后认罪态度好，具有悔罪诚意，望法院对其从轻处罚。

4. 本案被告人孙某是正当防卫行为，加上被害人杨某是他人邀约来帮忙打架斗殴的带头人，故被告人孙某不应承担对杨某的民事赔偿责任。

5. 杨某所主张赔偿的金额及种类应当结合病历、诊断证明、车票及医疗机构的意见和正式发票进行确定；对于其提出的鉴定费，系举证所需费用，应由附带民事诉讼原告人自行承担；对于其提出的营养费及护理费应以法律规定予以确定。

案例二

被告人钟某，男，25岁，汉族，小学文化，无业。2003年2月10日犯盗窃罪被某县人民法院判处有期徒刑10个月。2006年3月4日又因涉嫌犯故意伤害罪被刑事拘留，同年3月13日被逮捕。现羁押于某县看守所。

辩护人孙某，某律师事务所律师。

2006年3月4日上午10时许，被告人钟某来到某县小山镇粮管所南侧路口，找到坐在轮椅上的残疾人龚某，要求龚某立即归还欠他的60元钱，在听到龚某身上无钱，不能如期归还欠他的钱后，被告人钟某认为其有钱故意不还，便来到县幼儿园旁小巷处，拿来一根一米多长的木棍，用脚踩成两截，返回到龚某身边，朝龚某头部、背部猛击数棍，在围观群众的指责下钟某逃离现场，被害人龚某被送至某县人民医院抢救无效，于2006年3月7日死亡。经法医鉴定，被害人龚某系被他人用钝器暴力多次打击头部致颅脑严重损伤死亡。2006年3月4日中午1时许，某县公安局将钟某抓获归案。

某省某市人民检察院以被告人钟某犯故意伤害罪，于2006年7月16日向某市人民法院提起公诉。某市人民法院依法组成合议庭，于2006年8月6日对此案公开开庭进行了审理。某省某市人民检察院指派检察员叶某、陈某出庭支持公诉，被告人钟某及其辩护人孙某到庭参加诉讼。

公诉机关向法庭提供的相关证据：

1. 唐某的证言：2006年3月4日上午，有个姓龚30多岁的残疾病人被送进某县小山镇卫生院，头上流着血，伤口有三四厘米，估计是钝器击伤，由于伤情严重，该院就把病人送往县人民医院进一步检查。

2. 刘某的证言：2006年3月4日上午8时许，我在摊子上补衣服，龚某在旁边玩，这时来了个年青人，手持一根有一米长的木棍朝龚某的头部猛打，打了有五六下的样子，而且一边打一边说借他的60元钱这么久都不还。后年青人拿着木棍往大街跑了，而龚某被打得头破血流，打晕了。

3. 张某的证言：我看见姓钟的手里拿着一根木棍，朝龚某的头部连打三棍，龚某的头部都被打出了血，姓钟的拿木棍还在龚某的身上乱打，打了有十多棍。用的是一根圆的木棍，三十多公分长。姓钟的说龚某还欠他60元钱。

4. 朱某的证言：我看到一个20多岁的男青年用棍打了这个残疾人的头部一下，这个残疾人坐在轮椅上没有反抗也没有说话，我就说这个打人的青年人，这样打人不可以，这个男青年又用棍子击打残疾人的背，补衣服的大伯又拦男青年叫其不要打人，这个残疾人的头部出了很多血。打人的人用的是一根圆木棍打的，直径有2厘米粗，长1尺多。

5. 公安机关接受刑事案件登记表、提取笔录、抓获经过、现场勘查笔录和指认现场、提取作案凶器的刑事摄影照片。

6. 某县人民医院病历。

7. 某省某县人民法院2003年2月10日刑事判决书。

8. 刑满释放证明书。

9. 法医学人体损伤程度鉴定书、法医学尸体检验报告和尸检照片。

10. 被告人钟某的供述。

被告人钟某对公诉机关指控的犯罪事实无异议，但认为其行为不会导致被害人死亡。其辩护人孙某对公诉机关以故意伤害定性及指控的证据没有异议，但提出以下辩护意见：

1. 本案被害人龚某欠债不还，对纠纷起因有过错。

2. 被害人亲属放弃治疗也是被害人死亡的原因之一，被告人不应对被害人的死亡承担全部责任。

3. 被告人的主观恶性较小，且有悔罪表现。

五、实验角色分配和实验步骤

案例一

学生分别扮演审判人员、公诉人、被告人、被害人、辩护人、代理人、证人，根据提供的实验案例，模拟本案法庭辩论阶段的诉讼活动。

本案刑事诉讼部分的辩论：

实验步骤1：公诉人发表公诉词。

实验步骤2：被害人及其诉讼代理人发言。

实验步骤3：被告人自行辩护。

实验步骤4：辩护人发表辩护意见。

实验步骤5：控辩双方围绕案件事实、法律适用等进行辩论。

实验步骤6：审判长宣布刑事诉讼部分的辩论终结。

本案附带民事诉讼部分的辩论：

实验步骤1：附带民事诉讼原告人及其诉讼代理人发言。

实验步骤2：被告人及其诉讼代理人答辩。

实验步骤3：审判长宣布附带民事诉讼部分的辩论终结。

案例二

学生分别扮演审判人员、公诉人、被告人、辩护人、证人，根据提供的实验案例，模拟本案法庭辩论阶段的诉讼活动。

实验步骤1：公诉人发表公诉词。

实验步骤2：被告人自行辩护。

实验步骤3：辩护人发表辩护意见。

实验步骤4：控辩双方围绕案件事实、法律适用等进行辩论。

实验步骤5：审判长宣布辩论终结。

六、法律适用参考

案例一

《中华人民共和国刑法》第二百三十四条第一款　故意伤害他人身体的，处3年以下有期徒刑、拘役或者管制。

《中华人民共和国刑法》第三十六条　由于犯罪行为而使被害人遭受经济损失的，对犯罪分子除依法给予刑事处罚外，并应根据情况判处赔偿经济损失。

承担民事赔偿责任的犯罪分子，同时被判处罚金，其财产不足以全部支付的，或者被判处没收财产的，应当先承担对被害人的民事赔偿责任。

《中华人民共和国刑法》第七十二条　对于被判处拘役、3年以下有期徒刑的犯罪分子，根据犯罪分子的犯罪情节和悔罪表现，适用缓刑确实不致再危害社会的，可以宣告缓刑。

被宣告缓刑的犯罪分子，如果被判处附加刑，附加刑仍须执行。

《中华人民共和国刑法》第七十三条　拘役的缓刑考验期限为原判刑期以上1年以下，但是不能少于2个月。

有期徒刑的缓刑考验期限为原判刑期以上5年以下，但是不能少于1年。

缓刑考验期限，从判决确定之日起计算。

《中华人民共和国民法通则》第一百一十九条　侵害公民身体造成伤害的，

应当赔偿医疗费、因误工减少的收入、残废者生活补助费等费用；造成死亡的，并应当支付丧葬费、死者生前扶养的人必要的生活费等费用。

《中华人民共和国民法通则》第一百三十四条第一款第七项　承担民事责任的方式主要有：（七）赔偿损失。

《中华人民共和国民法通则》第一百三十一条　受害人对于损害的发生也有过错的，可以减轻侵害人的民事责任。

《最高人民法院关于审理人身损害赔偿案件适用法律若干问题的解释》第十七条第一、二款　受害人遭受人身损害，因就医治疗支出的各项费用以及因误工减少的收入，包括医疗费、误工费、护理费、交通费、住宿费、住院伙食补助费、必要的营养费，赔偿义务人应当予以赔偿。

受害人因伤致残的，其因增加生活上需要所支出的必要费用以及因丧失劳动能力导致的收入损失，包括残疾赔偿金、残疾辅助器具费、被扶养人生活费，以及因康复护理、继续治疗实际发生的必要的康复费、护理费、后续治疗费，赔偿义务人也应当予以赔偿。

《最高人民法院关于审理人身损害赔偿案件适用法律若干问题的解释》第十九条第一款　医疗费根据医疗机构出具的医药费、住院费等收款凭证，结合病历和诊断证明等相关证据确定。赔偿义务人对治疗的必要性和合理性有异议的，应当承担相应的举证责任。

《最高人民法院关于审理人身损害赔偿案件适用法律若干问题的解释》第二十条第一款　误工费根据受害人的误工时间和收入状况确定。

《最高人民法院关于审理人身损害赔偿案件适用法律若干问题的解释》第二十一条　护理费根据护理人员的收入状况和护理人数、护理期限确定。

护理人员有收入的，参照误工费的规定计算；护理人员没有收入或者雇佣护工的，参照当地护工从事同等级别护理的劳务报酬标准计算。护理人员原则上为1人，但医疗机构或者鉴定机构有明确意见的，可以参照确定护理人员人数。

护理期限应计算至受害人恢复生活自理能力时止。受害人因残疾不能恢复生活自理能力的，可以根据其年龄、健康状况等因素确定合理的护理期限，但最长不超过20年。

受害人定残后的护理，应当根据其护理依赖程度并结合配制残疾辅助器具的情况确定护理级别。

《最高人民法院关于审理人身损害赔偿案件适用法律若干问题的解释》第二十二条　交通费根据受害人及其必要的陪护人员因就医或者转院治疗实际发生的费用计算。交通费应当以正式票据为凭；有关凭据应当与就医地点、时间、人数、次数相符合。

《最高人民法院关于审理人身损害赔偿案件适用法律若干问题的解释》第二十四条　营养费根据受害人伤残情况参照医疗机构的意见确定。

《最高人民法院关于审理人身损害赔偿案件适用法律若干问题的解释》第二十五条　残疾赔偿金根据受害人丧失劳动能力程度或者伤残等级，按照受诉法院所在地上一年度城镇居民人均可支配收入或者农村居民人均纯收入标准，自定残之日起按20年计算。但60周岁以上的，年龄每增加1岁减少1年；75周岁以上的，按5年计算。

受害人因伤致残但实际收入没有减少，或者伤残等级较轻但造成职业妨害严重影响其劳动就业的，可以对残疾赔偿金作相应调整。

《中华人民共和国民事诉讼法》第六十四条　当事人对自己提出的主张，有责任提供证据。当事人及其诉讼代理人因客观原因不能自行收集的证据，或者人民法院认为审理案件需要的证据，人民法院应当调查收集。

人民法院应当按照法定程序，全面地、客观地审查核实证据。

《中华人民共和国刑事诉讼法》第一百六十条　经审判长许可，公诉人、当事人和辩护人、诉讼代理人可以对证据和案件情况发表意见并且可以互相辩论。审判长在宣布辩论终结后，被告人有最后陈述的权利。

案例二

《中华人民共和国刑法》第二百三十四条第二款　故意伤害他人身体，致人重伤的，处3年以上10年以下有期徒刑；致人死亡或者以特别残忍手段致人重伤造成严重残疾的，处10年以上有期徒刑、无期徒刑或者死刑。本法另有规定的，依照规定。

《中华人民共和国刑法》第四十八条第一款　死刑只适用于罪行极其严重的犯罪分子。对于应当判处死刑的犯罪分子，如果不是必须立即执行的，可以判处死刑同时宣告缓期2年执行。

《中华人民共和国刑法》第五十七条第一款　对于被判处死刑、无期徒刑的犯罪分子，应当剥夺政治权利终身。

《中华人民共和国刑法》第六十五条第一款　被判处有期徒刑以上刑罚的犯罪分子，刑罚执行完毕或者赦免以后，在5年以内再犯应当判处有期徒刑以上刑罚之罪的，是累犯，应当从重处罚，但是过失犯罪除外。

《中华人民共和国刑事诉讼法》第一百六十条　经审判长许可，公诉人、当事人和辩护人、诉讼代理人可以对证据和案件情况发表意见并且可以互相辩论。审判长在宣布辩论终结后，被告人有最后陈述的权利。

七、主要文书附件

广西壮族自治区××市人民检察院
关于凡××杀人案的公诉词

审判长、人民陪审员：

根据《中华人民共和国刑事诉讼法》第一百一十二条的规定，经××市人民检察院检察长的指派，我们以国家公诉人的身份出席法庭，支持公诉。

今天，法庭审判凡××杀人案，已有大量的事实证据证明，被告人凡××惨无人道，谋杀妻子。他的残暴行径灭绝人伦，令人十分愤慨。因此，对被告人凡××不仅必须依法治罪，而且还必须从道义上对他进行严厉的谴责，以维护国家法律的尊严，维护人与人之间的道德风尚。

第一，被告人凡××贪图享受，倾家荡产，殃及妻儿。

被告人凡××与被他亲手杀死的兰××原系夫妻，是××县×村人。19××年，被告自愿与兰恋爱结婚，入赘兰家。婚后，他们共养育了3个孩子，建立了一个较和睦的家庭。兰××在家里是一个能干的主妇，在×寨这个生产及生活条件较差的穷乡里，在丈夫的协助下，她安心操持家务，抚养孩子，辛辛苦苦熬了过来，从无怨言。19××年，被告人因没有再被当选生产队的队长，便不安于在家务农，独自离家外出挖锰矿，但一连几个月不拿钱回家，致兰××无钱到队里取口粮，家庭生活发生了困难。当时正值青黄不接的"四月荒"，兰××借贷无门，还被人骂，无奈只好上山砍柴度日。并多次要求被告人回来设法解决困难。不料，被告人竟置之不理，反而经常回来向兰××要钱喝酒，不给就痛打一顿。按理说，社会主义制度下的新型家庭关系应该是夫妻平等，团结互助的，夫妻双方都要对家庭承担应尽的义务。被告人身为家庭主要成员，当然负有主要责任，尤其在艰难的日子里，更应当与妻互相帮助共同维持家庭生活。可是，他当家境艰辛之际不但撒手不管，反而还要钱喝酒，不给就毒打妻子。这样，兰××在感情上怎能忍受呢？由于家庭粒米无存，兰不愿坐家待毙，也不愿孩子们饿死，为了逼使被告人回来，兰出于无奈，只得离家出走。不幸的是，她外出之后，却被不法分子拐骗，卖到玉林沙田给人为妻。后来，被告人前去找到她并当面认错。兰××觉得被告人已有悔悟，为着家庭、孩子的前途，便不记旧恨，与被告言归于好，共同回到家乡一起生活。回到家后，兰××一面替人缝补衣服和看小米粉摊，一面耕田种地，一心重整家业。还细心抚养3个孩子。照顾瘫痪在床的老母亲。在她的辛勤操持下，经过两年之后，家庭逐渐摆脱了贫困，陆续赎回了她离家后被告人卖出的家具，还略有积余。但是好景不长，被告人看到家境有所好转，便又开始离家外出搞副业，得一点钱就全部吃光喝光，分文不给家里，继而发展到没一二两酒就度不了日子的地步，常常回家向兰××要钱喝酒。日子一长，使兰××苦心经营的小米粉摊亏本以致停业。没有钱以后，被告人又几十斤、几十斤地偷拿家中的口粮卖钱喝酒，使得家庭再度陷入困境。本来，被告人应当吸取教训，根除嗜酒恶习，与兰××共同建好家庭。但他变本加厉，全然不顾及家中生计，一味贪图个人吃喝享受，这哪里是做丈夫做父亲的为人呢？兰××为此多次规劝指责被告人，但被告人丝毫不改。兰××痛感自己再怎样含辛茹苦、精打细算，都是填不满潘××这个酒鬼的酒坛的，遂对被告人完全失去信心，经常与之吵闹，并对被告人逐渐冷淡和疏远。

至此，被告人应当体会兰××为了家庭的一片苦心，看在妻儿一家老小的份上，有所收敛，主动缓和夫妻间的紧张关系才对。但他仍执迷不悟，不但坚持恶习不改，还疑心兰××与别的男人有勾搭，为此时常对她辱骂，大施淫威，逼迫她承认有与人通奸之事，不仅如此，还经常跟踪监视她的行为，意在寻找把柄对其进一步欺压。19××年×月间，被告人跟踪兰××时发现她同一个相识的男青年搭话，便上前一口咬定他们有暧昧关系，立即把兰拉回家毒打，拳打脚踢还嫌轻，换用木柴板凳来敲，致使兰××受伤卧床不起。之后，被告人对兰的治疗毫不关心，而且多次口出秽言，当面辱骂她是娼妓，靠卖身收钱等。兰××伤心至极，痛斥被告为人自私，实在难以忍受，担心长此下去，不知哪天被他置于死地。于是在伤好之后，立即离家躲避，在外流浪。兰××人到中年，家庭生活遭到破坏，有家不能归，母子不能团聚，她是多么的不幸啊！而这一切，都是被告人的暴虐行为所造成的。更为令人愤恨的是，对于兰××的出走，被告人毫无反省自己的过错，反而抛弃夫妻父子之情，不顾亲友的反对，背着家人，偷偷地把亲生儿子凡英卖到千里之外的福建省。紧接着也不顾岳母重病在家又背着家人独自作价立契出卖家中唯独的一间房子，还把兰××用以谋生的衣车也卖掉。得钱后大吃大喝，并外出四处活动与人商谈上门入赘之事，后因钱财用尽，入赘之事又无着落，加上逼妻出走，卖房卖子，甚至看到岳母垂危、害怕料理后事而逃之夭夭等行径，遭到群众指责。又由于长子凡宁坚决反对被告人卖掉房子及弟弟，被告人已感到自己理亏，便公开散布说：兰××不愿要这个家，我是来上门的，我还要这个家做什么？小孩多养不起就送给别人养嘛。等等，企图把群众的愤慨转向兰××。实际上兰××被迫出走时，家中刚收有粮食千余斤，被告人说无法养小孩完全是强词夺理，自欺欺人。然而，被告人为了掩盖自己的劣迹，总是千万百计嫁祸于兰××。19××年春，当被告人听人说兰××已回×村时，便心生一计，急忙一连几晚在×村寻找。千方百计想抓住兰××并带回家让众人看到，企图以此证明他卖房子是去找妻子，倾家荡产的结果是兰××造成的。可见其用心何其毒也。当被告人找到兰××时，兰当即对被告人卖房卖儿的行径表示不满和反对。被告人则哄骗她说已经退钱给买主，并答应只要她肯回家，就把儿子找回来。兰××不知是计，信以为真，便跟被告人回家，正当被告人自以为得意之时，第二天，兰××得知被告人并未退钱给买房人，当晚即与被告人闹翻，提出若不退款收回房产，找回儿子，就要同被告人离婚。次日一早又要求被告人立即去大队办离婚。被告人面对兰××的指责，自觉理亏，又羞又恨，唯恐其提起离婚诉讼。因被告人在议价卖房时，已收到价款500元，万一判决离婚，自己对家产将是一无所得，为此对兰××的离婚要求恼怒不已，举刀把兰的手脚砍伤，而后又做贼心虚，唯恐承担伤人罪责，即竭力散布谎言：什么千辛万苦把妻子找回来后她还要跑，因而才砍伤她的手脚等。某些群众听后信以为真，使得兰××有冤无处申，有苦无处诉，情况十分悲惨。然而被告人即借口搞副业，一走了之。唯有长子同情母亲，在家照顾。兰××伤痛之余，悲叹20多年夫妻，到头竟遭此毒手，于是她编山歌，投信告状，自叹自身不幸，控诉被告人的无情。尽管如此，因兰××时常念及被告人卖在福建的儿子，也曾表示如果被告人确实退钱收回房产及赎回儿子，她仍可以同被告人继续生活下去。于是她在养伤期间积极操持家业，一心要筹钱把儿子找回。但不料祸事又从天降。19××年×月间，×村有两个女青年失踪，其家人无端怀疑被兰××拐走，即纠合数人将兰捆打逼供，限期交人。致使兰××觉得在家住不下去了，被迫带着长子外逃躲避一时。被告人得知后，唯恐其妻把长子带去另找人家生活，日后自己无人养老送终，即找到她们母子要带回家乡。但此次兰××是被逼外逃，且对被告人长期不收回房子、不赎回儿子以及被告人的为人，都已深感失望，不愿立刻回乡。但在被告人坚持之下，勉强一同上路，途经玉林时又带长子不辞而别。此时，被告人并不体谅兰的处境，也没有认识到自己贪图享受凌虐妻子的行为给家庭带来的恶果，反而认为是兰骗了他，就这样，要兰甘心当牛当马又不听从，想独占家产又有障碍，于是被告人逐渐萌发了杀妻独谋家产，另找人家上门入赘的邪念，走上了杀人犯罪的道路。

第二，被告人凡××独占家产，谋杀妻子，罪大恶极。

被告人打定主意另找人家上门入赘之后，一方面四处找人作媒，另一方面亲自到处寻找。但又感到没有一笔数额较大的财产是行不通的，而他是一无所有，为此又再次打家中房产的主意。此房原是兰××父母遗产，被告人是上门来的。他第一次出卖时就已遭到兰××及长子的坚决反对，况且被告人早已将前次卖房半数房款500元花完，现在即使与兰平分房产，自己也等于没有了。如果独自占有，兰××是决不会同意的。谋财的思想促使被告人产生了杀妻念头，认为只有杀死兰××，扫除障碍，才能独占家产，达到入赘的目的。于是被告人把活动入赘、向队长索要证明办入赘手续和商谈卖房等三事同时进行。19××年××月下旬，被告人到某大队谢某家商谈入赘之事，谢某同意被告人上门，但提出要被告人上门之后负责还几百元欠款。被告人满口答应。并说只要把家中房产出卖就可以办到。接着，被告人于11月初起回×村活动卖房，并图谋卖房之后尽快找到兰××杀死，以免后患。至11月2日，被告人找到买主后，亲自口授。请人代拟房契，上写明决心与兰××及长子断绝夫妻父子关系，卖房前往谢某家入赘；并写明妻儿对房产不得自主，一切由他承担责任。这就充分反映出被告人此时已把家产视为己有，杀害妻子排除障碍的决心已下，动手只是时间问题罢了。果然，被告人卖房之后，连夜带着卖房款600元离开×村，进行其精心策划的杀妻阴谋活动。他于11月19日，以卖玉米为借口，把长子骗回×村。然后被告人偷偷取得其打石用的铁锤，暗藏于身上，又以贩卖衣服为由哄骗兰××一道来××市。11月21日，被告人决定动手杀妻，提出与兰××去人民公园后山，兰不知是计，即与被告人去电视塔附近。此时已是夜深人静，被告人趁兰××不备，用铁锤猛击其头，打昏在地，紧接着又猛击数下，将兰××的头颅打烂，鲜血四溅。被告人唯恐兰不死，又对其背部猛击数锤，打断6根肋骨，兰当场气断死亡。然后被告人逃离现场，并对他人谎称其妻又逃跑了，妄图掩人耳目，逃脱法网。但是，一切犯罪分子最终都是逃避不了人民的惩罚的，公安机关经过周密侦查，及时派员赶到×村将他捕获归案。

第三，对被告人凡××必须从严惩办，以正国法。

被告人凡××杀人犯罪，是他道德败坏、自私自利的坏思想恶性发展的结果。他这种野蛮、令人发指的罪恶行径与我们社会主义法制和道德观念是绝不相容的。社会主义社会是文明的社会，我国宪法明确提出，要把我国建设成为高度文明、高度民主的国家，这个高度文明中的精神文明也包括家庭关系中夫妻平等，互敬互爱。社会主义道德观念主张：夫妻之间应当互相关怀，共同承担抚育子女，赡养老人的义务，有福同享，有难同当，就是有了矛盾，也应从团结的愿望出发，采取说理的方法解决。这些本来就是我国人民的传统美德，它要求我们人人都这样做，这样生活。但是，被告人却反其道而行之。他的思想品质卑鄙恶劣，全然无视社会公德和法制，把老人当废物，把妻子当牛马，把子女当财产。只顾自己吃喝，不顾家人饥寒，只管自己快乐，不管家人死活，只为自己着想，不替家人打算，不给家人半点权利、地位和自由，把自己当做家庭的主宰。就这样被告人把一个好端端的家庭毁掉了。最后竟发展到为了独占家产，亲下毒手杀妻，真是败绝人伦、毫无人性。×村的妇女们对被告的罪恶行径都表示极为愤恨。她们说:"兰××生前不辞劳苦维持家庭,赡老育小,有哪点对不起凡××呢,而凡××平时经常对她打骂不算,现在还把她骗到××活活打死,凡××还是不是人。兰××死得真是冤屈啊,不从严处理凡××,民愤难平。"

我国法律规定:中华人民共和国公民的人身权利不受侵犯,并受法律的保护。被告人凡××行凶杀人,性质恶劣,手段残忍,后果严重,民愤极大,实属罪大恶极,触犯国家刑律,构成了故意杀人罪,应依法追究刑事责任,我们特提请审判庭根据《中华人民共和国刑法》第二百三十二条之规定,对被告人凡××严加惩办,以正国法。

公诉人:×××
19××年×月×日

辩 护 词

尊敬的审判长、审判员:

根据《中华人民共和国刑事诉讼法》第三十二条规定,我们接受涉嫌妨害作证罪一案的被告人黄某的委托,并受××律师事务所的指派,担任本案被告人黄某一审阶段的辩护人,依法为被告人黄某进行辩护。接受委托后,我们对有关单位和个人进行了详细的调查了解,并会见了被告人黄某,对本案的材料进行了认真细致的阅卷工作,又经过刚才的法庭调查,在此基础上我们对本案案情和案件定性有了更全面而客观的认识。总的来说,我们认为:控诉机关指控被告人黄某犯有妨害作证罪是认定事实错误、适用法律不当,证据不足,且违反法定程序。被告人黄某依法不构成犯罪,应当宣告无罪释放。具体的理由与事实分析如下:

一、被告人黄某的行为不符合妨害作证罪的犯罪构成,依法不构成犯罪,应当宣告无罪释放

《中华人民共和国刑法》第三百零五条规定,在刑事诉讼中,证人、鉴定人、记录人、翻译人对与案件有重要关系的情节,故意作虚假证明、鉴定、记录、翻译,意图陷害他人或者隐匿罪证的,处3年以下有期徒刑或者拘役;情节严重的,处3年以上7年以下有期徒刑。第三百零六条规定,在刑事诉讼中,辩护人、诉讼代理人毁灭、伪造证据,帮助当事人毁灭、伪造证据,威胁、引诱证人违背事实改变证言或者作伪证的,处3年以下有期徒刑或者拘役;情节严重的,处3年以上7年以下有期徒刑。辩护人、诉讼代理人提供、出示、引用的证人证言或者其他证据失实,不是有意伪造的,不属于伪造证据。上述的法律规定,就确定了伪证罪和辩护人妨害作证罪的犯罪构成。本案被告人黄某的行为并不符合

妨害作证罪的犯罪构成，依法不构成犯罪，应当宣告无罪释放。

（一）从主体上来说，被告人黄某不是《刑法》第三百零五条规定的伪证罪的犯罪主体，控诉机关的指控是适用法律不当，是错误的

《刑法》第三百零五条规定的伪证罪的犯罪主体，法律明确规定是四种人，即证人、鉴定人、记录人、翻译人。即只有这四种人才会构成伪证罪，其他参与刑事诉讼的主体均不构成本罪。而本案控诉机关正是指控被告人黄某的行为，触犯了《刑法》第三百零五条规定，构成伪证罪。但是，黄某在莫某某涉嫌盗窃一案当中，其诉讼地位就是莫某某的辩护人，所以，假如构成犯罪，也只是构成《刑法》第三百零六条规定的辩护人妨害作证罪，不可能构成《刑法》第三百零五条规定的伪证罪。并且，从法律规定来说，《刑法》第三百零五条和第三百零六条规定伪证罪和辩护人妨害作证罪，就明确了各自的犯罪主体，也就是，辩护人在刑事诉讼当中，只能构成辩护人妨害作证罪，否则，就是无罪，而不可能构成其他罪名。如果他参与了伪造证据，就构成了辩护人妨害作证罪，如果他没有参与了伪造证据，就不构成犯罪；应当由相关证人来承担伪证罪的法律责任，对律师而言，就是证据失实的问题了，而不是构成伪证罪，所以，从法理上来说，在刑事诉讼当中，不存在辩护人与证人构成共同犯罪，共同构成伪证罪。故控诉机关的指控是适用法律不当，是错误的。

（二）从主观上来说，被告人黄某没有妨害作证的主观故意，控诉机关的指控是认定事实错误，是错误的

根据法律的规定，无论《刑法》第三百零六条规定的辩护人妨害作证罪，还是《刑法》第三百零五条规定的伪证罪，其主观要件，均是直接主观故意，不存在过失犯罪，也就是说，如果辩护人、诉讼代理人提供、出示、引用的证人证言或者其他证据失实，不是有意伪造的，不属于伪造证据，不构成犯罪，不以犯罪论处的。本案当中，被告人黄某没有妨害作证的直接主观故意。主要体现在两个方面：

1. 从认识因素来说，被告人黄某并不是明知为假而作假。

被告人黄某对于莫某某与相关证人在2006年8~12月是不是在广东打工这一事实，是没有能力认识到真假的，当事人也没有提供出差费用让律师到广东去调查核实，他只是听莫某某、莫某与相关证人说到，2006年8~12月莫某某与相关证人是在广东打工，而事实上也有莫某某与相关证人到广东打工的基础事实，只有时间长短的问题有出入，黄某没有到实地调查，就轻信了这一事实，并在相信了这一事实的基础上，让相关的证人出具证言，出庭作证。并不是明知2006年8~12月莫某某与相关证人不是在广东打工的前提下，再去伪造证据的。现在，控诉机关只有利害关系人的人所作的推卸法律责任的证词，是无法证实被告

人黄某明知为假，仍故意要证人作假。并且，从案件的材料来说，除了莫某某、莫某父子有利害关系人的陈述之外，没有任何证据说过黄某明知为假，仍故意要证人作假。

2. 从意志因素来说，被告人黄某并不具备作假的动机和现实可能性。

本案当中，黄某与莫某及莫某某一家人没有亲属关系；且莫家生活困难，律师事务所在本案一审也只收取了1000元的律师费，二审的律师费目前也无力交纳，双方也没有未来经济利益的约定，此所谓无利也；本案也只是一个很一般的刑事案件，并不是一个大案要案，律师即使辩护成功，也不能借此名声大噪，此所谓无名也。既然无亲无故，无名无利，律师何必冒风险去让证人作假，这不符合情理。并且，二审当中，在没有与证人进行沟通的前提下，黄某也通知证人出庭，以便能更好地让证人在法庭上作证，如果明知是假证，就没有必要让证人亲自出庭了，冒此风险了。所以说，黄某作假证的动机和现实可能性是不存在的。

（三）从客观上来说，被告人黄某没有实施妨害作证的犯罪行为

1. 控诉机关指控被告人黄某与莫某合谋作假，有共同的犯罪故意，这是认定事实错误。

本案当中，控诉机关指控被告人黄某与莫某合谋作假，但没有任何证据表明二人在何时、何地，如何商量作假的。并且，按照案件的事实，莫某某提出他与相关的证人到广东去打工，被告人黄某自然想到，也只能想到去找莫某某父亲了解是何人与莫某某共同去广东打工的相关情况了，这也正是律师履行职责，进行调查的表现。所以，不能因为根据被告人黄某去找过莫某，并让其了解是何人与莫某某共同去广东打工的相关情况，就认定二人合谋作假。现实当中，不排除这一种可能，是莫某找人作假，而证人愿意作假（事实上，证人禤某某与莫某某是邻居，证人张某某是莫某某的堂姨），且被告人黄某并不知情，而让相关证人出具证词了。并且，在法庭上，证人禤某某明确说莫某一人去找他的，律师并没有去找过他，也是莫某告诉他，打工的时间是"2006年8月到12月"，同时，也就不排除莫某事前与张某某说明打工的时间是"2006年8月到12月"，所以，如果有合谋，合谋的并不是被告人黄某。所以，被告人黄某并不构成犯罪。

2. 控诉机关指控被告人黄某二次拟稿行为，是作假行为，这是认定事实错误。

本案当中，被告人黄某确实给证人禤某某与张某某作过底稿，但是，证人禤某某与张某某向法庭提交的证人证词，并不是被告人黄某给证人禤某某与张某某所作过的底稿内容，被告人黄某给证人禤某某所作底稿，关于到广东打工的时间：2006年8～12月，原来是空白的，这个时间，也不是被告人黄某提出和确定的，关于证人禤某某的身份情况，原来也是空白的，因为黄某在2008年2月8日一审开庭之前没有见过证人禤某某，并不知道他的身份情况。所以，控诉机关

指控说照抄，也是错误的。被告人黄某给证人张某某所作底稿，是根据其问话内容形成的。从现实情况和司法实践来说，本案的证人文化程度较低，法律知识不高，他们不知道证人证词如何出具，叫律师先写一个提纲或是草稿，再根据草稿出具证词，也这是客观存在的，也没有违反法律规定，法律也是允许的，也是律师提供法律帮助和法律服务的表现，所以，不能因为根据被告人黄某给证人禤某某与张某某作过底稿，就认定是被告人黄某故意让证人出具假证；并且，从证词本身内容来说，也明确的提示了证人作证的法律义务和作假证的法律责任，本案的证人也都是正常的成年人了，他们可以对证词内容进行修改的，也可以拒绝作假证的，而他们如果明知是假证，仍然出具、仍然出席法庭作假，显然就与被告人黄某的行为无关了，应当由其自行承担作假证的法律责任。

3. 控诉机关指控被告人黄某指使证人禤某某与张某某出具证据和出庭作证，是作假行为，这是认定事实错误。

本案当中，证人禤某某与张某某出具证据和出庭作证的行为，被控诉机关指控是被告人黄某所指使的作假行为，我们认为这是对行为性质定性的错误。被告人黄某在并不知情的情况下，让证人禤某某与张某某出具证据和出庭作证的行为，恰恰是律师履行辩护职责，提供法律帮助和法律服务的表现。并且，事前，被告人黄某与证人禤某某与张某某并不谋面，何来指使之说。所以控诉机关的指控是认定事实错误。

4. 控诉机关指控证人禤某某在莫某某盗窃案一审出具的证据是虚假证明，这是认定事实错误。

本案当中，控诉机关在起诉书中提出，对于证人禤某某在莫某某盗窃案一审出具的证据是虚假证明，但是，根据一审判决，只是认定证人禤某某的证词没有佐证，不足以证实莫某某没有作案时间，并没有明确认定这份证词是虚假证明。所以，起诉认定事实错误。

二、控诉机关认定本案犯罪事实清楚，证据确实充分，这是错误的

从证据分析和运用及采信上来说，控诉机关指控被告人黄某构成伪证罪的事实，由于其赖以认定的证据没有同时具备证据的客观性、合法性和关联性三个属性，因而不能作为定案的依据。控诉机关指控被告人黄某构成伪证罪，是事实不清，证据不足。具体分析如下：

按照我国刑事法律和刑事诉讼法的有关理论和精神，以及《中华人民共和国刑事诉讼法》第四十二条的规定："证明案件真实情况的一切事实都是证据"，因而，一份有效的证据必须同时具备客观性，合法性和关联性，三者缺一不可。现结合刑事证据学的相关理论，对控诉机关指控被告人黄正红构成伪证罪的几个方面的证据进行具体分析，其表现在以下几个方面：

第二部分 刑事司法实务

1. 本案当中，控诉机关提供的同案被告人供述和证人证言由于没有具备证据的客观性因而不能具有证据的证明效能和证明力，因而不能认定被告人黄某构成伪证罪。

本案当中，控诉机关主要的、重要的据以定案的证据有同案被告人供述和证人证言，这些都是当事人因为与本案有利害关系，为了自己的利益而产生的，这些证据从侦查的角度来说，只能算是一种纯粹的证据线索，仅仅是一种线索，仅此而已，而从证据学的角度来说，它们并不是证据本身，因而也就不具备应有的证明效能和证明力。也就是说，不能证实被告人黄某构成伪证罪。现分析如下：

(1) 莫某、禤某某的供述和张某某的证词不足以采信。

莫某、禤某某的供述和张某某的证词不足以采信。理由有四点：一是三人当中，莫某是莫某某的父亲，张某某是莫某某的亲姨，禤某某是莫某某的邻居，三人本身及与莫某某有人身亲属上的利害关系，本能上也会为莫某某作假证。二是其二人是本案的同案被告人，与诉讼结果有利害关系，为了推卸责任，可能将责任强加于被告人黄某。三是莫某、禤某某和张某某三人之间本身就有利害关系，其证词天然对被告人黄某不利。四是禤某某的供述和张某某的证词在法庭上和公安机关相互矛盾。

(2) 莫某某的证词不足以采信。

莫某某的证词不足以采信，理由有两点。一是程序违法（下面另作论述）；二是莫某某在被告人黄某所作的四份笔录，特别在 2008 年 1 月 2 日的笔录当中，在被告人黄某没有了解相关的案情、阅读案卷和接触证人之前，莫某某就明确地说明其中 2006 年的两笔没有进行盗窃，当时，其本人在广东打工，没有作案时间，也就是说，不存在被告人黄某先入为主，为莫某某开脱，找人作假证的可能。

(3) 姚某、史某、梁某等其他人的证词不能证实被告人黄某所谓的实施伪证的行为。

本案当中，还有姚某、史某、梁某几个证人，他们的证词只是证实了被告人黄某与证人的接触过程，并不能直接证实被告人黄某实施所谓的伪证的行为。也就是说，不能证实被告人黄某是事前明知是假证，又如何"指使"证人作假证的。

2. 控诉机关所提供的证据由于没有具备证据的合法性，在来源和形式上不符合法律的规定，违反法定程序，因而不具有证据的证据能力，不能对本案的证明对象进行完整而全面的证明。理由与事实如下：

(1) 侦查机关在二审阶段对莫某某进行讯问不符合法律程序，其供述不能作为定案依据。

按照《中华人民共和国刑事诉讼法》第八十三条的规定，公安机关或者人民检察院发现犯罪事实或者犯罪嫌疑人，应当按照管辖范围，立案侦查。第一百二十九条规定，公安机关侦查终结的案件，应当做到犯罪事实清楚，证据确实、充分，并且写出起诉意见书，连同案卷材料、证据一并移送同级人民检察院审查决定。本案当中，莫某某盗窃案已在二审阶段，侦查已经终结，侦查机关在没有退回补充侦查的情况下，是不能对作为被告人的莫某某进行讯问的，否则，就是违反法定程序的，所取得的证据不能作为定案的依据；如果作为将莫某某的供述作为证人证词提供，作应当制作询问笔录，告知证人作证的法律责任，而不是讯问笔录，所以，这也是违反法定程序的，并且，从问话内容来说，基本上也是盗窃案的案件事实，也有大量诱供的痕迹的。所以，侦查机关在二审阶段对莫某某进行讯问不符合法律程序，用讯问笔录作为证人证词使用，也是违反法定程序，也不能作为定案依据。

(2) 本案的立案、侦查和起诉不符合法定程序。

根据《中华人民共和国刑事诉讼法》第三条规定，对刑事案件的侦查、拘留、执行逮捕、预审，由公安机关负责。检察、批准逮捕、检察机关直接受理的案件的侦查、提起公诉，由人民检察院负责。审判由人民法院负责。除法律特别规定的以外，其他任何机关、团体和个人都无权行使这些权力。人民法院、人民检察院和公安机关进行刑事诉讼，必须严格遵守本法和其他法律的有关规定。第七条规定，人民法院、人民检察院和公安机关进行刑事诉讼，应当分工负责，互相配合，互相制约，以保证准确有效地执行法律。本案当中，对于被告人黄某而言，是以涉嫌辩护人妨害作证罪，在侦查分段对其进行立案侦查的，直到侦查终结，移送审查起诉，公安机关都没有变化罪名。但是，到了起诉阶段，控诉机关却以伪证罪对被告人黄某进行起诉，也就是说，对于被告人黄某的伪证罪，没有经过公安机关的立案侦查，却直接用涉嫌辩护人妨害作证罪之名侦查的证据进行起诉了，这显然是违反法定程序的，以此侦查的证据当然不能作为被告人黄某涉嫌伪证罪一案的定案依据。

3. 控诉机关所提供的证据材料不具备证据的关联性，因而对本案案件事实没有证据力，没有达到犯罪事实清楚，证据确实充分的证明要求，因而也不能认定上诉人构成诈骗罪。

《中华人民共和国刑事诉讼法》第一百六十二条第一款规定："案件事实清楚，证据确实、充分，依据法律认定被告人有罪的，应当作出有罪判决。"这是我国刑事诉讼对犯罪事实的证明要求，也是作出有罪判决的具体标准，也就是证据的关联性和证明要求。本案当中，控诉机关向法庭出示了上述的证据材料，而它们在证据学理论中属于间接证据的范畴，在证据效力上它们只是机械地证明某一事实的部分而不能证明事实的整体。即有证人在本案中作伪证。而本案证人而对于本案控诉机关指控的关键事实和全部事实，即伪证是被告人黄某和莫某指使

第二部分　刑事司法实务

证人作出的虚假证明。对于这一整个过程和全部事实无法进行充分的、确实的证实。所以，本案现有的证据根本就不能形成一个完整的证明链条和证明体系，没有达到证据确凿、充分的刑事证明要求，不能证明被告人黄某构成伪证罪是犯罪事实清楚，证据确实、充分的，故不能对被告人黄某定罪量刑。

4. 莫某某的问话笔录证实了被告人黄某没有作伪证的犯意和事实。

在2008年1月2日黄某对莫某某的问话笔录当中，莫就已经明确提出2006年的两单盗窃不是他做的。这个时间之前，被告人黄某就没有就案情接触过莫某或是其他证人，也不能存在与莫某合谋，以作假证来为莫某某进行开脱。也更不可能让莫某某说在2006年6~12月在广东打工，从而，没有作案时间。所以说，莫某某的问话笔录证实了被告人黄某没有作伪证的犯意和事实。

所以，我们恳请人民法院根据以事实为依据、以法律为准绳的司法宗旨，对控辩双方所提供的全部证据，依法审查，公正采信。

三、本案被告人黄某辩护工作疏忽，不应当以犯罪论处

在刑事诉讼当中，辩护方与控诉方是对立统一关系，那就是尽管我们分别处在彼此对立的立场上，彼此观点不可避免地存在无法统一的分歧，但是，无论如何，我们所追求的刑法价值却是始终统一的，即是"三点一线"，也就是控诉方、辩护方、审判方，即检察院、辩护律师、法院这三个方面，在一切以事实为根据，以法律为准绳的前提下，在保证准确及时地查明犯罪事实，惩罚犯罪分子的同时，更应当注重罪罚相当，保障犯罪的人受到法律规定的相应的刑事追究。保障不犯罪的人不被追究法律规定的刑事责任。这也是殊途同归，共同维护法律的尊严和法律的正确实施。这也是刑事辩护的全部意义和核心价值所在。本案当中，被告人黄某在收取微薄的律师费之后，尽职尽责，为被告人调查收集罪轻的证据，也是其履行辩护职责的充分体现。而他因为辩护工作疏忽，没有到实地去调查复核，导致证据失实，这也是与故意伪造证据是有本质的区别的，不应当以犯罪论处。请法庭明辨是与非、罪与无罪。

综上所述，辩护人认为，控诉机关指控被告人黄某犯有妨害作证罪是认定事实错误、适用法律不当，证据不足、且违反法定程序。本案被告人黄某的行为并不符合妨害作证罪的犯罪构成，依法不构成犯罪，应当宣告无罪释放。

保护律师的权利，就是保护当事人的合法权利，对律师权利保护的越多、越好和越完善，就越能彰显一个社会和国家法律的文明和进步。本案的审判结果，将会对本市，乃至整个广西的刑事辩护工作产生重大而深远的影响，所以，同样作为一名律师，同样作为一名辩护人，在这庄严的法庭上，在这耀眼的国徽下，在这公正的天平下，我们满怀着崇敬法律尊严和期盼司法公正的心情，恳请人民法院详查明察，分清是非，及时处理，公正裁决，依法宣告被告人黄某无罪。以

维护被告人的合法权益，以体现法律的公正性和严肃性。

上述辩护意见，请法庭在评议本案时给予充分的考虑和采纳。

此致
×市×区人民法院

×× 律师事务所
律师×××
2008 年×月×日

实验项目六　判决书、裁定书的制作

一、法律原理概述

我国刑事案件的判决，是人民法院经过法庭审理，在查明案件事实的基础上，根据法律规定，就被告人是否犯罪、犯何种罪、应否处以刑罚和处以什么刑罚以及附带民事赔偿等的问题所作的一种权威性处理结论。从程序上说，它标志着案件审理的结束。从内容上说，它解决的是案件的实体问题，所以是实体裁判。

刑事判决根据其法律适用的结果可以分为有罪判决和无罪判决。有罪判决是人民法院通过对案件的审理，根据已经查明的事实、证据和有关的法律规定，确认被告人行为构成犯罪时所作出的判决。有罪判决又可分为科刑判决和免刑判决。科刑判决是确认被告人有罪，决定给予适当刑事处罚的判决。免刑判决是认定被告人行为构成了犯罪，但因犯罪情节轻微不需要判处刑罚或者有其他法定免刑情节而免除对被告人刑事处罚的判决。无罪判决是人民法院经过审判，对被告人的行为不应当被视为有罪时所作的认定和处理。无罪判决是人民法院通过对案件的审理，根据已经查明的案件事实和法律的规定，确认被告人的行为不构成犯罪的判决，或者因证据不足，被指控的罪名不能成立而判处无罪的判决。

判决是人民法院代表国家行使审判权的具体结果，是国家意志在具体案件中的体现，非依法定程序不能改变，具有极高的权威性、严肃性和稳定性。因此，判决书作为判决的法定表现形式，其制作是一项严肃、慎重的活动，必须严格按照规定的格式和要求制作。

第二部分 刑事司法实务

判决书是刑事诉讼中重要的法律文书，其制作的总体要求是：格式规范；事实叙述清楚、具体，层次清楚，重点突出；说理透彻，论证充分；结论明确，法律条文的引用正确、无误；逻辑结构严谨，无前后矛盾之处；行文通俗易懂，繁简得当，标点符号正确。根据《刑事诉讼法》第四十四条的规定，审判人员制作判决书时，必须忠实于事实真相。故意隐瞒事实真相的，应当追究责任。

根据最高人民法院审判委员会通过的《法院刑事诉讼文书样式》（样本）的规定，判决书的制作要求和内容包括：

1. 首部。首部包括：（1）人民法院名称、判决书类别、案号；（2）公诉机关的名称、公诉人的姓名、职务，如果是自诉案件，则应写明自诉人的情况；（3）被告人姓名、性别、年龄、民族、职业、籍贯、住址、是否在押；（4）辩护人、代理人的姓名、职业；（5）案件由来、开庭日期、审判形式、是否公开审理等。

2. 事实部分。事实是判决的基础，是判决理由和判决结果的根据。应先写明控方指控的基本内容，被告人、辩护人对指控的看法、态度，然后写明人民法院认定的事实。作有罪判决的，人民法院认定的事实应当详细写明犯罪的时间、地点、动机、目的、手段、行为过程、结果等有关情况；被告人犯数罪的，要写清各罪的犯罪事实和情节，共同犯罪案件中要写明各个被告人参与的犯罪情节，明确主从关系。叙述事实应以法庭审理中查证属实的证据为根据，层次要清楚，主次要分明。如果事实内容涉及国家机密的，应当注意防止泄密；涉及当事人隐私的，不能叙述有关隐私的具体情况和被害人的姓名。无罪判决的事实部分，可以和理由部分合并起来写。

3. 理由部分。理由是判决的灵魂，是将事实和判决结果有机联系在一起的纽带，是判决书说服力的基础。其核心内容是针对具体案件的特点，运用法律规定、犯罪构成和刑事诉讼理论，阐明控方的指控是否成立，被告人的行为是否构成犯罪，犯什么罪，情节轻重与否，依法应当如何处理。具体而言，有罪判决应当写明认定被告人犯有指控罪行的证据，叙明具体运用证据的理由，确定犯罪性质和罪名的法律依据，判处刑罚或者免除刑罚以及从重、加重、从轻、减轻处罚的理由和根据，这些理由和根据应当包括对辩护意见否定或者肯定的理由和根据。判决无罪的，应当写明判决无罪的具体理由或者有关的证据。

书写判决理由时应注意的是，一人犯数罪的，一般先定重罪，后定轻罪，共同犯罪案件应在分清各被告人在共同犯罪中的地位、作用和刑事责任的前提下，依次确定首要分子、主犯、从犯或者胁从犯、教唆犯的罪名。被告人具有从轻、减轻、免除处罚或从重处罚情节的，应当分别或者综合予以认定。

4. 判决结果部分。判决结果是依照有关法律的具体规定，对被告人作出的定性处理的结论。书写时应当字斟句酌、认真推敲，力求文字精练、表达清楚、准确无误。其中有罪判决应写明判处的罪名、刑种、刑期或者免除刑罚，数罪并罚的应分别写明各罪判处的刑罚和决定执行的刑罚；被告人已被羁押的，应写明刑期折抵情况和实际执行刑期的起止时间；缓刑的应写明缓刑考验期限；附带民事诉讼案件，应写明附带民事诉讼的处理情况；有赃款赃物的，应写明处理情况。无罪判决要写明认定被告人无罪以及所根据事实和法律依据，对证据不足，不能认定被告人有罪的应写明证据不足、指控的犯罪不能成立，并宣告无罪。

5. 结尾部分。这部分写明被告人享有上诉权利、上诉期限、上诉法院、上诉方式和途径；合议庭组成人员或独任审判员和书记员姓名；判决书制作、宣判日期；最后要加盖人民法院印章。

裁定是人民法院在审理案件或者判决执行过程中对有关诉讼程序和部分实体问题所作的一种处理。刑事裁定书的种类较多，按其性质的不同，可分为程序性裁定和实体性裁定。程序性裁定包括驳回起诉的裁定；撤销原判、发回重新审判的裁定；中止审理的裁定；是否恢复诉讼期限的裁定等。实体性裁定包括驳回上诉、抗诉维持原判的裁定；减刑、假释的裁定；核准死刑的裁定等。按审判程序的不同，裁定可分为第一审裁定、第二审裁定、死刑复核裁定和再审裁定。按照形式的不同，可分为口头裁定和书面裁定。

刑事裁定书与刑事判决书的格式基本相同，主要由首部、正文、尾部三部分组成。

二、实验目的

通过实验，使学生明确正确制作刑事裁判文书的重要性，掌握判决书、裁定书的格式、内容以及写作方法，并能够根据实际案例，熟练地制作判决书和裁定书。

三、实验要求

1. 指导老师要求学生复习《刑事诉讼法》以及最高人民法院关于规范人民法院判决书、裁定书的相关规定，掌握判决书、裁定书的格式、结构和制作方法。

2. 要求学生熟悉实验素材，做好实验准备。

3. 要求学生根据实验案例，分别扮演审判人员、公诉人、被告人、辩护人、证人等角色，模拟审判人员主持法庭审理活动。

4. 要求学生根据不同案件，制作不同的法律文书。

四、实验素材（案例）

案例一

被告人徐某，男，43岁，汉族，初中文化，农民。因本案于2002年11月1日被刑事拘留，同年11月15日被逮捕，现羁押于某县看守所。

辩护人李某，某律师事务所律师。

某省某市人民检察院以被告人徐某犯故意杀人罪，于2003年2月14日向某市人民法院提起公诉。某市人民法院依法组成合议庭，于同年3月4日对此案公开开庭进行了审理。某省某市人民检察院指派检察员黄某出庭支持公诉；被告人徐某及其辩护人李某，证人邱某、邓某、张某等到庭参加诉讼。

公诉机关指控，2002年10月29日晚9时许，徐某和妻子已上床睡觉，房内的电话响起，徐某起来接电话，但电话那头无响应，这样的电话接二连三来了几个。徐某便猜想又是本村的汪某打骚扰电话，便叫妻子不要接电话，自己则拿起铁棍出门去找汪某。在一个三岔路口找到正坐在杉木堆上看手机的汪某，便拿起铁棍往汪某的腿部打去，见汪某侧身想反抗，又用铁棍打其双手，却打在其头部。汪某侧卧在杉木堆上，徐某怕未打到，又用铁棍击打其后脑多下，见汪某不能动弹了，就疾步回家。

公诉机关向法庭提供、出示的证据有：

1. 证人赖某、骆某、宋某的证言、提取笔录。
2. 归案说明、现场勘查笔录、刑事摄影照片、法医学鉴定书。
3. 被告人徐某的供述。
4. 户籍证明。
5. 被害人汪某因盗窃，于1973年被判处有期徒刑3年的判决书及向村里保证今后不闹事的保证书。

被告人徐某辩解：被害人汪某欺负我多年，但不应打死汪某。我也没想到会打死被害人，很后悔。对我的处理，听从法院判决。

被告人徐某的辩护人提出以下辩护意见：

第一，对被告人徐某的行为应定性为故意伤害罪。

第二，被害人汪某生前对被告人徐某构成严重侵权，并且是引发本案的直接原因。汪某在当地，不但经常危害本村的百姓，尤其是妇女，还常常危害周围的村民。2002年，汪某多次用威胁手段强暴了徐某的妻子。徐某强忍屈辱，叫自己的妻子不要搭理汪某。汪某却威胁他们，还用石头砸烂他们的窗户，迫使徐某携妻带子避走他乡，时间长达 4 个多月。被害人汪某对本案的发生，负有不可推卸的责任。

第三，徐某的行为后果并不具有严重性。一百多户村民自发书写《请愿书》要求司法机关对徐某从轻处罚。请求法庭充分考虑广大村民的民意，对徐某予以从轻处罚，以实现法律效果与社会效果的高度统一。

被告人徐某的辩护人李某向法庭提供以下证据：

1. 徐某家窗户照片两张、证人林某的证言：汪某生前一贯表现很差，常调戏妇女，汪某亲口告诉我，他调戏过徐某的妻子。后来徐某的妻子不理汪某，汪某就把徐某家的窗户用石头砸坏了。

2. 证人邱某的证言：几年前，我不在家时，汪某对我妻子说些非礼的话。妻子就用水泼汪某，汪某就走了。

3. 证人邓某的证言：汪某在当地无恶不作，曾放火烧过汪某岳父的房子，药死过我家的鸡和猪，侵害过我的侄子和弟媳妇。还经常侵扰妇女，害得当地妇女上山砍柴等，至少要三人同行才敢出去。因受汪某的侵扰，徐某曾带自己的妻子和儿子远走他乡。

4. 证人张某的证言：汪某曾试图强奸我的妻子，后来又先后药死我家 6 头猪，害得我家无法在当地立足。

案例二

被告人赵某，男，28 岁，汉族，某省某市人。2000 年 8 月因犯盗窃罪被判处有期徒刑四年，2002 年 7 月被假释；2002 年 11 月又因犯盗窃罪被判处有期徒刑六个月，与前罪没有执行的刑罚并罚，决定执行有期徒刑二年，2004 年 3 月 12 日刑满释放。2005 年 3 月 8 日又因涉嫌盗窃被刑事拘留，同年 4 月 12 日被逮捕。

辩护人潘某，某律师事务所律师。

2005 年 1 月 27 日 15 时许，被告人赵某窜至某市北河区某艺术城 3 楼某店铺内，趁店主周某等人不备，从一抽屉内窃得价值人民币 35 万元的翡翠挂件一块后逃离现场。同年 3 月 7 日，赵某在某市某市场被群众抓获，其随身携带的赃物翡翠挂件被公安机关当场查获。

2005 年 8 月 16 日某市人民检察院以被告人赵某犯盗窃罪向某市中级人民法院提起公诉，某市中级人民法院依法组成合议庭，公开开庭对案件进行了审理，以被告人赵某犯盗窃罪，判处被告人赵某无期徒刑，剥夺政治权利终身，并处没收其个人全部财产。

赵某不服一审判决，向某省高级人民法院提出上诉。赵某上诉称，不同质的玉，照片看上去外观相似的很多；周某报案时称其翡翠是 2005 年 1 月 26 日才拿到，但为何1月22日就出现该翡翠鉴定书；某省珠宝玉石首饰鉴定中心于2005年3月22日鉴定的翡翠重量与原鉴定书中的翡翠重量不一致；一审判决书认定周某报案称翡翠四周镶白金，与鉴定书注明18K金不符；其被抓时从其身上掉下的翡翠不会产生裂缝。从其身上掉下的翡翠是其自己买来，并不是周某的，其因受到刑讯逼供才作有罪供述。原判认定事实不清，证据不足，要求改判无罪，或发回重审。

被告人赵某的二审辩护人提出，周某2005年1月27日报案称该翡翠其昨日才拿到，但为何1月22日就有鉴定，会不会是周某从公安机关领回翡翠后再去鉴定；该翡翠裂缝是天然还是人为形成，是失窃前还是失窃后形成不明；价值35万元不实；本案存在刑讯逼供。亦称一审判决认定的事实不清，证据不足，要求改判或发回重审。

检察机关认为，原判认定的事实清楚，证据确实、充分；被告人赵某提出的刑讯逼供问题已经某市北河区人民检察院有关部门调查，证据不足；赵某的上诉理由及其辩护人的辩护意见均不能成立。建议驳回上诉，维持原判。

原判认定被告人赵某盗窃事实的证据：
1. 失主周某的陈述。
2. 李某、王某、张某、钱某、季某、徐某、叶某等人的证言及辨认笔录。
3. 公安机关现场勘查笔录，监控录像光盘。
4. 宝石鉴定证书、检测证明及价格认证中心的估价证明等。
5. 赵某的供述。

五、实验角色分配和实验步骤

案例一
实验步骤1：学生分别扮演审判人员、公诉人、被害人、被告人、辩护人、证人，根据提供的实验案例，模拟本案法庭审理活动。
实验步骤2：根据本案材料及法庭审理情况，制作本案判决书。

案例二
学生根据下列条件，分别制作二审裁定书。
实验步骤1：如二审法院认为，原判认定的事实清楚，证据确实、充分，适用法律正确，应当驳回上诉，维持原判。学生据此制作一份刑事裁定书。
实验步骤2：如二审法院认为，原判认定的事实不清，证据不足，拟撤销原判，发回重审。学生据此制作一份刑事裁定书。

六、法律适用参考

案例一

《中华人民共和国刑法》第二百三十二条 故意杀人的,处死刑、无期徒刑或者10年以上有期徒刑;情节较轻的,处3年以上10年以下有期徒刑。

《中华人民共和国刑法》第五十五条第一款 剥夺政治权利的期限,除本法第五十七条规定外,为1年以上5年以下。

《中华人民共和国刑法》第五十六条第一款 对于危害国家安全的犯罪分子应当附加剥夺政治权利;对于故意杀人、强奸、放火、爆炸、投毒、抢劫等严重破坏社会秩序的犯罪分子,可以附加剥夺政治权利。

《中华人民共和国刑事诉讼法》第一百六十二条 在被告人最后陈述后,审判长宣布休庭,合议庭进行评议,根据已经查明的事实、证据和有关的法律规定,分别作出以下判决:

(一)案件事实清楚,证据确实、充分,依据法律认定被告人有罪的,应当作出有罪判决。

(二)依据法律认定被告人无罪的,应当作出无罪判决;

(三)证据不足,不能认定被告人有罪的,应当作出证据不足、指控的犯罪不能成立的无罪判决。

案例二

《中华人民共和国刑法》第二百六十四条 盗窃公私财物,数额较大或者多次盗窃的,处3年以下有期徒刑、拘役或者管制,并处或者单处罚金;数额巨大或者有其他严重情节的,处3年以上10年以下有期徒刑,并处罚金;数额特别巨大或者有其他特别严重情节的,处10年以上有期徒刑或者无期徒刑,并处罚金或者没收财产;有下列情形之一的,处无期徒刑或者死刑,并处没收财产:

(一)盗窃金融机构,数额特别巨大的;

(二)盗窃珍贵文物,情节严重的。

《中华人民共和国刑法》第五十七条第一款 对于被判处死刑、无期徒刑的犯罪分子,应当剥夺政治权利终身。

《中华人民共和国刑法》第六十五条第一款 被判处有期徒刑以上刑罚的犯罪分子,刑罚执行完毕或者赦免以后,在5年以内再犯应当判处有期徒刑以上刑罚之罪的,是累犯,应当从重处罚,但是过失犯罪除外。

《中华人民共和国刑事诉讼法》第一百八十九条　第二审人民法院对不服第一审判决的上诉、抗诉案件，经过审理后，应当按照下列情形分别处理：

（一）原判决认定事实和适用法律正确、量刑适当的，应当裁定驳回上诉或者抗诉，维持原判；

（二）原判决认定事实没有错误，但适用法律有错误，或者量刑不当的，应当改判；

（三）原判决事实不清楚或者证据不足的，可以在查清事实后改判；也可以裁定撤销原判，发回原审人民法院重新审判。

七、主要文书附件

江西省××市中级人民法院
刑事判决书

（2008）×中刑一初字第19号

公诉机关江西省××市人民检察院。

被告人危××，男，1974年7月22日出生于江西省××县，汉族，初中文化，农民，家住××××。1999年7月28日因犯销售赃物罪被××县人民法院判处拘役四个月；2000年8月7日因犯盗窃罪被××县人民法院判处有期徒刑4年6个月；2007年10月12日因犯贩卖毒品罪被××县人民法院判处有期徒刑15年，并处没收财产1万元。2007年10月30日伙同马××、刘××等7人从××县看守所越狱逃跑，2007年10月31日被抓获，现羁押在××县看守所。

指定辩护人蓝××，江西省××县法律援助中心律师。

被告人刘××，男，1986年3月26日出生于江西省×县，汉族，初中文化，农民，家住××××。2007年11月27日因犯盗窃罪被本院判处有期徒刑5年，并处罚金1万元。2007年10月30日伙同危××、马××等7人从××县看守所越狱逃跑，2007年10月31日被抓获，现羁押在××县看守所。

江西省××市人民检察院指控，2007年6月30日，被告人危××因涉嫌犯贩卖毒品罪被羁押在××县看守所九号监室。被告人危××意识到自己可能被判重刑，遂产生越狱脱逃的念头。2007年10月17日，危××与同监室的马××、张××、刘××商议，并提出捆绑看守民警抢得钥匙开门脱逃，3人均表示同意。后危××将该方法告知同监室其他在押人犯，并对越狱逃跑进行了计划和分工。2007年10月29日晚，按计划同监室李×装病将看守所民警刘×湖和外劳人员赖××引进九号监室，被告人危××锁住赖××喉咙放倒在地，被告人刘××伙同刘×用胶带将赖××嘴巴封住，并用绳子将其手脚捆绑，同监室其余5人用同样的方式控制住刘×湖，危××用钥匙打开监区大门，九号监室的8名在押人犯翻墙从××县看守所脱逃。经法医鉴定，刘×湖的损伤程度为轻伤乙级。公诉机关认为应以暴动越狱罪追究被告人危××、刘××的刑事责任，并提供了相关证据。

被告人危××、刘××对起诉书指控的犯罪事实及罪名均无异议。

被告人危××的辩护人提出，被告人危××能如实交待其犯罪事实，认罪态度较好，请求酌情予以从轻处罚。

经审理查明，2007年6月30日，被告人危××因涉嫌犯贩卖毒品罪被羁押在××县看守所九号监室。同年10月8日，危××贩卖毒品案由××县人民法院开庭审理，此时被告人危××意识到自己可能被判重刑，遂产生越狱脱逃的念头。2007年10月17日，危××接到法院判处其有期徒刑15年的判决书后，情绪更加不稳定，并找到同监室的马××（另案处理）商议越狱脱逃一事，马××亦表示同意，又找到张××（另案处理）和因盗窃罪被判刑而羁押在九号监室的被告人刘××进行商议。危××首先提出扭开二楼巡逻岗亭的天窗钢筋逃出去，后演示失败，又提出捆绑看守民警抢得钥匙开门逃出去，3人均表示同意。随后危××将该方法一一告知九号监室的其他在押人犯，并对越狱逃跑进行了周密的计划和分工，对犯罪工具、捆绑对象、脱逃时机和逃跑路线进行了精心准备和选择。

2007年10月29日晚，按照事先制定的脱逃计划，九号监室故意不完成生产任务，当日晚23时30分许收监时，该监室被安排加班。加班至次日1时30分许，看守所民警刘×湖和外劳人员赖××到九号监室收监，同监室李×（另案处理）装病将刘×湖和赖××引进九号监室，被告人危××锁住赖××喉咙并将其放倒在地，被告人刘××伙同刘×（另案处理）用事先准备好的胶带将赖××嘴巴封住，并用绳子将其手脚捆绑，监室的其余5人用同样的方式控制住刘×湖，随后马××从刘×湖身上抢走钥匙，由危××打开监区大门，九号监室的8名在押人犯集体翻围墙从××县看守所脱逃。经法医鉴定，刘×湖的损伤程度为轻伤乙级。

2007年10月31日下午3时许，被告人危××在××县××镇丰溪村寨背组附近的河边被抓获归案；同日下午，被告人刘××在××县××乡廖溪桥头草丛中被抓获归案。

认定上述事实的证据有：

1. 证人证言。

（1）同案人马××、张××、万×、李×、刘×、杨××6人分别供述的暴动越狱过程与被告人危××、刘××供述基本一致。

（2）证人高××证言，证明危××在逃跑前约一个星期的一天到他所在的一号监室窗前,向他借透明胶带。他把监室做花用剩下的胶带给了危××。

(3) 证人刘×湖证言,证明10月29日晚,他上班时,九号监室的8名人犯把他打伤后越狱逃跑的经过。8人中他只认识危××、马××、张××和一个20多岁姓李的年轻人。后他马上叫武警拉警报,并拨打110报警。

(4) 证人赖××证言,证明被告人危××、刘××等8人越狱逃跑的过程。

(5) 证人陈××、钟××证言,证明2007年10月30日凌晨,××县看守所在押人犯危××、刘××等8人采用暴力手段集体越狱,以及当日值班民警刘×湖受伤住院的事实。

(6) 证人胡××证言,证明被告人危××提出、策划暴动越狱、被告人刘××参与商量暴动越狱的事实。

(7) 证人王××证言,证明2007年10月31日7时50分许,被告人刘××从××县看守所脱逃后,搭乘其出租摩托车的过程。

(8) 证人陈××证言,证明2007年10月31日7时许,被告人刘××从××县看守所脱逃后,到其店中买烟的过程。

(9) 证人马××证言,证明:2007年10月30日晚时30分许,被告人危××从××县看守所脱逃后,到其店中买香烟、饮料、食物的过程。

2. 刘×湖伤情法医学鉴定,证明刘×湖的损伤程度为轻伤乙级。

3. 书证、物证。

(1) 提取笔录,证明:提取被告人危××、刘××等8人暴动越狱时用于捆绑刘×湖和赖××的工具以及钥匙一串;××县公安局刑警大队在××县××镇丰溪村寨背组陈××家中提取方便面等物品,与被告人危××逃跑过程中所购的物品基本一致。

(2) 发还凭证,证明被告人危××、刘××等8人暴动越狱时从民警刘×湖身上抢走的钥匙的特征。

(3) 扣押物品清单,证明公安机关在抓获被告人危××、刘××时从两人身上扣押的物品。

(4) 刑事摄影照片及现场勘查笔录,证明被告人危××、刘××等8人暴动越狱的现场概貌、作案工具,以及被告人危××被抓获时的穿着和所携带的物品。

经当庭出示胶带纸、人民币钥匙照片和方便面以及刑事摄影照片,经被告人危××、刘××辨认无误。

(5) 被告人危××、刘××归案情况说明,证明被告人危××、刘××越狱脱逃后被抓获的经过。

(6) 辨认笔录,经证人王××辨认,证明当日7时50分许搭乘其摩托车的两人是被告人刘××和万×。

(7) ××县人民法院刑事判决书，证明被告人危××具有累犯情节，且被告人危××、刘××均系判决宣告后、刑罚执行完毕前犯罪。

(8) ××县人民法院宣判笔录。

①危××的宣判笔录送达回证，证明其犯贩毒罪判处有期徒刑15年的宣告时间是2007年10月17日。

②××县人民法院的讯问笔录，证明2007年10月29日，危××表示不上诉。一审判决已生效。

③送达执行通知书，证明2007年10月29日，××县人民法院向罪犯危××和××县看守所分别送达执行通知书的事实。

④本院2007年11月27日作出（2007）×中刑二终字第××号刑事裁定书，证明被告人刘××犯盗窃罪，判处期徒刑5年，并处罚金1万元。

(9) 被告人危××、刘××户籍证明，证明被告人危××、刘××出生时间等身份情况。

(10) 刑事案件接受案件登记表，证明报案情况。

4. 被告人供述。

(1) 被告人危××供述，他是2007年10月30日凌晨1时30分左右从××看守所越狱脱逃的，和他一起越狱的还有同监室7个人即张××、刘××、李×、刘×、马××、万×和一个姓杨的。2007年6月，他因涉嫌贩毒被关在××县看守所的，意识到这次比较麻烦，便产生了越狱逃跑的念头。他与马××等人商议，他说如果可以抢到干部的钥匙就可以逃走，马××说在××埠头抢东西时绑过人，还说卡住脖子后绑人很好绑，绑住了干部就可以拿到钥匙逃出去。他对号子里的人进行分工，10月29日他们故意不完成生产任务，由李×将刘×湖和赖××引进九号放风间，马××去勒住刘×湖的脖子，张××、万×、李×、姓杨冲上去把刘×湖捆起来，并且用透明胶带缠住了他的口。与此同时，他用手揽住赖××的脖子，刘××和刘×上来帮忙捂嘴，把赖××放倒在地上，他按住赖××，刘××和刘×捆手脚，用胶带绕过后脑缠住赖××的嘴巴。后万×把钥匙交给他（马××搜到的），他用钥匙连续打开了两道铁门，他们爬上猪栏翻过围墙逃出了看守所。越狱逃跑这件事以他、马××和张××为主，是他们三人牵头，最先是他提出要逃跑，马××说他会绑人，张××积极参与商量。

(2) 被告人刘××的供述，危××开庭回来对大家说，要扭开九号监室二楼巡岗的窗户钢筋逃出去。后危××收到判决书，被判了有期徒刑15年，危××把马××、张××和他叫到九号监室的放风间，危××再次提出要逃。他和危××、马××、张××四个人商量如何逃跑，马××提出将值班民警绑起来，搜到钥匙开门逃跑，他们3个人都赞成。10月29日晚上，危××和马××把监室的人逐个叫到放风间，告知逃跑的事，并分好工。晚上收监时，李×装头痛将值班民警和外劳赖××引进监室的放风间，危××箍住外劳人员赖××的脖子，刘×和他用绳子和胶带捆住赖××的手脚，封住他的嘴巴，马××箍住值班干部的脖子，李×、万×、张××和杨××就帮助蒙值班民警的嘴巴，并捆住手脚。马××从刘×湖身上搜出钥匙，将钥匙交给危××，危××用钥匙将看守所大门打开，他们经过菜园从猪栏上翻墙逃出了看守所。在暴动越狱过程中，他参与了商量，和危××、马××、张××一起商量、策划的，以危××和马××为首。

　　以上证据经庭审质证，其来源合法有效，且能相互印证，本院予以确认。

　　本院认为，被告人危××、刘××在被羁押期间，伙同他人有组织、有预谋、有计划地使用暴力共同逃离羁押场所，其行为均构成暴动越狱罪。公诉机关指控的罪名成立。在暴动越狱共同犯罪中，被告人危××为首要分子，被告人刘××为主犯。被告人危××曾因犯罪被判处有期徒刑，在刑罚执行完毕后5年内再犯应当判处有期徒刑以上刑罚之罪，是累犯，依法应从重处罚。被告人危××、刘××因前罪判决宣告后，刑罚执行完毕前又犯本罪，应二罪并罚。被告人危××、刘××归案后，能如实供述其犯罪事实，认罪态度较好，可酌情从轻处罚。依照《中华人民共和国刑法》第三百一十七第2款，第六十五条第1款，第六十九，第七十一条，第五十七条第1款，第二十五条第1款，第二十六条第1、3、4款之规定，判决如下：

　　1. 被告人危××犯暴动越狱罪，判处无期徒刑，剥夺政治权利终身，合并尚未执行完毕的刑罚14年零8个月，没收个人财产1万元。决定执行无期徒刑，剥夺政治权利终身，没收个人财产1万元。

　　2. 被告人刘××犯暴动越狱罪，判处有期徒刑11年，合并尚未执行完毕的刑罚4年零6个月零20天，罚金1万元。决定执行有期徒刑14年，并处罚金1万元。

　　（刑期从判决执行之日起计算。判决执行以前先行羁押的，羁押一日折抵刑期一日，即自2007年10月31日起至2021年10月30日止）

　　如不服本判决，可在接到判决书的第二日起10日内，通过本院或者直接向江西省高级人民法院提出上诉。书面上诉的，应提交上诉状正本一份、副本二份。

审判长　×××
审判员　×××
代理审判员　×××
2008年5月13日

本件与原件核对无异

书记员　××

广东省××市中级人民法院
刑事裁定书

(2008)×中法刑二终字第44号

原公诉机关××市××区人民检察院。

上诉人（原审被告人）覃××，男，1983年12月10日出生，土家族，湖南省××县人，高中文化程度，务工，住××××××。因本案于2007年10月14日被拘留，同年11月15日被逮捕，现关押于××市看守所。

原审被告人蔡××，男，1983年9月14日出生，土家族，湖南省××县人，小学文化程度，住××××××。因本案于2007年11月10日被拘留，同年11月15日被逮捕，现关押于××市看守所。

××市××人民法院审理××市××区人民检察院指控原审被告人蔡××、覃××犯抢劫罪一案，于2008年2月29日作出（2008）×刑初字第82号刑事判决。原审被告人覃××不服，提出上诉。本院依法组成合议庭，通过阅卷及审查上诉材料，认为本案事实清楚，决定以不开庭的方式审理。现已审理终结。

原判认定，2007年10月8日凌晨约2时，被告人蔡××以被害人雷×发短信骂他为由，纠集被告人覃××及王××、张××（均在逃）把雷×押到一旅店房间，对雷×进行殴打、威胁，雷×害怕只好说拿钱给他们，四人遂拿雷的银行卡取走人民币3400元，二被告人各分得赃款700元。

原判认为被告人蔡××、覃××的行为构成抢劫罪，依照《中华人民共和国刑法》第二百六十三条的规定，判决：（1）被告人蔡××犯抢劫罪，判处有期徒刑6年，并处罚金3000元。（2）被告人覃××犯抢劫罪，判处有期徒刑6年，并处罚金3000元。

上诉人覃××上诉称：（1）他主观上没有侵犯受害人财产的故意，是雷×主动提出给钱的，他所得的570元并非赃款，是蔡××还他的借款。他在案件中是从犯，请求从轻或减轻处罚。（2）他是2007年10月14日被拘留的，判决书的刑罚却从2007年11月10日起算。

经审理查明：2007年10月8日凌晨约2时，原审被告人蔡××以雷×（女，18岁）发短信骂他为由，纠集上诉人覃××及王××、张××（均在逃）到××区星语网吧找到雷×，说雷×的朋友"湖晓"叫她一起去玩，将雷×带上一辆出租车。雷×上车后发现被骗即叫下车，上诉人覃××卡住雷的脖子，威胁其别乱叫乱动。后4人将雷×押到××市××区一旅店房内，上诉人覃××打了两下雷×的脸，张××拿菜刀威胁要砍她，向她要钱，雷×害怕只好答应拿钱给他

第二部分 刑事司法实务

们。尔后4人将雷×押回其住处，拿到雷的银行卡到大桥南路中国工商银行自动柜员机取走人民币3400元，覃××分得赃款570元。

以上事实有下列经原审庭审举证、质证的证据予以证实：

1. 被害人雷×的陈述。证实2007年10月8日凌晨约2时，她被四个男青年骗上的士，其中一个叫"双林子"。他们抢去她的手机，并打她的脸、卡她的脖子、拿出菜刀威胁她。他们把她押到××区一旅店房中，说她太"串"，继续威胁她并向她要钱。她答应后，4人坐的士押她回其租住屋拿银行卡，在大桥路工行柜员机取了3400元后将卡给回她。

2. 上诉人覃××的供述。供认2007年10月8日凌晨2时许，他的老乡"双林子"打电话给他说一个叫小艳的女网友在网上聊天时说话很嚣张，约他和另两个男的把小艳骗上出租车，小艳用脚乱踢，他就用手去卡她的脖子。后来他们把小艳带到旅店房间里，小艳与他们吵起来，一个带刀的老乡说要砍她，他也打了小艳两个耳光，小艳就不敢吭声了，后来小艳说给他们钱并带他们去她住的地方拿银行卡。拿卡后，"双林子"和另一个人在车上看小艳，带刀的老乡去柜员机取了3400元钱，他则在柜员机边上看，后来动手取钱的老乡分了570元钱给他。

3. 原审被告人蔡××的供述。供认因小艳发短信骂他，他和覃××、王××、张××于2007年10月8日凌晨把小艳骗上出租车，她在车上大叫，覃长志打了她两拳。他们把小艳带到一旅店房内，张××拿一把菜刀放在桌上吓她，覃××打了她脸部，小艳提出给钱给他们，他们又带小艳去拿卡并由张××和覃××下车去柜员机取了3400元钱，他给了覃××570元钱。小艳的手机在张××手里，后在路上被他扔了。

4. 现场勘查笔录、现场图、现场照片。证实案发现场的概貌。

5. 抓获经过。证实原审被告人蔡××在韶关市××县"英联网吧"被公安机关抓获，上诉人覃××在××市××区长塘路被公安人员抓获。

6. 辨认笔录。上诉人覃××辨认出同案人蔡××是与其一起抢劫雷×的人。

7. 身份证明两份。证实原审被告人蔡××是湖南省××市××县××乡人，1983年9月14日出生，土家族；上诉人覃长志是湖南省××县××镇人，1983年12月10日出生，土家族。

本院认为，上诉人覃××、原审被告人蔡××以非法占有为目的，结伙抢劫他人财物，其行为构成抢劫罪。上诉人覃××上诉所提其主观上不是故意犯罪，是被害人雷×主动提出给钱的，且其分得的570元也不是赃款，本院认为，上诉人覃××及同案犯劫持雷×后，对雷实施暴力及暴力威胁，以非法占有为目的，押着雷去她的住处拿银行卡及取钱，其行为符合抢劫罪的特征，构成抢劫罪，其分得570元赃款则有其在公安机关的供述及同案人蔡××的供述证实。上诉人覃××还上诉提出其属从犯，本院认为，覃××虽是被蔡××纠集参与本案，但覃在犯罪过程中积极参与实施，对被害人雷×施以暴力、伙同同案人押着被害人去取钱并分赃，其在共同犯罪中的地位作用和同案人相当，并非从犯，上诉人这一上诉理由不成立，本院不予采纳。另，上诉人覃××提出其是2007年10月14日被拘留的，其刑期应从这个时间起算，经查属实，本院予以采纳，上诉人覃××的刑期起止应纠正为"从2007年10月14日起至2013年10月13日止"。原审判决认定事实和适用法律正确，量刑适当，审判程序合法。依照《中华人民共和国刑事诉讼法》第一百八十九条第1项的规定，裁定如下：

驳回上诉，维持原判。

本裁定为终审裁定。

审判长　邓××
审判员　曾××
代理审判员　徐××
2008年5月27日

本件与原件核对无异

书记员　黄××

实验五 简易程序

实验项目一 简易程序的提起

一、法律原理概述

简易程序,是指基层人民法院审理某些事实清楚、情节简单、犯罪轻微的刑事案件所适用的比普通程序相对简化的审判程序。简易程序可以实现刑事案件的繁简分流,同时也能减轻诉讼当事人的诉讼负担。

根据《刑事诉讼法》第一百七十四条的规定,可以适用简易程序,由审判员1人独任审判的案件包括:

1. 对依法可能判处3年以下有期徒刑、拘役、管制、单处罚金的公诉案件,事实清楚、证据充分,人民检察院建议或者同意适用简易程序的案件。

2. 告诉才处理的案件。包括:侮辱、诽谤案(严重危害社会秩序和国家利益的除外);暴力干涉婚姻自由案;虐待案;侵占案。

3. 被害人起诉的有证据证明的轻微刑事案件。包括故意伤害(轻伤)案;非法侵入住宅案;侵犯通信自由案;重婚案;遗弃案;生产、销售伪劣商品案;侵犯知识产权案;以及属于刑法分则第4、5章规定的,对被告人可能判处3年有期徒刑以下刑罚的案件。

应当注意的是,对于《刑事诉讼法》第一百七十条第3项规定的案件,即被害人有证据证明对被告人侵犯自己人身、财产权利的行为应当依法追究刑事责任,而公安机关或者人民检察院不予追究被告人刑事责任的案件,不得适用简易程序。

根据《刑事诉讼法》的规定,基层人民法院受理的公诉案件,人民检察院在起诉时书面建议适用简易程序的,应当随案移送全案卷宗和证据材料。人民法院经审查认为被告人可能判处3年以下有期徒刑、拘役、管制、单处罚金或者免予刑事处分，而且事实清楚、证据充分的，可以适用简易程序。认为依法不应当适用简易程序的，应当书面通知人民检察院，并将全案卷宗和证据材料退回人民检察院。

人民检察院在审查起诉中，对于依法可能判处 3 年以下有期徒刑、拘役、管制、单处罚金的公诉案件，事实清楚、证据充分，被告人及辩护人对所指控的基本犯罪事实没有异议，经检察长决定，适用简易程序的，应当向人民法院提出建议。人民检察院建议适用简易程序的，应当制作《适用简易程序建议书》，在提起公诉时，连同全案卷宗、证据材料、起诉书一并移送人民法院。人民法院在征得被告人、辩护人同意后决定适用简易程序的，应当制作《适用简易程序决定书》，在开庭前送达人民检察院、被告人及辩护人。人民法院认为依法不应当适用简易程序的，应当书面通知人民检察院，并将全案卷宗和证据材料退回人民检察院。

对于人民检察院没有建议适用简易程序的公诉案件，人民法院经审查认为可以适用简易程序审理的，应当征求人民检察院与被告人、辩护人的意见。人民法院认为案件需要适用简易程序，向人民检察院提出书面建议的，人民检察院应当在 10 日内答复是否同意；人民检察院同意并移送全案卷宗和证据材料后，适用简易程序审理。人民法院决定适用简易程序的，应当制作《适用简易程序决定书》，在开庭前送达人民检察院、被告人及辩护人。自诉案件，应当审查是否有明确的被告人，是否事实清楚、证据充分；是否属于告诉才处理的案件或者被害人有证据证明的轻微刑事案件。凡审查符合条件的，决定适用简易程序。

人民法院在审查案件时，发现属于下列情形之一的不应当适用简易程序：公诉案件的被告人对于起诉指控的犯罪事实予以否认的；比较复杂的共同犯罪案件；被告人是盲、聋、哑人的；辩护人作无罪辩护的；其他不宜适用简易程序的。

二、实验目的

通过实验，使学生正确认识简易程序的意义，把握适用简易程序的案件范围，掌握简易程序的提起条件和审查后的处理。

三、实验要求

1. 指导老师向学生讲解《刑事诉讼法》以及最高人民法院《解释》中关于简易程序的相关规定，要求学生掌握适用简易程序的案件范围及提起条件。

2. 要求学生熟悉实验素材，做好实验准备。
3. 要求学生根据实验案例，分别扮演审判人员、公诉人，模拟审判人员审查案件的活动。

四、实验素材（案例）

被告人朱某，男，19岁，汉族，某省某县人。因涉嫌犯盗窃罪于2006年6月9日被某市公安局某分局刑事拘留，同年6月20日被逮捕，同年7月31日变更为取保候审。

被告人朱某于2006年4月19日上午7时许，在某市某区某饭馆员工宿舍内，趁其他同事熟睡之机，盗窃同事车某摩托罗拉牌V3型手机1部、Medeson牌MP099CMP4 1部，盗窃王某黑色摩托罗拉牌V3型手机1部，物品共计价值人民币1930元。被告人朱某于案发当天由被害人车某、王某扭送至某市公安局某分局新街派出所。上述物品已起获并发还被害人。

本案相关证据：
1. 被告人朱某的供述。
2. 某市公安局某分局新街派出所出具的到案经过、工作说明、扣押及发还物品清单。
3. 某市某区涉案财产价格鉴定结论书。
4. 被害人车某、王某的陈述。
5. 被告人朱某的身份证明材料。

某市某区人民检察院经审查起诉，以被告人朱某犯交通肇事罪，于2006年8月24日向某市某区人民法院提起公诉。

五、实验角色分配和实验步骤

学生根据实验案例，分别扮演审判人员、公诉人，模拟审判人员审查案件的活动。

实验步骤1：如果人民检察院在提起公诉时，建议人民法院适用简易程序，据此，由学生模拟人民法院的审查活动。

实验步骤2：如果人民检察院在提起公诉时，没有建议人民法院适用简易程序，而人民法院经审查认为可以适用简易程序审理的，据此，由学生模拟人民法院的处理活动。

六、法律适用参考

《中华人民共和国刑法》第二百六十四条　盗窃公私财物，数额较大或者多次盗窃的，处3年以下有期徒刑、拘役或者管制，并处或者单处罚金；数额巨大或者有其他严重情节的，处3年以上10年以下有期徒刑，并处罚金；数额特别巨大或者有其他特别严重情节的，处10年以上有期徒刑或者无期徒刑，并处罚金或者没收财产；有下列情形之一的，处无期徒刑或者死刑，并处没收财产：

（一）盗窃金融机构，数额特别巨大的；

（二）盗窃珍贵文物，情节严重的。

《中华人民共和国刑法》第五十二条　判处罚金，应当根据犯罪情节决定罚金数额。

《中华人民共和国刑法》第五十三条　罚金在判决指定的期限内一次或者分期缴纳。期满不缴纳的，强制缴纳。对于不能全部缴纳罚金的，人民法院在任何时候发现被执行人有可以执行的财产，应当随时追缴。如果由于遭遇不能抗拒的灾祸缴纳确实有困难的，可以酌情减少或者免除。

《中华人民共和国刑事诉讼法》第一百七十四条　人民法院对于下列案件，可以适用简易程序，由审判员一人独任审判：

（一）对依法可能判处3年以下有期徒刑、拘役、管制、单处罚金的公诉案件，事实清楚、证据充分，人民检察院建议或者同意适用简易程序的；

（二）告诉才处理的案件；

（三）被害人起诉的有证据证明的轻微刑事案件。

实验项目二　简易审判程序

一、法律原理概述

适用简易程序审理的案件，人民法院应当在开庭前将开庭的时间、地点分别通知人民检察院、自诉人、被告人、辩护人及其他诉讼参与人。通知可以用简便方式，但应当记录在卷。

适用简易程序审理公诉案件，除人民检察院监督公安机关立案侦查的案件，以及其他人民检察院认为有必要派员出庭的案件外，人民检察院可以不派员出庭。

适用简易程序审理的案件，独任审判员宣布开庭，传被告人到庭后，应当查明被告人的基本情况，然后依次宣布案由、独任审判员、书记员、公诉人、被害人、辩护人、诉讼代理人、鉴定人和翻译人员的名单，并告知各项诉讼权利。独任审判员应当讯问被告人对起诉书的意见，是否自愿认罪，并告知有关法律规定及可能导致的法律后果；被告人及其辩护人可以就起诉书指控的犯罪进行辩护。被告人有最后陈述的权利。

被告人自愿认罪，并对起诉书所指控的犯罪事实无异议的，法庭可以直接作出有罪判决；对自愿认罪的被告人，酌情予以从轻处罚。对于适用简易程序审理的公诉案件，人民法院一般当庭宣判并在5日内将判决书送达被告人和提起公诉的人民检察院。

适用简易程序审理的自诉案件，自诉人宣读起诉书后，被告人可以就起诉书指控的犯罪事实进行陈述，并自行辩护。自诉人应当出示主要证据。被告人有证据出示的，审判员应当准许。经审判员准许，被告人及其辩护人可以同自诉人及其诉讼代理人进行辩论。适用简易程序审理的案件，将普通程序中的许多程序予以简化，但仍然应当保障被告人最后陈述的权利。被告人可以就起诉书所指控的犯罪事实、性质和情节、所适用的法律以及对法庭的请求等进行陈述。被告人作最后陈述后，人民法院一般应当当庭宣判。

适用简易程序审理的案件，在法庭审理过程中，发现以下不适用简易程序情形的，人民法院应当决定中止审理，并按照公诉案件或者自诉案件的第一审普通程序重新审理：公诉案件被告人的行为不构成犯罪的；公诉案件被告人应当判处3年以上有期徒刑刑罚的；公诉案件被告人当庭翻供，对于起诉指控的犯罪事实予以否认的；事实不清或者证据不足的；其他依法不应当或者不宜适用简易程序的。

人民检察院未派员出庭的，人民法院应当将上述决定书面通知人民检察院。

二、实验目的

通过实验，使学生熟悉适用简易程序案件的审判程序，准确把握简易审判程序与普通审判程序的不同，并能够正确地制作判决书。

三、实验要求

1. 指导老师向学生讲解《刑事诉讼法》以及最高人民法院《解释》中关于简易审判程序的相关规定，要求学生掌握其具体程序。

2. 要求学生熟悉实验素材，做好实验准备。

3. 要求学生根据实验案例，分别扮演审判人员、公诉人、被告人、附带民事诉讼原告人、证人、辩护人、代理人，模拟法庭审判活动。

四、实验素材（案例）

被告人周某，男，30岁，汉族，某省某市人，初中文化，经商。因本案于2006年9月1日被某市公安局某某分局刑事拘留，同年10月1日被逮捕。

辩护人胡某，某律师事务所律师。

被告人赵某，男，37岁，汉族，某省某市人，小学文化，泥水工。因本案于2007年9月1日被某市公安局某某分局刑事拘留，同年10月1日被逮捕。

辩护人徐某，某某律师事务所律师。

2006年8月31日10时许，被告人周某、赵某因怀疑某区松江街道罗西村干部丁某某、胡某某举报村里第一小队租地给外地人非法建造民工学校，致使学校被依法拆除而怀恨在心，于是伙同第一小队的云某、郑某、邓某（均另案处理）等人携带铁棒、榔头等工具先后到丁某某、胡某某家，将丁某某家的房屋门窗、车库的电动门、玻璃、墙壁、厕所木板门和胡某某家的玻璃、轿车等物砸坏。经鉴定，被损坏物品价值人民币2336元。

某市某某区人民检察院以被告人周某、赵某犯故意毁坏财物罪，于2006年12月29日向某市某某区人民法院提起公诉。某市某某区人民法院依法适用简易程序，实行独任审判，公开开庭审理了本案。被告人周某、赵某及其辩护人到庭参加诉讼。

控方的证据有：

1. 被害人丁某某、胡某某的陈述。
2. 证人丁某保、丁某定、周某花的证言。
3. 现场勘验检查笔录及图片。
4. 价格鉴定结论书。
5. 身份情况。
6. 抓获经过。

被告人周某的辩护人胡某、被告人赵某的辩护人徐某均提出以下辩护意见：

1. 被告人周某、赵某系初犯，且归案后认罪态度较好，有悔罪表现，可从轻处罚。
2. 可对被告人周某、赵某适用缓刑。

五、实验角色分配和实验步骤

学生根据实验案例，分别扮演审判人员、公诉人、被告人、证人、辩护人，模拟审判法庭活动。

实验步骤1：独任审判员宣布开庭，传被告人到庭，查明被告人的基本情况，依次宣布案由、独任审判员、书记员、公诉人、被害人、辩护人、诉讼代理人、鉴定人和翻译人员的名单，并告知各项诉讼权利。

实验步骤2：独任审判员讯问被告人对起诉书的意见，是否自愿认罪，并告知有关法律规定及可能导致的法律后果。

实验步骤3：被告人及其辩护人就起诉书指控的犯罪进行辩护。

实验步骤4：公诉人不出庭的，审判员出示、宣读主要证据听取被告人意见。

实验步骤5：公诉人出庭的，公诉人出示、宣读主要证据。

实验步骤6：被告人及其辩护人与公诉人进行辩论。

实验步骤7：被告人最后陈述。

实验步骤8：法庭宣判。

六、法律适用参考

《中华人民共和国刑法》第二百七十五条　故意毁坏公私财物，数额较大或者有其他严重情节的，处3年以下有期徒刑、拘役或者罚金；数额巨大或者有其他特别严重情节的，处3年以上7年以下有期徒刑。

《中华人民共和国刑法》第二十五条第一款　共同犯罪是指二人以上共同故意犯罪。

《中华人民共和国刑事诉讼法》第一百七十五条　适用简易程序审理公诉案件，人民检察院可以不派员出席法庭。被告人可以就起诉书指控的犯罪进行陈述和辩护。人民检察院派员出席法庭的，经审判人员许可，被告人及其辩护人可以同公诉人互相辩论。

《中华人民共和国刑事诉讼法》第一百七十六条　适用简易程序审理自诉案件，读起诉书后，经审判人员许可，被告人及其辩护人可以同自诉人及其诉讼代理人互相辩论。

《中华人民共和国刑事诉讼法》第一百七十七条　适用简易程序审理案件，不受本章第一节关于讯问被告人、询问证人、鉴定人、出示证据、法庭辩论程序规定的限制。但在判决宣告前应当听取被告人的最后陈述意见。

七、主要文书附件

浙江省××市××区人民法院
刑事判决书

(2007) ×刑初字第440号

公诉机关××市××区人民检察院。

被告人杨××，男，19××年4月11日出生于安徽省××县，汉族，小学文化，农民，住××××××。2006年5月16日因犯故意伤害罪被浙江省××市人民法院判处有期徒刑1年2个月，2007年1月24日刑满释放。

被告人章××，男，19××年4月29日出生于安徽省××县，汉族，初中文化，农民，住××××××。

上列二被告人均因本案于2007年4月24日被××市公安局××分局刑事拘留，同年5月29日被逮捕。现押××市××区看守所。

××市××区人民检察院以××检诉（2007）491号起诉书指控被告人杨××、章××犯盗窃罪，于2007年8月24日向本院提起公诉。本院依法适用简易程序，实行独任审判，公开开庭审理了本案。被告人杨××、章××到庭参加诉讼。现已审理终结。

××市××区人民检察院指控，2007年4月23日上午，被告人杨××、章××和陈××（另案处理）驾驶牌号为×R01563的桑塔纳2000轿车窜至××市××区××街道高速公路入口旁边清障公司经理办公室，窃得陈×东放在办公室柜子内的3条硬壳中华牌香烟（价值人民币1200元）。

2007年4月24日10时30分许，被告人杨××、章××和陈××驾驶牌号为×R01563的桑塔纳2000轿车窜至××市××区××街道××工业园区××金属有限公司，进入二楼办公区，溜门入室，窃得张×放在电脑桌上的女式单肩包1只（价值108元），包内有现金352元、迪比特手机1部（价值150元）、CECT手机1部（价值352元）及化妆包、钱包、身份证、驾驶证、银行卡等物品，被告人杨××、章××在逃离现场时被失主张×等人抓获，现赃物已追回发还失主。

上述事实，被告人杨××、章××在开庭审理过程中亦无异议，并有失主陈×东、张×的陈述；证人林××、叶××的证言；辨认笔录；调取证据清单；图片；清点笔录；赃物价格鉴定结论书；抓获经过；被告人杨××前科的刑事判决书及释放证明等证据证实，足以认定。

本院认为，被告人杨××、章××以非法占有为目的，结伙秘密窃取他人财物，数额较大，其行为均已构成盗窃罪。被告人杨××在前科刑罚有期徒刑执行完毕后5年内又犯应处有期徒刑之罪，系累犯，依法予以从重处罚。被告人杨××、章××归案后认罪态度较好，均酌情予以从轻处罚。公诉机关的指控，事实清楚，罪名成立，适用法律正确。依照《中华人民共和国刑法》第二百六十四条、第二十五条第1款、第六十五条第1款之规定，判决如下：

被告人杨××犯盗窃罪，判处有期徒刑1年，并处罚金人民币1000元。

被告人章××犯盗窃罪，判处有期徒刑6个月，并处罚金人民币1000元。

（二被告人的刑期均从判决执行之日起计算。判决执行以前先行羁押的，羁押一日折抵刑期一日，被告人杨××的刑期自2007年4月24日起至2008年4月23日止，被告人章××的刑期自2007年4月24日起至2007年10月23日止。罚金均限判决发生法律效力之日起1个月内缴纳）

如不服本判决，可在接到判决书的第二日起10日内，通过本院或直接向××省××市中级人民法院提出上诉。书面上诉的，应当提交上诉状正本一份、副本二份。

审判员　×××

2008年9月26日

本件与原件核对无异

书记员　×××

实验六　第二审程序

实验项目　第二审程序

一、法律原理概述

（一）第二审程序的概念、特征

所谓第二审程序是指第一审人民法院的上一级人民法院，对不服第一审人民法院尚未发生法律效力的判决或者裁定而提起上诉或者抗诉的案件，依法进行重新审判的诉讼程序。第二审程序是以第一审程序为基础，又属于补救性程序，其目的在于审查并纠正第一审判决和裁定中可能存在的错误。

第二审程序是建立在两审终审制的基础之上的普通程序，是继第一审程序之后的一个独立的诉讼程序。第二审程序不是每个案件的必经程序，它必须以提出合法的上诉或抗诉作为启动和审判的前提。第二审程序的主要特征如下：

1. 第二审程序是上诉审判程序。它是上一级人民法院根据当事人的上诉或人民检察院的抗诉而进行的审判程序；没有当事人上诉或者人民检察院的抗诉，就不会引起第二审程序。

2. 第二审程序是重新进行审判的程序。接受上诉的第二审人民法院对第一审判决或裁定认定的事实是否清楚，证据是否确实充分，定性是否准确，量刑是否适当，诉讼程序是否合法等，通过重新审判程序，进行全面审查，不受上诉或者抗诉的限制，以维护正确的判决或裁定，纠正错误的判决或裁定，准确打击犯罪，保护当事人的合法权益，充分发挥第二审人民法院的审判监督作用。

3. 第二审程序是终审程序。由于我国采取的是两审终审制，所以第二审程序也就是终审的程序。只要第二审人民法院作出的判决或者裁定一经宣告，即发生法律效力；即使当事人不服，也不能再提起上诉。

（二）第二审程序的提起

引起第二审程序发生的原因和动力分两个层次：一是有关的当事人及其法定代理人或者公诉机关对第一审判决或裁定不服。二是有上诉权的当事人依法提出了上诉，或者公诉机关依法提出了抗诉。

1. 上诉。

上诉是指被告人、自诉人等依法享有上诉权的当事人不服地方各级人民法院的第一审判决或裁定，在法定期限内依照法定程序提请第一审人民法院的上一级人民法院对案件进行重新审判的一种诉讼活动。我国《刑事诉讼法》第一百八十条规定："被告人、自诉人和他们的法定代理人，不服地方各级人民法院第一审的判决、裁定，有权用书状或者口头向上一级人民法院上诉。被告人的辩护人和近亲属，经被告人同意，可以提出上诉。附带民事诉讼的当事人和他们的法定代理人，可以对地方各级人民法院第一审的判决、裁定中的附带民事诉讼部分，提出上诉。"据此，上诉的主体可以划分为三类：一是当事人；二是当事人的法定代理人；三是经被告人同意的近亲属和辩护人。

上诉的对象是地方各级人民法院未生效的第一审判决、裁定。最高人民法院作出的所有判决、裁定，一经宣告即发生法律效力，因此，最高人民法院的第一审判决、裁定不能成为上诉的对象。

《刑事诉讼法》第一百八十三条规定："不服判决的上诉和抗诉的期限为10日，不服裁定的上诉和抗诉的期限为5日，从接到判决书、裁定书的第二日起算。"上诉主体必须在法律规定的上诉期限内提出上诉，才能启动第二审程序。超过法定上诉期限提出上诉的，不能引起第二审程序的发生。

提出上诉的方式：上诉可以上诉状提出，也可以口头提出。根据《刑事诉讼法》第一百八十四条规定，上诉人上诉可以通过原审人民法院提出，也可以直接向第二审人民法院提出。

2. 抗诉。

抗诉是指人民检察院认为人民法院作出的判决或裁定确有错误，依法要求人民法院重新审判案件的诉讼活动。二审抗诉和上诉在对象、期限、效力上都相同。提出抗诉的方式：《刑事诉讼法》第一百八十五条规定，即地方各级人民检察院认为同级人民法院第一审判决、裁定确有错误而决定抗诉时，必须制作抗诉书。抗诉书应通过原审人民法院提交，同时还应抄送上一级人民检察院。原审法院接到抗诉书后，应将抗诉书连同案卷、证据已送上一级人民法院，并将抗诉书副本送交当事人。由上级人民检察院认真审核后决定是否应当抗诉。

（三）第二审程序中的审判

1. 对上诉、抗诉案件的审查。

（1）形式审查，第二审人民法院收到第一审人民法院移送的上诉、抗诉案件以后，应当指定审判人员首先进行形式审查，即审查上诉、抗诉的主体资格、期限、方式以及移送手续等要件是否符合法律规定等，具体应当审查下列事项：一是上诉、抗诉案件的移送公函；二是一审判决书或者裁定书；三是上诉状或者抗诉书；四是全部案卷材料和证据。

（2）实质审查，《刑事诉讼法》第一百八十六条规定：第二审人民法院应当就第一审判决认定的事实和适用的法律进行全面审查，不受上诉或者抗诉范围的限制。共同犯罪的案件只有部分被告人上诉的，应当对全案进行审查，一并处理。这表明第二审人民法院对上诉、抗诉案件进行开庭前的审查时，应当坚持全面审查的原则。全面审查原则包括以下内容：

①既要对原审法院所认定的事实是否正确进行审查，又要对其适用法律是否正确进行审查。

②既要对上诉或抗诉的部分进行审查，又要对未上诉或抗诉的部分进行审查。

③在共同犯罪案件中，只有部分被告人上诉的，或者人民检察院只就第一审人民法院对部分被告人的判决提出抗诉的，第二审人民法院应当对全案进行审查，一并处理。即既要对已上诉的被告人的问题进行审查，又要对未上诉的被告人的问题进行审查；既要对被提起上诉或抗诉的被告人的问题进行审查，又要对未被提起上诉或抗诉的被告人的问题进行审查。

④对于附带民事诉讼的上诉案件，应当对全案进行审查，即不仅审查附带民事诉讼部分，还要审查刑事部分，以便正确确定民事责任。

⑤第二审人民法院既要审查一审判决认定的事实是否正确，证据是否确实、充分，又要审查一审判决适用法律有无错误，定罪量刑是否准确、恰当。

按照全面审查原则，最高人民法院的有关司法解释规定了第二审人民法院对上诉和抗诉案件审理的过程中应当审查的具体内容：（1）第一审判决认定的事实是否清楚，证据是否确实、充分，证据之间有无矛盾；（2）第一判决适用法律是否正确，量刑是否适当；（3）在侦查、起诉、第一审程序中，有无违反法律规定的诉讼程序的情形；（4）上诉、抗诉是否提出了新的事实和证据；（5）被告人的供述、辩解；（6）辩护人的辩护意见以及采纳的情况；（7）附带民事部分的判决、裁定是否适当；（8）第一审法院合议庭、审判委员会讨论的意见。

2. 第二审程序的审理方式。

二审审理方式：《刑事诉讼法》第一百八十七条第1款规定，第二审人民法院对上诉案件，应当组成合议庭，开庭审理。合议庭经过阅卷，讯问被告人，听取其他当事人、辩护人、诉讼代理人的意见，对事实清楚的，可以不开庭审理。对人民检察院抗诉的案件，第二审人民法院应当开庭审理。这一条款规定了第二审程序审理的方式有两种：一是开庭审理；二是讯问调查式审理。

（1）开庭审理，又称直接审理，是指第二审人民法院的审判人员在上诉人、检察人员和其他诉讼参与人的参加下，通过法庭调查、法庭辩论等活动审理案件的形式。根据《刑事诉讼法》一百八十七条的规定，第二审人民法院审判上诉、抗诉案件应当以开庭审理为原则，以不开庭为例外。

采用开庭审理方式的二审案件的范围主要是：一是抗诉案件；二是重大、复杂或者社会影响较大的案件；三是原审判事实不清、证据不足，不宜发回重审的案件；四是贪污、受贿案件；五是严重违反诉讼程序和涉及原审判人员违法乱纪的案件；六是其他应当开庭的案件。

开庭审理时，除参照第一审程序进行外，还要依照下列程序进行：

①法庭调查阶段，审判长或者审判员宣读第一审判决书、裁定书后，由上诉人陈述上诉理由或者由检察人员宣读抗诉书，再由上诉人陈述上诉理由；法庭调查的重点要针对上诉或者抗诉的理由，全面查清事实，核实证据；

②法庭调查阶段，如果检察人员或者辩护人申请出示、宣读、播放第一审审理期间已经移交给人民法院的证据，由法警交由申请人宣读；

③法庭辩论阶段，上诉案件，应当先由上诉人、辩护人发言，再由检察人员发言；抗诉案件，应当先由检察人员发言，再由被告人、辩护人发言；既有上诉又有抗诉的案件，应当先由检察人员发言，再由上诉人发言，并进行辩论。

④法庭辩论终结后，由上诉人作最后陈述。

⑤在共同犯罪案件中，没有上诉的和没有对他的判决抗诉的原审被告人及其委托的辩护人，也应当参加法庭调查和法庭辩论。

（2）调查询问式审理，是指第二审人民法院，不采取开庭审理的方式，而是经过书面审查第一审的案卷材料，庭外提审讯问被告人，询问证人，并听取其他当事人、辩护人、委托代理人等诉讼参与人的意见之后，直接作出判决或者裁定。这种方式一般适用于一审事实没有分歧，当事人上诉的理由主要集中在法律适用、量刑或者诉讼程序方面的上诉案件，而不适用于已被抗诉的案件。

（3）对二审案件的处理，根据《刑事诉讼法》一百八十九条、第一百九十一条的规定，第二审人民法院审理上诉、抗诉案件后，应当按下列情况分别作出处理：

一是用裁定驳回上诉、抗诉，维持原判。作出这种处理的情形是：原审判决认定的事实和适用法律正确、量刑适当、程序合法。

二是用判决直接改判。作出这种处理的情形有两种：一种是原判决认定的事实没有错误，但是适用法律有错误，或者量刑不当的；另一种是原判决事实不清或者证据不足，但第二审人民法院自行调查能够查清的。

三是用裁定撤销原判，发回原审人民法院重判。作出这种处理的情形是：一种是原判决事实不清，证据不足，第二审人民法院难以自行查清的；另一种是一审严重违法法定诉讼程序的。包括：违法刑事诉讼法有关公开审判规定的；违法回避制度的；剥夺或者限制当事人的法定诉讼权利，可能影响公正审判的；审判组织不合法；其他违法法律规定的诉讼程序，可能影响公正审判的。

对于发回重审的案件，原审人民法院应当另行组成合议庭，依照第一审程序进行重新审判，重审后的审判仍然可以上诉或者抗诉。

对于不服第一审裁定而提出上诉或者抗诉的案件，第二审人民法院审理后应当参照《刑事诉讼法》关于维持原判、直接改判和发回重审的规定，分别不同的情形已裁定驳回上诉、抗诉，或者撤销、变更裁定。

对于第二审自诉案件，必要时可以进行调解，当事人也可以自行和解。调解达成协议的，应当制作调解书，送达当事人后，第一审判决、裁定视为自动撤销，当事人自行和解而撤回自诉的，由人民法院裁定准许，并撤销第一审判决和裁定。

对于附带民事诉讼案件，第二审人民法院应当根据最高人民法院的有关规定，分别作出如下处理：

①第二审人民法院审理刑事附带民事上诉、抗诉案件，如果发现刑事部分和民事部分都有错误需要改判的，应当一并改判。

②第二审人民法院审理对刑事部分提出上诉、抗诉，附带民事部分已经发生法律效力的案件，如果发现第一审判决或者裁定中的民事部分确有错误，应当对民事部分按照审判监督程序进行再审。

③第二审人民法院审理对附带民事部分提出上诉、抗诉，刑事部分已经发生法律效力的案件，如果发现第一审判决或者裁定确实有错误，应当对刑事部分按照审判监督程序进行再审，并将附带民事部分与刑事部分一并审理。

④在第二审案件附带民事部分的审理中，第一审民事原告人增加独立的诉讼请求或者第一审民事被告人提出反诉的，第二审人民法院可以根据当事人自愿原则就新增加的诉讼请求或者反诉进行调解，调解不成的，告知当事人另行起诉。

（4）二审的审理期间，是指第二审人民法院从审理上诉、抗诉案件到作出终审裁判的时间期限。根据《刑事诉讼法》第一百九十六条的规定，第二审人民法院受理上诉、抗诉案件，应当在1个月内审结，至迟不得超过1个半月。重大的犯罪集团案件、流窜作案的重大复杂案件、交通十分不便的边远地区的重大复杂案件以及犯罪涉及面广，取证困难的重大复杂案件在上述期间内不能办结的，经省、自治区、直辖市高级人民法院批准或者决定，可以延长一个月。对于第二审人民法院发回原审人民法院重新审判的案件，原审人民法院从收到发回案件之日起，重新计算审理期限。

（5）上诉不加刑原则：我国的上诉不加刑原则，是指第二审人民法院审判被告人一方上诉的案件，不得以任何理由加重被告人刑罚的一项审判原则。《中华人民共和国刑事诉讼法》第一百九十条第1款规定："第二审人民法院审判被告人或者他的法定代理人、辩护人、近亲属上诉的案件，不得加重被告人的刑罚。"

根据法律规定和司法实践经验，贯彻上诉不加刑原则，应当遵守下列具体规定：

①共同犯罪案件，只有部分被告上诉的，既不能加重上诉的被告人的刑罚，也不能加重其他同案被告人的刑罚。

②对被告实行数罪并罚的，既不能加重决定执行的刑罚，也不能在保持决定执行的刑罚不变的情况下，加重数罪中某一罪或者几个罪的刑罚。

③对被告人判处拘役或者有期徒刑宣告缓刑的，不得撤销原判决宣告的缓刑，或者延长缓刑考验期。

④共同犯罪案件中，人民检察院只对部分被告人的判决提出抗诉的，对其他原审被告人不得加重刑罚。

⑤对于以事实不清，证据不足而发回重新审判的案件，一审法院经过重新审理后有变化，如果只是由于被告人一方上诉才引起二审的案件，一审法院不得加重刑罚。实践中曾存在的二审法院对于当事人上诉，认为一审量刑偏轻就以事实不清为由判决发回重审，并告知原审法院改判加刑的情况，被认为是公然违背"上诉不加刑"而为最高法院司法解释明令禁止。第二审人民法院不能为了加重被告人的刑罚，而将事实清楚，证据确实、充分的案件，以事实不清、证据不足为由，而发回重审或指定再审。

⑥原判认定的事实没有错误，只是定性不准、认定罪名不当，在二审改判重新确定罪名时，不应加重被告人的刑罚。为了有效地保障被告人的上诉权，消除被告人因害怕上诉后被加重刑罚的顾虑，从而通过上诉案件的审理保证办案质量，保证法律的正确实施。《刑事诉讼法》规定：第二审人民法院审判被告人或者他的法定代理人、辩护人、近亲属上诉的条件，经过审理决定改判的，对被告人只能适用比原判轻的刑罚，不能加重被告人的刑罚。

⑦人民检察院抗诉要求二审法院减轻被告人刑罚的案件，二审中也不能加重被告人的刑罚。因没有加重刑罚的诉因，也是对抗诉的不尊重。

不受上诉不加刑原则限制的情形：一是被告人一方没有提出上诉，检察机关提出抗诉的，或者同时有被告人一方的上诉和检察机关抗诉的；二是被告人一方没有上诉，自诉人提出上诉的，或者有被告人一方和自诉人一方同时上诉的；三是第二审法院审理时发现了新的犯罪事实，撤销了第一审判决发回重审，原审法院查明新的犯罪事实后，应当适用新的刑罚的。

二、实验目的

通过该实验项目，把握和理解第二审程序的概念、特征和起因；掌握并理解人民法院对上诉、抗诉案件的形式和实质审查的内容和方法，第二审程序的两种审理方式，人民法院对二审案件的处理以及上诉不加刑原则的概念和意义，理清第二审程序的任务和领会第二审程序的意义。

三、实验内容

1. 刑事第二审案件的形式审查和实质审查。
2. 第二审程序的审理方式之一：开庭审理。
3. 第二审程序的审理方式之二：调查讯问式审理。
4. 第二审案件的程序及其处理。

四、实验要求

1. 明确第二审的概念和意义，理解和明确第二审程序提起的条件。
2. 把握刑事第二审审理程序，掌握二审中的形式审查和实质审查，掌握审理方式，特别是开庭审理，明确一审和二审的联系与区别。
3. 领会附带民事诉讼案件的处理方式。

五、实验角色分配与实验步骤

（一）实验角色分配

根据第二审程序的特点，本实验项目可以将实验角色作如下分配：（1）合议庭成员（审判长和审判员）；（2）被告人；（3）辩护律师；受害人及其代理人；（4）检察官。

（二）实验步骤

1. 上诉案件的二审程序实验步骤。
（1）被告人、自诉人及其法定代理人或者辩护律师依法提出上诉。
（2）受理法院依法对上诉案件进行审查，并决定开庭审理方式。
（3）受理法院依法对上诉案件进行开庭审理或调查讯问式审理。
（4）上诉案件审理后，法院依法作出二审判决或裁定。
2. 抗诉案件的二审程序实验步骤。
（1）检察官依法提出抗诉，并制作抗诉书。
（2）受理法院依法对抗诉案件进行审查。
（3）二审法院依法开庭审理，并依法作出二审判决或裁定。

六、实验素材（案例）

案例一　丁昊、臧晓蔚诈骗案

公诉机关：北京市海淀区人民检察院；检察员：庄晓晶。

被告人：丁昊，男，1982年8月19日出生，回族，北京市人，大学文化程度，无业，因本案于2005年12月3日被羁押，2006年1月11日被逮捕。

被告人：臧晓蔚，男，1982年5月19日出生，汉族，北京市人，大学文化程度，无业，因本案于2005年12月3日被羁押，并于次年1月11日被逮捕。

公诉机关指控称：

2005年9~10月间，被告人丁昊、臧晓蔚使用窃取所得的他人ADSL账号和密码，利用广州网易计算机系统有限公司（以下简称网易公司）与中国网通集团北京市分公司（以下简称网通公司）赠送点卡活动中存在的程序漏洞，骗取100点虚拟点卡（价值人民币10元）57331张，共计价值人民币573310元。后被告人丁昊、臧晓蔚通过网络将上述点卡卖出，共获利人民币367939元。两被告人的行为已触犯了《中华人民共和国刑法》第二百六十六条之规定，构成诈骗罪，提请法院依法惩处。

北京市海淀区人民法院经公开审理查明：被告人丁昊、臧晓蔚于2005年9~10月间，使用窃取所得的他人ADSL账号和密码，利用网易公司与网通公司赠送点卡活动中未对ADSL用户是否申领过点卡进行核实的程序漏洞，反复申领点卡，骗取网易公司100点一卡通点卡（价值人民币10元）57331张，共计价值人民币573310元。后被告人丁昊、臧晓蔚通过网络将上述点卡卖出，共获利人民币 367939 元。

上述事实有下列证据证明：

被告人丁昊、臧晓蔚在公安机关所作供述，证实其诈骗点卡的过程及之后的销赃获利情况；证人蒋仁熙（网易公司法务专员）、付少庆（网易公司软件工程师）的证言，证实网易公司赠送点卡的程序流程及发现点卡被骗的过程；证人潘佳森的证言及支付宝账户明细，证实其在网上购买向丁昊、臧晓蔚购买点卡的事实；侦查实验笔录，证实被告人丁昊、臧晓蔚实施的行为能够达到骗取点卡的目的。

北京市海淀区人民法院根据上述事实和证据认为：首先，网易一卡通点数卡（点卡）是网易公司为使其客户在其网站上更方便地享受付费服务而推出的储值卡，为预付费卡。其与虚拟货币不同，而与商场购物券、手机充值卡等功能类似，可以说是一种特殊的商品。由于在流通领域各环节点卡会有不同的价格，因此，其价格应以网易公司向消费者公示的统一价格为准。其次，网易公司利用技术手段对涉案部分点卡进行了屏蔽，这是网易公司为避免损失扩大而做出的行为，属自力救济。被告人在获取点卡账号和密码的瞬间，就取得了对点卡的占有，被害人是否觉察、是否采取措施进行挽救，都是后续的事情，对犯罪行为本身的性质没有影响。再次，被告人丁昊、臧晓蔚以非法占有为目的，冒用他人名义、隐瞒了所用 ADSL 账户已经领取过点卡的真相，反复申领点卡的行为符合诈骗罪的构成要件。而且，行为人操作电脑时仿佛在和设计程序的人对话，程序有漏洞就像人会有失误，行为人利用了漏洞，就像利用了人的失误、利用了人的认识错误一样。

北京市海淀区人民法院依照《中华人民共和国刑法》第二百六十六条、第二十五条第一款、第五十三条、第五十五条第一款、第五十六条第一款、第六十四条之规定，作出如下判决：

1. 被告人丁昊犯诈骗罪，判处有期徒刑 13 年，罚金人民币 15000 元，剥夺政治权利 2 年；

2. 被告人臧晓蔚犯诈骗罪，判处有期徒刑 12 年 6 个月，罚金人民币 15000 元，剥夺政治权利 2 年；

3. 责令被告人丁昊、臧晓蔚共同退赔人民币 573310 元，发还广州网易计算机系统有限公司；在案扣押款物折抵退赔款。

被告人丁昊诉称：其已将所获款项交给公安机关，能够如实供述自己的犯罪事实，一审法院对其量刑过重。被告人臧晓蔚诉称：他没有盗取账号，这件事是丁昊提起的，他所起作用小，是从犯；涉案点卡是赠品，其价值 1 张达不到 10 元；一审法院对他的量刑过重。于是，二被告人不服一审判决，提出上诉。

案例二 李彬、袁南京、胡海珍等被告绑架案

公诉机关：天津市人民检察院第一分院。

被告人：李彬，又名大彬，男，25岁，汉族，农民，住天津市静海县王口镇。因涉嫌犯绑架罪于2006年3月26日被刑事拘留，同年4月27日被逮捕。

被告人：袁南京，又名袁金强，男，33岁，汉族，农民，住江苏省丰县赵庄镇。因涉嫌犯绑架罪于2006年3月23日被刑事拘留，同年4月27日被逮捕。

被告人：胡海珍，又名大振，男，24岁，汉族，农民，住天津市静海县良王庄乡。因涉嫌犯绑架罪于2006年3月26日被刑事拘留，同年4月27日被逮捕。

被告人：东辉，又名小辉，男，24岁，汉族，农民，住天津市静海县王口镇。因涉嫌犯绑架罪于2006年3月26日被刑事拘留，同年4月27日被逮捕。

被告人：燕玉峰，又名丑子，男，20岁，汉族，农民，住山东省泰安市泰山区邱家店镇。因涉嫌犯绑架罪于2006年3月25日被刑事拘留，同年4月27日被逮捕。

被告人：刘少荣，男，20岁，汉族，无业，住山东省泰安市泰山区。因涉嫌犯绑架罪于2006年3月25日被刑事拘留，同年4月27日被逮捕。

被告人：刘钰，男，21岁，汉族，学生，住山东省泰安市泰山区。因涉嫌犯绑架罪于2006年3月25日被刑事拘留，同年4月27日被逮捕。

被告人刘超，男，18岁，汉族，无业，住山东省泰安市泰山区。2006年4月11日被刑事拘留，同年4月27日被依法逮捕。

天津市人民检察院第一分院以被告人李彬、袁南京、胡海珍、东辉、燕玉峰、刘钰、刘少荣、刘超犯绑架罪，向天津市第一中级人民法院提起公诉。

起诉书指控：2006年3月初，被告人李彬、袁南京、胡海珍、东辉预谋绑架被害人石林清勒索钱财。袁南京即以帮助他人讨债为由，纠集被告人燕玉峰、刘钰、刘少荣、刘超参与作案。同年3月9日2时许，李彬、袁南京、胡海珍、燕玉峰、刘钰、刘少荣、刘超携带事先准备的作案工具，驾车到石林清位于天津市静海县王口镇郑庄子村的住处，冒充公安人员强行将石林清绑架至山东省泰安市山区的一处住房。按照事先的分工，东辉留在天津监视石林清的家属是否报警，燕玉峰、刘钰、刘少荣、刘超负责看押石林清。尔后，李彬、袁南京、胡海珍向石林清的家属勒索赎金人民币80万元，购买黄金后私分挥霍。同年3月10日，燕玉峰、刘钰、刘少荣、刘超得知石林清与李彬等人根本不存在债务关系，在石林清答应给他们10万元的情况下，于次日下午将石林清放走。后燕玉峰、刘钰、刘少荣向石林清索要人民币6万元，私分挥霍。综上，李彬、袁南京、胡海珍、东辉、燕玉峰、刘钰、刘少荣、刘超的行为已触犯《中华人民共和国刑法》（以下简称《刑法》）第二百三十九条、第二十五条之规定，均构成绑架罪。刘超犯罪时未满 18 周岁，应适用《刑法》第十七条第 3 款之规定从轻处罚。提请依法追究上述被告人的刑事责任。

各被告人均承认公诉机关指控的主要犯罪事实。

被告人李彬辩称：实施绑架不是由本人提议。

被告人东辉及其辩护人辩称：东辉没有具体实施绑架行为，系从犯，认罪态度好，请求从轻处罚。

被告人燕玉峰辩称：事先未参与绑架犯罪共谋，没有绑架的故意，不构成绑架罪。

被告人刘钰、刘少荣、刘超及其辩护人均辩称：事先未参与绑架犯罪共谋，只认为是替人讨债，没有绑架的故意，事后也没有勒索被害人，不构成绑架罪。

天津市第一中级人民法院一审查明：

2006 年 3 月初，被告人李彬、袁南京、胡海珍、东辉预谋绑架被害人石林清勒索钱财。袁南京以帮助他人讨债为由，纠集被告人燕玉峰、刘钰、刘少荣、刘超参与作案。同年 3 月 9 日 2 时许，李彬、袁南京、胡海珍、燕玉峰、刘钰、刘少荣、刘超携带事先准备的作案工具，驾车到石林清位于天津市静海县王口镇郑庄子村的住处，冒充公安人员强行将石林清绑架至山东省泰安市山区的一处住房。李彬、袁南京指派东辉留在天津监视石林清的家属是否报警，指派燕玉峰、刘钰、刘少荣、刘超负责就地看押石林清。尔后，李彬、袁南京、胡海珍分两次向石林清的家属勒索赎金人民币 80 万元，均让石林清的家属将款打入李彬等人事先开立的信用卡账户中。随后，李彬、袁南京、胡海珍用该款在秦皇岛、葫芦岛、唐山等地以划卡消费的方式购买大量黄金私分、挥霍。

2006 年 3 月 10 日，被告人燕玉峰、刘钰、刘少荣、刘超得知被害人石林清与被告人李彬等人根本不存在债务关系，在石林清答应给他们 10 万元的情况下，于次日下午将石林清放走。

上述事实，有被害人石林清陈述、各被告人供述、证人证言、价格鉴定书、公安机关出具的案件来源、抓获各被告人经过、勘验检查笔录及相关照片予以证实，足以认定。

天津市第一中级人民法院认为：

被告人李彬、袁南京、胡海珍、东辉以勒索财物为目的强行绑架他人，其行为已构成绑架罪，应依法予以处罚。李彬、袁南京、胡海珍在共同犯罪中起主要作用，系主犯。东辉在共同犯罪中起次要作用，是从犯，应依法减轻处罚。

被告人燕玉峰、刘钰、刘少荣、刘超未参与绑架犯罪共谋，系受袁南京纠集，出于帮助他人索取债务的目的参与本案犯罪，具体实施了非法扣押、拘禁他人的行为，其行为构成非法拘禁罪，亦应依法予以处罚。公诉机关指控燕玉峰、刘钰、刘少荣、刘超勒索被害人石林清6万元的事实，证据不足，不能认定；指控燕玉峰、刘钰、刘少荣、刘超犯绑架罪不能成立。刘超犯罪时不满18周岁，应依法从轻处罚。

据此，天津市第一中级人民法院依照《刑法》第二百三十九条第一款，第二百三十八条第一款、第三款，第二十五条第一款，第二十六条第一款、第四款，第二十七条，第十七条第一款、第三款，第五十七条第一款，第六十四条之规定，于2006年10月9日判决如下：

1. 被告人李彬犯绑架罪，判处无期徒刑，剥夺政治权利终身，并处没收个人全部财产；被告人袁南京犯绑架罪，判处无期徒刑，剥夺政治权利终身，并处没收个人全部财产；被告人胡海珍犯绑架罪，判处有期徒刑15年，并处罚金人民币10万元；被告人东辉犯绑架罪，判处有期徒刑8年，并处罚金人民币5万元；被告人燕玉峰犯非法拘禁罪，判处有期徒刑3年；被告人刘少荣犯非法拘禁罪，判处有期徒刑2年；被告人刘钰犯非法拘禁罪，判处有期徒刑1年；被告人刘超犯非法拘禁罪，判处有期徒刑8个月。

2. 犯罪工具桑塔纳汽车一辆（车牌照为冀RC34××，车架号为SVAF03343××××××）依法没收。

3. 继续追缴各被告人所得赃款发还被害人石林清。

一审宣判后，天津市人民检察院第一分院认为，原审被告人燕玉峰、刘钰、刘少荣、刘超的行为构成绑架罪，一审定性错误、量刑畸轻，应予纠正。因此，该检察院决定依法提起公诉。

七、法律适用参考

《中华人民共和国刑事诉讼法》第一百八十条至一百九十七条

《最高人民法院关于执行〈中华人民共和国刑事诉讼法〉若干问题的解释》二百三十一条至二百七十三条、二百八十八条至二百九十五条

《关于死刑第二审案件受理开庭审理程序若干问题的规定》

《最高人民法院、最高人民检察院、公安部、国家安全部、司法部、全国人大常委会法制工作委员会关于刑事诉讼法实施中若干问题的规定》第四十四、四十六、四十八条

八、主要文书附件

(一) 刑事二审裁定书

××××人民法院
刑事裁定书
(再审后的上诉、抗诉案件二审维持原判用)

(××××)×刑再终字第××号

原公诉机关××××人民检察院。

上诉人(原审被告人)……(写明姓名、性别、出生年月日、民族、籍贯、职业或工作单位和职务、住址等,现在何处)

辩护人……(写明姓名、性别、工作单位和职务)

原审被告人……(写明姓名和案由)一案,××××人民法院于××××年××月××日作出(××××)×刑初字第××号刑事判决,已发生法律效力。……(此处简写一审法院提起再审程序的经过)。××××人民法院经过再审,于××××年××月××日作出(××××)×刑再初字第××号刑事裁定(或判决),原审被告人×××提出上诉,本院依法组成合议庭,公开(或不公开)开庭审理了本案。××××人民检察院检察长(或员)×××出庭执行职务,上诉人(原审被告人)×××及其辩护人×××到庭参加诉讼。本案现已审理终结(未开庭的改为"本院依法组成合议庭审理了本案,现已审理终结")。

……(首先概述一审法院的再审裁定或判决的基本内容,其次写明上诉、辩护的主要意见。如果检察院在再审中提出新的意见,应一并写明)

经审理查明……(肯定一审法院的再审裁定或判决认定的事实、情节是正确的,证据确凿、充分。如果上诉、辩护等对事实、情节方面提出异议,应通过对有关证据的分析论证,予以否定)

本院认为……(根据本院进一步查证属实的事实、情节和当时的法律政策,分析批驳上诉、辩护等对定罪量刑方面不服的主要意见和理由,论证一审法院再审判决的正确性)。依照……(写明裁定所依据的法律条款项)的规定,裁定如下:

……[写明裁定结果。分两种情况:

第一,一审法院再审系裁定维持原判的,表述为:

"驳回上诉,维持××××人民法院(××××)×刑初字第××号刑事判决和××××人民法院(××××)×刑再初字第××号刑事裁定。"

第二,一审再审系判决改变原判的,表述为:

"驳回上诉,维持××××人民法院(××××)×刑再初字第××号刑事判决。"]

本裁定为终审裁定。

审判长　×××

审判员　×××

审判员　×××

××××年××月××日

(院印)

本件与原本核对无异

书记员　×××

(二) 刑事二审判决书

××××人民法院
刑事判决书
(按二审程序再审改判用)

(××××)×刑再终字第××号

原公诉机关××××人民检察院。

原审被告人(原审经过上诉的应括注"原审上诉人"。下同……(写明姓名、性别、出生年月日、民族、籍贯、职业或工作单位和职务、住址等,现在何处)

辩护人……(写明姓名、性别、工作单位和职务)

原审被告人……(写明姓名和案由)一案,××××人民法院于××××年××月××日作出(××××)×刑初字第××号刑事判决……(此处写明对原判的上诉、抗诉和本院二审作出的裁定或判决及其年月日和字号。按审判监督程序提审的原一审案件无此段),已经发生法律效力……(此处简写提起再审程序的经过)本院依法(另行)组成合议庭,公开(或不公开)开庭审理了本案。××××人民检察院检察长(或员)×××出庭执行职务,原审被告人×××及其辩护人×××等到庭参加诉讼。本案现已审理终结[未开庭的改为"本院依法（另行）组成合议庭审理了本案，现已审理终结"]。

……（首先概述原审有效判决的基本内容，其次写明提起再审的主要根据和理由。如果检察院在再审中提出新的意见，应一并写明）

经再审查明……（写明原判决认定的事实、情节，哪些是正确的或者全部是正确的，有哪些证据足以证明；哪些是错误的或者全部是错误的，否定的理由有哪些。如果对事实、情节方面有异议，应当抓住要点，予以分析答复）

本院认为……[根据再审确认的事实、情节和当时的法律政策，论述被告人是否犯罪，犯什么罪（一案多人的还应分清各被告人的地位、作用和刑事责任），应否从宽或从严处理。指出原判的定罪量刑，哪些是正确的，哪些是错误的，或者全部是错误的。对于申诉人及有关各方关于定罪量刑方面的主要意见和理由，应当有分析地表示采纳或予以批驳]。依照……（写明判决所依据的法律条款项）的规定，判决如下：

……[写明判决结果。分六种情况：

第一，原系一审结案，提审后全部改判的，表述为：

"一、撤销××××人民法院（××××）×刑初字第××号刑事判决；

二、被告人×××……（写明改判的内容）。"

第二，原系一审结案，提审后部分改判的，表述为：

"一、维持××××人民法院（××××）×刑初字第××号刑事判决的第×项，即……（写明维持的具体内容）；

二、撤销××××人民法院（××××）×刑初字第××号刑事判决的第×项，即……（写明撤销的具体内容）；

三、被告人×××……（写明部分改判的内容）。"

第三，原系二审维持原判结案，再审后全部改判的，表述为：

"一、撤销××××人民法院（××××）×刑初字第××号刑事判决和本院（××××）×刑终字第××号与刑事裁定；

二、被告人×××……（写明改判的内容）。"

第四，原系二审维持原判结案，再审后部分改判的，表述为：

"一、维持××××人民法院（××××）×刑初字第××号刑事判决的第×项和本院（××××）×刑终字第××号刑事裁定的第×项，即……（写明维持的具体内容）；

二、撤销××××人民法院（××××）×刑初字第××号刑事判决的第×项和本院（××××）×刑终字第××号刑事裁定的第×项，即……（写明撤销的具体内容）；

三、被告人×××……（写明部分改判的内容）。"

第五，原系二审改判结案，再审后全部改判的，表述为：

"一、撤销本院（××××）×刑终字第××号刑事判决；

二、被告人×××……（写明改判的内容）。"

第六，原系二审改判结案，再审后部分改判的，表述为：

"一、维持本院（××××）×刑终字第××号刑事判决的第×项，即……（写明维持的具体内容）；

二、撤销本院（××××）×刑终字第××号刑事判决的第×项，即……（写明撤销的具体内容）；

三、被告人×××……（写明改判的内容）。"]

本判决为终审判决。

审判长　×××
审判员　×××
审判员　×××
××××年××月××日
（院印）

本件与原本核对无异

书记员　×××

（三）人民检察院抗诉书

×××人民检察院
抗　诉　书

（　）字第　号

×××高级人民法院：

×××中级人民法院对××检察分院提起公诉的×××、×××一案，于××××年×月×日以（　　）　字第　　号判决书，××××××。对此，××检察分院认为××中级人民法院对×××不当。向我院报告，提请抗诉。

经我院审查：

一审法院这样的判决显然不当。主要理由如下：

一、……

二、……

三、……

综上所述，我院认为……本院根据《中华人民共和国刑事诉讼法》第×××条第×款之规定，特向你院提出抗诉，请予审查纠正。

年　月　日
（院章）

（四）提请抗诉报告书

<h2 align="center">提请抗诉报告书</h2>

检　　提抗〔　　〕　　号

×××人民检察院：

本院×年×月×日收到×××人民法院×年×月×日×××号对被告人×××一案的刑事判决（裁定）书。经本院审查认为：该判决（裁定）确有错误。现将审查情况报告如下：

（以下依次写明：

一、原审被告人基本情况及审查认定后的犯罪事实。

二、一审法院、二审法院的审判情况。

三、判决、裁定错误之处，提请抗诉的理由和法律根据。

四、本院检察委员会讨论情况）

为保证法律的统一正确实施，特提请你院通过审判监督程序对此案提出抗诉。现将×××案卷随文上报，请予审查。

年　月　日
（院印）

提请抗诉报告书制作说明

一、本文书依据《刑事诉讼法》第二百零五条第三款和《人民检察院刑事诉讼规则》第四百零六条、第四百零八条的规定制作。为下级人民检察院审查发现同级人民法院已经生效的判决、裁定确有错误而提请上级人民检察院依法抗诉时使用。

二、本文书一份附卷，提请最高人民检察院抗诉时报二十二份；提请其他上一级人民检察院抗诉时根据各地要求份数上报。

实验七　死刑复核程序

实验项目　死刑复核程序

一、法律原理概述

死刑复核程序，是指人民法院对判处死刑的案件报请有死刑核准权的人民法院审查核准应遵守的步骤、方式和方法。死刑复核程序是一种特别审判程序。死刑复核程序既包括对判处死刑立即执行案件的核准程序，也包括对判处死刑缓期两年执行案件的核准程序。死刑复核程序的任务表现在：有核准权的最高人民法院对下级人民法院报请复核的死刑判决或裁定，在认定事实和适用法律上是否正确进行全面审查，然后根据复核结论，依法核准正确的死刑判决或裁定，变更、纠正错误的或不当的死刑判决或裁定，并制定相应的法律文书，以保证正确地适用死刑。

1996年修正的《刑事诉讼法》第一百九十九条规定："死刑由最高人民法院核准。"第二百零一条规定："中级人民法院判处死刑缓期2年执行的案件，由高级人民法院核准。"1997年9月，最高人民法院再次以通知的形式授权高级人民法院和解放军军事法院行使部分死刑案件的核准权。2005年10月，最高人民法院在《第二个五年改革纲要》中明确提出，改革和完善死刑复核程序，由最高人民法院统一行使死刑核准权。死刑核准权由最高人民法院统一行使，不仅体现了我们国家"保留死刑、严格控制死刑"的刑事政策，也体现了"国家尊重和保障人权"的宪法精神。

根据刑事诉讼法以及司法解释的相关规定，报请最高人民法院核准死刑案件，按照下列情形分别处理：

1. 中级人民法院判处死刑的第一审案件，被告人不上诉、人民检察院不抗诉的，在上诉期满后3日内报请高级人民法院复核。高级人民法院同意判处死刑的，应当依法作出裁定后，报请最高人民法院核准；不同意判处死刑的，应当提审或者发回重新审判。

2. 中级人民法院判处死刑的第一审案件，被告人上诉或者人民检察院提出抗诉，高级人民法院终审裁定维持死刑判决的，报请最高人民法院核准。

3. 高级人民法院判处死刑的第一审案件，被告人不上诉、人民检察院不抗诉的，在上诉期满后3日内报请最高人民法院核准。

4. 凡是按照审判监督程序改判被告人死刑，被告人在死缓考验期内故意犯罪应当执行死刑的死刑复核案件，一律报送最高人民法院核准。

5. 高级人民法院第一审判处死刑，被告人上诉或者人民检察院抗诉的案件，最高人民法院按照第二审程序维持原死刑判决的裁定是终审的裁定，不需要经过死刑复核程序。

根据刑事诉讼法及相关司法解释的规定，死刑缓期2年执行案件的报核程序如下：

1. 中级人民法院判处死刑缓期2年执行的第一审案件，被告人不上诉、人民检察院不抗诉的，在上诉、抗诉期满后，报请高级人民法院核准。

2. 中级人民法院判处死刑缓期2年执行的第一审案件，被告人提出上诉或者人民检察院提出抗诉的，高级人民法院应当按照第二审程序进行审理，审理后不同意判处死刑缓期2年执行的，应当依法改判无期徒刑以下刑罚；事实不清、证据不足的，应当发回重新审判。

报请复核死刑及死刑缓期2年执行案件，应当一案一报；报送的材料应当包括报请死刑复核的报告、死刑或死刑缓期2年执行案件综合报告和判决书各15份，以及全部诉讼案卷和证据；共同犯罪的案件，应当报送全案的诉讼案卷和证据；报请复核的报告，应当载明案由、简要案情和审理过程及判决结果。

死刑（死刑缓期2年执行）案件综合报告应包括以下主要内容：（1）被告人的姓名、性别等基本情况以及拘留、逮捕、起诉的时间和现在被羁押的处所；（2）被告人的犯罪事实，包括犯罪时间、地点、动机、目的、手段、危害后果以及从轻、从重处罚等情节，认定犯罪的证据、定罪量刑的法律依据；（3）需要说明的其他问题。报送死刑及死刑缓期2年执行复核案件的诉讼案卷及证据，根据案件具体情况应当包括如下内容：（1）拘留证、逮捕证、搜查证的复印件；（2）扣押赃款、赃物和其他在案物证的清单；（3）公安机关的起诉意见书或者人民检察院的侦查终结报告；（4）人民检察院的起诉书；（5）案件的审查报告、法庭审理笔录、合议庭评议笔录和审判委员会讨论决定笔录；（6）被告人上诉状、人民检察院抗诉书；（7）人民法院的判决书、裁定书和宣判笔录、送达回证；（8）能够证明案件具体情况并经过查证属实的各种肯定的和否定的证据，包括物证或者物证照片、书证、证人证言、被害人陈述、被告人供述和辩解。

根据《刑事诉讼法》第二百零二条之规定，最高人民法院复核死刑案件，高级人民法院复核死刑缓期2年执行的案件，应当由审判员3人组成合议庭进行。根据最高人民法院相关司法解释规定，高级人民法院复核或者核准死刑缓期2年执行案件，必须提审被告人。共同犯罪案件中，部分被告人被判处死刑的，最高人民法院或者高级人民法院复核时，应当对全案进行审查，但不影响其他被告人已经发生法律效力判决、裁定的执行；发现对其他被告人已经发生法律效力的判决、裁定确有错误时，可以指令原审人民法院再审。

根据最高人民法院相关司法解释的规定，复核死刑立即执行及死刑缓期2年执行案件，应当对案件事实、证据、适用法律、诉讼程序等方面进行全面审查，并着重查明以下内容：（1）被告人的年龄，有无责任能力，是否正在怀孕的妇女；（2）原审判决认定的主要事实是否清楚，证据是否确实、充分；（3）犯罪情节、后果及其危害程度；（4）原审判决适用法律是否正确，是否必须判处死刑，是否必须立即执行；（5）有无法定、酌定从轻或者减轻处罚的情节；（6）其他应当审查的情况。

最高人民法院对判处死刑的案件经过复核后，应根据案件不同情形分别作出以下处理：

1. 原审判决认定事实和适用法律正确、量刑适当的，裁定予以核准；

2. 原审判决认定的事实错误或者证据不足的，裁定撤销原判，发回重新审判；

3. 原审判决认定的事实正确的，但适用法律有错误，或者量刑不当，不同意判处死刑的，应当直接改判；

4. 发现第一审人民法院或者第二审人民法院违反法律规定的诉讼程序，可能影响正确判决的，应当裁定撤销原判，发回第一审人民法院或者第二审人民法院重新审判。

二、实验目的

通过该实验项目，了解死刑复核程序设置的立法背景以及意义，领会最高人民法院统一行使死刑核准权的意义，掌握死刑立即执行、死刑缓期2年执行案件的刑法适用条件，掌握死刑案件的复核程序与方法。

三、实验内容

1. 死刑立即执行、死刑缓期2年执行的刑法适用。
2. 死刑报核中的案卷移送。

3. 死刑报请复核的程序。
4. 死刑复核的程序及处理。

四、实验要求

1. 正确理解死刑的刑法适用条件。
2. 明确死刑立即执行、死刑缓期 2 年执行案件的报请复核程序。
3. 明确死刑案件复核的方式与内容。
4. 掌握死刑案件复核后的不同处理方式。

五、实验角色分配与实验步骤

（一）实验角色分配

根据死刑复核程序的特点，本实验项目可以将实验角色作如下分配：（1）审判员（一组为报请复核的法官，另一组为死刑复核的法官）；（2）被告人；（3）辩护律师。

（二）实验步骤

1. 报请复核的法官依法移送案卷材料与有关司法文书。
2. 死刑复核的法官接受移送的诉讼案卷和证据、报请死刑复核的报告、案件综合报告。
3. 依法组成合议庭。
4. 审查核实案件的事实、证据、法律适用、诉讼程序等问题。
5. 依法提审被告人。
6. 制作死刑复核审理报告。
7. 根据案件具体情形，分别作出予以核准、裁定撤销原判发回重审或者改判的裁判书。

六、实验素材（案例）

案例一 王龙故意杀人案
案件事实：
公诉机关：北京市人民检察院北京铁路运输分院

第二部分 刑事司法实务

被告人（上诉人）：王龙，男，37岁，汉族，山西省介休市××镇农民。1982年10月27日因犯盗窃罪被判处有期徒刑2年；1985年12月10日因犯盗窃罪被判处有期徒刑9年；1993年4月22日被减刑1年，并于同年9月21日刑满释放；因涉嫌犯故意杀人罪于2000年12月4日被刑事拘留，2001年1月4日被逮捕。

指定辩护人：雷鸣，山西省临汾市金贝律师事务所律师。

2000年11月14日凌晨1时许，被告人王龙携带从其租住的房东冀有福（男，56岁，山西省介休市朱家巷29号）家中借来的斧头外出，后于当日凌晨2时许来到介休火车站售货部门卫室（兼休息室）内与门卫乔二应聊天。二人因分赃不均，发生口角。王龙遂用斧子朝乔二应的头部、面部、手及手臂、腿等部位猛砍21斧，造成乔二应因严重颅脑损伤而死亡。对指控的上述事实，公诉机关向本院移送并当庭出示或宣读了报案材料、抓获经过、部分物证或物证照片、证人证言及部分辨认笔录、尸体辨认笔录、作案凶器、提取凶器经过、扣押物品清单、现场勘验笔录及现场照片、刑事科学技术鉴定书、法医学鉴定报告书、户籍证明等证据。（具体内容见证据部分）

被告人王龙对起诉书指控其犯故意杀人罪的事实无异议，请求法院从轻处罚。其辩护人的辩护意见为，王龙是因盗窃被抓后，经公安机关多次讯问，交待了其杀人的事实，因此，是在公安机关未掌握主要犯罪事实的情况下，主动交待，才使案件得以突破，可以算作自首。

北京铁路运输中级法院经审理认为：被告人王龙无视法律，因与他人发生口角，即持斧行凶，向被害人乔二应头部、面部等处连续砍杀，将被害人乔二应砍伤多处，致其严重颅脑损伤死亡，该行为剥夺了公民的生命权，已构成故意杀人罪；且犯罪手段残忍、性质极为恶劣，依法应予以严惩。北京市人民检察院北京铁路运输分院起诉书指控被告人王龙犯故意杀人罪的基本事实清楚，证据确实、充分，指控罪名成立。辩护人关于有自首情节的辩护意见，经查王龙是在公安机关经过侦查，已将其列为重大犯罪嫌疑人，其又因盗窃被抓后，经公安机关多次讯问，才交待了其杀人的事实，并非主动投案、主动交待犯罪事实，不属于应视为自首的情况，故其辩护人关于王龙有自首情节的辩护意见，与事实不符，且没有法律根据，不能成立，本院不予采纳。

北京铁路运输中级法院依照《中华人民共和国刑法》第二百三十二条、第五十七条第1款、第六十四条，判决如下：

1. 被告人王龙犯故意杀人罪，判处死刑；剥夺政治权利终身。
2. 豆绿色上衣一件，皮钱夹一个，予以没收。
3. 作案证物斧子一把，锁头二把；在案铝质钥匙一把，发还原物所有人冀有福。
4. 被害人遗物秋裤、夹克衫、烟灰缸各一件，发还其亲属。

一审宣判后，原审被告人王龙不服一审判决，提出上诉。

二审期间，北京市人民检察院认为，原判认为王龙犯故意杀人罪的事实清楚，证据确实、充分，定性准确，量刑适当，审判程序合法，建议二审法院驳回王龙的上诉，维持原判。

王龙上诉期间提出，乔二应是其和一四川男人一块儿杀的；杀人时有一四川女人肖玲也在场。其辩护人认为，本案存在新的事实，应退回公安机关补充侦查，依法追究相关同案犯的刑事责任。

经北京市高级人民法院二审，认为上诉人王龙无视国法，因琐事竟非法剥夺他人生命，致人死亡，其行为已构成故意杀人罪，罪行极其严重，依法应予惩处。王龙上诉提出，"乔二应是其和一四川男人一块儿杀的；杀人时有一四川女人肖玲也在场。"经查，王龙在本案侦查、起诉、一审阶段供述一直稳定，始终供述是其一人将乔二应杀死。王龙所提的四川女子肖玲，经公安机关进行多次查找，未能找到。王龙所提的共同作案人——四川男人，王龙在本案侦查、起诉、一审阶段均未提及此人。据王龙在二审供述，该人是肖玲的老乡，姓名、住址不详，与王龙和乔二应均不认识，案发时随王龙及被害人乔二应一起到乔二应的住处，在王龙与乔二应发生争吵、王龙持斧砍击乔二应头部、腿部数下后四川男人又持斧砍乔二应，后离开现场。王龙让肖玲、四川男子逃走，并表示如果罪行败露，由王龙一人承担。王龙的上述供述无证据证实，显系狡辩，此供述不能推卸王龙持斧砍乔二应的罪责；其辩护人的辩护意见，亦无事实依据，不能采纳。北京铁路运输中级法院根据王龙犯罪的事实、犯罪的性质，情节及对于社会的危害程度所作的判决，定罪及适用法律正确，量刑适当，审判程序合法，应予维持。故依照《中华人民共和国刑事诉讼法》第一百八十九条第1项，裁定驳回王龙的上诉，维持原判。

证据证明：

1. 北京铁路公安局临汾公安处出具的案件调查处理报告，证实于2000年11月14日接介休火车站报案情况及立即赶赴现场开展侦查工作及于同年12月3日查获王龙的情况。

2. 北京铁路公安局临汾公安处刑侦队2000年11月14日出具的现场勘查记录，证实案发现场的情况，包括现场照片、现场的1串钥匙的照片及现场提取的血衣与王龙供述的作案时间、地点及现场状态相一致。

3. 证人冀有福证言及辨认笔录，证实王龙在发案期间租住其房间；王龙在发案前的2000年11月13日找其借斧子并在15日还回来；公安人员在2000年12月3日从其家中提取的斧子，就是王龙借用的那把斧子；王龙在2000年11月14日以后的十余天白天、晚上都没有出门，在这之前几乎天天晚上出去；现场照片上的那串钥匙就是王龙的。

4. 北京铁路公安局临汾公安处（2000）铁临公技尸检字第 12 号刑事科学技术鉴定书，证实被害人乔二应创口部位、大小、数量和程度，系被他人用便于挥动的锐器（综合特点分析损伤系斧类，如木工斧）砍击致严重颅脑损伤而死亡。

5. 公安机关根据王龙的供述在冀有福家提取的物证斧子一把和华西医科大学法医技术鉴定中心对该物证所作的法医学鉴定报告书，证实在公安机关提取的斧子上有血迹，检测血迹上的 DNA 遗传标记与被害人乔二应的遗传标记一致。

6. 证人任绍金证言，证实其在打扫被害人被害现场时曾发现过 1 串钥匙并把之扔掉，这串钥匙的外观特征与现场照片的那串钥匙一致。

7. 证人任绍金、李萍证言，证实王龙与乔二应在案发前有来往，并且王龙在案发十余天后打听案件侦破情况。

8. 证人孟铭彤证言，证实 2000 年 11 月 13 日晚 10 点 30 分许将其摩托车存放在被害人乔二应值班的门卫室内，与王龙供述在作案现场有一辆红色摩托车相一致。

9. 乔二应之子乔永军、胞弟乔五应对尸体辨认笔录，证实在介休火车站售货部门卫室内被杀害的称作张建军的真实姓名叫乔二应。

10. 王龙的父亲王天福证言，证实王龙出生是 1964 年阴历正月初五。

11. 山西省介休县人民法院刑事判决书、山西省汾阳县人民法院刑事判决书，证实王龙曾于 1982 年、1985 年两次犯盗窃罪被判刑，1993 年 9 月 21 日刑满释放。

12. 被告人王龙本人供述，与上述案发的作案时间、地点、手段、对象、事实后果相一致。

案例二　杨佳故意杀人案

案件事实：

原公诉机关上海市人民检察院第二分院。

上诉人（原审被告人）杨佳，男，1980 年 8 月 27 日出生于北京市，汉族，中专文化程度，无业。因涉嫌犯故意杀人罪于 2008 年 7 月 1 日被刑事拘留，同年 7 月 7 日被逮捕。现羁押于上海市看守所。

辩护人翟建，上海市翟建律师事务所律师。

辩护人吉剑青，北京市大成律师事务所上海分所律师。

上海市第二中级人民法院审理上海市人民检察院第二分院指控原审被告人杨佳犯故意杀人罪一案，于 2008 年 9 月 1 日作出（2008）沪二中刑初字第 99 号刑事判决。原审被告人杨佳不服，提出上诉。本院依法组成合议庭，公开开庭审理了本案。上海市人民检察院指派检察员季刚、郭菲力、代理检察员金为群出庭履行职务。上诉人杨佳及其委托的辩护人翟建、吉剑青,鉴定人管唯到庭参加诉讼。现已审理终结。

上海市第二中级人民法院判决认定:

被告人杨佳于2007年10月5日晚骑一辆无牌照自行车途经上海市芷江西路、普善路路口时,受到上海市公安局闸北分局(以下简称闸北公安分局)芷江西路派出所巡逻民警依法盘查,由于杨佳不配合,被带至该所询问,以查明其所骑自行车的来源。杨佳因对公安民警的盘查不满,通过电子邮件、电话等方式多次向公安机关投诉。闸北公安分局派员对杨佳进行了释明和劝导。杨在所提要求未被公安机关接受后,又提出补偿人民币1万元。杨因投诉要求未获满足,遂起意行凶报复。

2008年6月26日,杨佳来沪后购买了单刃尖刀、防毒面具、催泪喷射器等工具,并制作了若干个汽油燃烧瓶。

同年7月1日上午9时40分许,杨佳携带上述作案工具至上海市天目中路578号闸北公安分局北大门前投掷燃烧瓶,并戴防毒面具,持尖刀闯入该分局底楼接待大厅,朝在门内东侧办公桌前打电话的保安员顾建明头部砍击。随后,杨佳闯入大厅东侧的治安支队值班室,持尖刀分别朝方福新、倪景荣、张义阶、张建平等四名民警的头面、颈项、胸、腹等部位捅刺、砍击。接着,杨佳沿大楼北侧消防楼梯至第9层,在消防通道电梯口处遇见民警徐维亚,持尖刀朝徐的头、颈、胸、腹等部位捅刺。后杨佳继续沿大楼北侧消防楼梯上楼,在第9~10层楼梯处遇见民警王凌云,持尖刀朝王的右肩背、右胸等部位捅刺。杨佳至第11层后,在1101室门外,持尖刀朝民警李珂的头、胸等部位捅刺。此后,杨佳沿大楼北侧消防楼梯至第21层,在大楼北侧电梯口,持尖刀朝民警吴钰骅胸部捅刺。吴钰骅被刺后退回2113室。杨佳闯入该室,持尖刀继续对民警实施加害,室内的李伟、林玮、吴钰骅等民警遂与杨佳搏斗,并与闻讯赶来的容侃敏、孔中卫、陈伟、黄兆泉等民警将杨佳制服。其间,民警李伟右侧面部被刺伤。

被害人方福新、张义阶、李珂、张建平被锐器戳刺胸部伤及肺等致失血性休克;被害人倪景荣被锐器戳刺颈部伤及血管、气管等致失血性休克;被害人徐维亚被锐器戳刺胸腹部伤及肺、肝脏等致失血性休克,上述六名被害人经抢救无效而相继死亡。被害人李伟外伤致面部遗留两处缝创,长度累计达9.9厘米,并伤及右侧腮腺;被害人王凌云外伤致躯干部遗留缝创,长度累计大于15厘米,右手食指与中指皮肤裂伤伴伸指肌腱断裂,李、王二人均构成轻伤。被害人吴钰骅外伤致右上胸部软组织裂创长为3厘米;被害人顾建明外伤致头皮裂创长为5.1厘米,吴、顾二人均构成轻微伤。

杨佳上诉辩称:其闯入闸北公安分局大楼时无杀人故意,造成多名民警死亡,实属意外;在芷江西路派出所接受盘查时,被数名民警按倒在地殴打;要求相关民警出庭未获准许,一审审判程序不公正。

辩护人认为:公安机关未能提供杨佳在芷江西路派出所接受盘查时的完整录像,不能排除杨佳曾遭公安民警殴打;司法鉴定科学技术研究所司法鉴定中心不具备鉴定资质,该中心对杨佳所作的鉴定结论不具有法律效力;杨佳可能存在精神异常情况,建议对杨佳重新进行精神病司法医学鉴定。

一审法院认为,被告人杨佳为泄愤报复,持尖刀朝数名公安民警及保安人员连续捅刺,造成六人死亡,二人轻伤,二人轻微伤的严重后果,其行为已构成故意杀人罪,应依法惩处。据此,依照《中华人民共和国刑法》第二百三十二条、第五十七条第1款和第六十四条之规定,以故意杀人罪判处被告人杨佳死刑,剥夺政治权利终身;作案工具予以没收。

上海市人民检察院认为:一审判决认定杨佳犯故意杀人罪事实清楚,证据确实、充分,定性准确;杨佳犯罪动机清楚,杀人行为系在其意志支配、控制下实施,经依法鉴定具有完全刑事责任能力;民警对杨佳的盘查依法有据,杨佳所称遭民警殴打,没有证据支持;一审开庭符合公开审判的原则,所有证人证言均经当庭质证,未准许杨佳申请的证人出庭于法有据,法庭保障了其质证权利,杨佳在一审庭审中不回答法庭提问,不影响对案件事实的认定,一审审判程序合法;杨佳故意杀人,罪行极其严重,社会危害极大,且无法定从轻、减轻情节,一审判决量刑恰当。综上,杨佳的上诉理由缺乏事实和法律依据,不能成立。建议二审法院驳回杨佳的上诉,维持原判,依法报请最高人民法院核准。

关于杨佳上诉称其没有杀人故意,且在本院开庭审理时,对其行凶杀人的事实辩称记不清或不是事实。经查,杨佳在闸北公安分局持刀行凶杀人的事实,有查获的作案工具、《现场勘查笔录》、《尸体检验报告》、相关《鉴定书》和闸北公安分局大楼监控录像、被害人的陈述、目击证人的证言等大量证据证实,杨佳到案后亦曾供认在案。根据杨佳持刀行凶过程及捅刺被害人身体的部位、力度和结果,已充分证实杨佳具有明显的杀人故意。因此,杨佳的相关辩解,与事实不符。

关于杨佳上诉称在芷江西路派出所接受盘查时,被数名民警按倒在地殴打。经查,现场执法录音以及相关证人证言证实,芷江西路派出所巡逻民警依法盘查杨佳时,由于杨佳不配合,即将杨带至派出所询问;芷江西路派出所的监控录像中未反映出民警对杨佳实施殴打;杨佳本人笔记本记载及给本市公安机关的《投诉信》中均未提及被数名民警按倒在地殴打;相关民警陈述,在芷江西路派出所内对杨佳进行盘查时没有殴打过杨佳。因此,杨佳上诉称其在芷江西路派出所被数名民警按倒在地殴打,没有证据证实。

关于杨佳上诉称部分证人未出庭作证,一审审判程序不公正。经查,上海市第二中级人民法院开庭审理时,针对本案的起因,公诉人宣读了相关民警的证言,出示了杨佳的《投诉信》;法庭还根据辩护人的申请,通知证人顾海奇到庭作证,播放了芷江西路派出所的现场执法录音和监控录像,上述证据均经当庭质证,查证属实,作为定案根据。本院认为,根据《最高人民法院关于执行〈中华人民共和国刑事诉讼法〉若干问题的解释》第五十八条规定,"未出庭证人的证言宣读后经当庭查证属实的,可以作为定案的根据",一审法院的审判程序,符合我国刑事诉讼法和相关司法解释的规定。

关于辩护人提出司法鉴定科学技术研究所司法鉴定中心不具备鉴定资质,建议对杨佳重新进行精神病司法医学鉴定的意见。

经查,《司法鉴定许可证》和证人朱广友的证言等证据证实,司法鉴定科学技术研究所司法鉴定中心根据《全国人民代表大会常务委员会关于司法鉴定管理问题的决定》的规定,经司法行政部门审核后予以登记并公告,取得了包括法医精神病鉴定等业务范围的《司法鉴定许可证》。因此,该鉴定中心依法具备鉴定资质。

司法鉴定科学技术研究所司法鉴定中心的《鉴定意见书》及鉴定人管唯的当庭说明反映,该鉴定中心接受公安机关的委托后,鉴定人审查了本案的有关材料,结合送检材料及精神检查所见,杨佳有现实的作案动机,对作案行为的性质、后果有客观的认识,根据有关诊断标准,杨佳无精神病,作案时对自己的行为存在完整的辨认和控制能力,按照有关技术规范,应评定为完全刑事责任能力。

现有证据表明,本案对杨佳进行司法鉴定的鉴定机构及鉴定人均有资质,鉴定人除对杨佳进行检查性谈话外,还审查了本案相关材料,鉴定程序规范、合法,鉴定依据的材料客观,鉴定结论符合杨佳的作案实际情况。本案无证据证实存在鉴定人不具备相关鉴定资格、鉴定程序不符合法律规定、鉴定材料有虚假、鉴定方法有缺陷、鉴定结论与其他证据相矛盾或者鉴定人应当回避而没有回避等情形。杨佳具有完全刑事责任能力的鉴定结论,符合刑事证据合法性、客观性、关联性的基本特征,应予采信。辩护人申请对杨佳重新进行精神病司法医学鉴定的理由不充分,本院不予准许。

本院认为,上诉人杨佳因对公安民警就其所骑无牌照自行车依法进行盘查及对公安机关就其投诉的处理不满,蓄意行凶报复,经充分准备,携带尖刀等作案工具闯入公安机关,连续捅刺、砍击数名民警及保安人员,造成六人死亡、二人轻伤、二人轻微伤的严重后果,其行为已构成故意杀人罪,犯罪手段极其残忍,罪行极其严重,社会危害极大,且无法定从轻情节,应依法惩处。原判认定被告人杨佳故意杀人的犯罪事实清楚,证据确实、充分,适用法律正确,量刑适当,审判程序合法。杨佳的上诉理由不能成立。辩护人的辩护意见,本院不予采纳。上海市人民检察院建议驳回上诉,维持原判的意见正确,应予支持。现依照《中华人民共和国刑事诉讼法》第一百八十九条第1项的规定，裁定如下：

驳回上诉，维持原判。

依照《中华人民共和国刑事诉讼法》第一百九十九条的规定，本裁定依法报请最高人民法院核准。

证据证明：

1. 证实被告人杨佳故意杀人的证据有：查获的尖刀、防毒面具、催泪喷射器等作案工具；上海市公安局［2008］沪公刑技痕勘字第0069号、［2008］沪公闸刑技勘字第1841号《现场勘查笔录》；上海市公安局物证鉴定中心沪公刑技物字［2008］0091号《检验报告》；上海市公安局沪公刑技法检字［2008］00293号《尸体检验报告》；上海市公安局损伤伤残鉴定中心沪公刑技伤字［2008］01899号、01900号、01901号、01902号《鉴定书》；上海市公安局4008930号、4008932号《扣押物品、文件清单》；闸北公安分局北大门口、底楼接待大厅、治安支队值班室的监控录像；被害人顾建明、王凌云、吴钰骅、李伟的陈述，证人童佳骏、佘长富、石金根、惠立生、陶文瑾、黄骏远、乔军、孔中卫、黄兆泉、容侃敏、陈伟、李秀英、李金英、江玉英、陈舟等人的证言和相关辨认笔录，证人林玮的当庭陈述以及被告人杨佳的相关供述。

2. 司法鉴定科学技术研究所司法鉴定中心出具的司鉴中心［2008］技鉴字第504号《鉴定意见书》的结论为，未发现芷江西路派出所民警现场执法的录音经过剪辑处理。

3. 上海市公安局物证鉴定中心沪公刑技文鉴字［2008］第0687号《鉴定书》的结论为，杨佳笔记本中的"20：30左右芷江西路．由东向西．遇一警察拦车，检查，停车（车上有东西，不能下车），警：你的身份证，答：在旅店里。为什么要查身份证，J：把身份证拿出来，靠边停车"字迹是杨佳本人所写。

4. 证人寿绪光（芷江西路派出所副所长）2008年9月24日陈述：2007年10月5日晚，因杨佳骑一辆无牌照自行车，且不配合民警盘查，民警将杨口头传唤至派出所，派出所民警在盘查过程中未殴打过杨佳。

证人高铁军（芷江西路派出所民警）2008年9月24日陈述：2007年10月5日晚，民警将杨佳带进派出所工作区域后未殴打过杨佳。

证人吴钰骅（闸北公安分局督察支队民警）2008年9月28日陈述：2007年10月5日晚，其先后接到上海市公安局警务督察处和芷江西路派出所的电话，遂赶至芷江西路派出所，听取了杨佳的意见，向所内民警了解了情况，审查了当晚的执法录音和监控录像，没有发现民警殴打杨佳的证据，并将调查结果告知了杨佳，同时做了说服工作。

5. 上海市司法局颁发给司法鉴定科学技术研究所司法鉴定中心的《司法鉴

定许可证》的有效期限为 2006 年 9 月 28 日至 2011 年 9 月 28 日，鉴定业务范围包括法医精神病鉴定等。

6.《司法部关于撤消"司法部司法鉴定中心"的批复》记载：根据全国人大常委会《关于司法鉴定管理问题的决定》，司法部于 2005 年 9 月 22 日同意撤消"司法部司法鉴定中心"。

7.《事业单位法人证书》记载：司法鉴定科学技术研究所系事业单位法人，业务范围包括司法鉴定与检验等。

8. 证人朱广友（司法鉴定科学技术研究所司法鉴定中心机构负责人）2008 年 9 月 27 日陈述：司法鉴定中心系由公益性事业单位司法鉴定科学技术研究所设立的机构，经上海市司法局审核，编入司法鉴定机构名册并予公告。

七、法律适用参考

《中华人民共和国刑法》（1997 年修正）第五十七条第一款、第六十四条、第二百三十二条、第三百三十二条

《中华人民共和国刑事诉讼法》（1996 年修正）第一百八十九条第一项

《最高人民法院关于执行〈中华人民共和国刑事诉讼法〉若干问题的解释》第二百八十五条第一项

《最高人民法院、最高人民检察院、公安部、司法部关于进一步严格依法办案确保办理死刑案件质量的意见》

《最高人民法院关于适用停止执行死刑程序有关问题的规定》

《最高人民法院、司法部关于充分保障律师依法履行辩护职责确保死刑案件办理质量的若干规定》

《最高人民法院关于复核死刑案件若干问题的规定》

八、主要文书附件

中华人民共和国最高人民法院
刑事裁定书

（核准死刑用）

（××××）最刑核字第××号

被告人……（写明姓名、性别、出生年月日、民族、籍贯、职业或工作单位

和职务、住址等,现在何处)。

××××中级人民法院于××××年××月××日以(××××)×刑初字第××号刑事判决,认定被告人×××犯××罪,判处死刑,剥夺政治权利终身。……(此处简写上诉、抗诉后经二审维持原判,或者没有上诉、抗诉经高级法院复核同意原判的情况)。××××高级人民法院依法报送本院核准。本院依法组成合议庭进行了复核。合议庭评议后,审判委员会第××次会议进行了讨论并作出决定。本案现已复核终结。

本院确认……(写明经复核肯定原判认定的犯罪事实、情节及其具体证据的内容)

被告人×××……(阐明同意判处死刑的理由)。依照……(写明裁定所依据的法律条款项)的规定,裁定如下:

核准××××中级人民法院(××××)×刑初字第××号以××罪判处被告人×××死刑,剥夺政治权利终身的刑事判决。

本裁定送达后即发生法律效力。

            审判长 ×××
            审判员 ×××
            审判员 ×××
         ××××年××月××日
             (院印)

本件与原本核对无异

            书记员 ×××

中华人民共和国最高人民法院
刑事判决书
(复核死刑改判用)

(××××)最刑核字第××号

被告人……(写明姓名、性别、出生年月日、民族、籍贯、职业或工作单位和职务、住址和因本案所受强制措施情况等,现在何处)

××××中级人民法院于××××年××月××日以(××××)×刑初字第××号刑事判决,认定被告人×××犯××罪,判处死刑,剥夺政治权利终身。……(此处简写上诉、抗诉后经二审维持原判,或者没有上诉、抗诉经高级法院复核同意原判的情况)。××××高级人民法院依法报送本院核准。本院依法组成合议庭进行了复核,经合议庭评议后,审判委员会第××次会议进行了讨论并作出决定。本案现已复核终结。

……(概要写明一审判决的基本内容和被告人的供述、上诉、抗诉的要点,以及高级法院二审裁判的结果或复核意见)

经复核查明,……(肯定原判认定的事实、情节没有错误,证据确实、充分。如果某些事实、情节有出入的,应写明复核查证的情况,予以明确否定。对于事实方面的其他异议,必要时也应予以分析澄清)。

本院认为……(根据复核确认的事实、情节和有关法律规定,针对一审判决、二审裁定等关于定罪量刑方面的错误,参考上诉、辩护、抗诉的合理意见,阐明不应判处死刑而应改作其他判处的理由)。依照……(写明判决所依据的法律条款项)的规定,判决如下:

……[写明判决结果。分两种情况:

第一,全部改判的,表述为:

"一、撤销××××中级人民法院(××××)×刑初字第××号刑事判决(二审终审的要同时撤销二审法院维持原判的刑事裁定);

二、被告人×××……(写明改判内容)。"

第二,部分改判的,表述为:

"一、核准(或维持)××××中级人民法院(××××)×刑初字第××号刑事判决的第×项(二审终审的要同时写明核准或维持二审法院维持原判的刑事裁定的相应部分),即……(写明核准或维持的具体内容);

二、撤销××××中级人民法院(××××)×刑初字第××号刑事判决的第×项(二审终审的要同时写明撤销二审法院维持原判的刑事裁定的相应部分),即……(写明撤销的具体内容);

三、被告人×××……(写明部分改判的内容)。"]

本判决送达后即发生法律效力。

审判长　×××
审判员　×××
审判员　×××
××××年××月××日
（院印）

本件与原本核对无异

书记员

××××高级人民法院
刑事裁定书
（核准死刑缓期执行用）

（××××）×刑核字第××号

被告人……（写明姓名、性别、出生年月日、民族、籍贯、职业或工作单位和职务、住址等，现在何处）

××××中级人民法院于××××年××月××日以（××××）×刑初字第××号刑事判决，认定被告人××犯××罪，判处死刑，缓期二年执行，劳动改造，以观后效，剥夺政治权利终身。在法定期限内没有上诉、抗诉。××××中级人民法院依法报送本院核准。本院依法组成合议庭进行了复核。经合议庭评议后，审判委员会进行了讨论并作出决定。本案现已复核终结。

本院确认……（写明经复核肯定原判认定的犯罪事实、情节及其具体证据的内容）

被告人×××……（阐明同意判处死刑缓期执行的理由）。依照……（写明裁定所依据的法律条款项）的规定，裁定如下：

核准××××中级人民法院（××××）×刑初字第××号以××罪判处被告人×××死刑，缓期二年执行，劳动改造，以观后效，剥夺政治权利终身的刑事判决。

本裁定送达后即发生法律效力。

审判长　×××
审判员　×××
审判员　×××
××××年××月××日
（院印）

本件与原核对无异

书记员　×××

××××高级人民法院
刑事裁定书
（复核死刑缓期执行发回重审用）

（××××）×刑核字第××号

被告人……（写明姓名、性别、出生年月日、民族、籍贯、职业或工作单位和职务、住址等，现在何处）

××××中级人民法院于××××年××月××日以（××××）×刑初字第××号刑事判决，认定被告人×××犯××罪，判处死刑，缓期二年执行，劳动改造，以观后效，剥夺政治权利终身。在法定期限内没有上诉、抗诉。××××中级人民法院依法报送本院核准。本院依法组成合议庭进行了复核。本案经合议庭评议（审判委员会进行了讨论）并作出决定。

本院认为，……（概述原判事实不清，证据不足，或者适用法律有错误，或者量刑不当的情况）。依照……（写明裁定所依据的法律条款项）的规定，裁定如下：

一、撤销××××中级人民法院（××××）×刑初字第××号刑事判决；

二、发回××××中级人民法院重新审判。

审判长　×××
审判员　×××
审判员　×××
××××年××月××日
（院印）

本件与原本核对无异

书记员　×××

中华人民共和国最高人民法院
刑事裁定书
（复核死刑发回重审用）

（××××）最刑核字第××号

被告人……（写明姓名、性别、出生年月日、民族、籍贯、职业或工作单位和职务、住址等，现在何处）

×××中级人民法院于××××年××月××日以（××××）×刑初字第××号刑事判决，认定被告人×××犯××罪，判处死刑，剥夺政治权利终身。……（简要写明上诉、抗诉后经二审维持原判，或者没有上诉、抗诉经高级法院复核同意原判的情况）。××××高级人民法院依法报送本院核准。本院依法组成合议庭进行了复核。本案经合议庭评议（审判委员会第××次会议进行了讨论）并作出决定。

本院认为，……（概述原判决事实不清，证据不足，或者适用法律有错误，或者量刑不当的情况）。依照……（写明裁定所依据的法律条款项）的规定，裁定如下：

　　一、撤销××××中级人民法院（××××）×刑初字第××号刑事判决（二审终审的要同时撤销二审法院维持原判的刑事裁定）；

　　二、发回××××人民法院重新审判。

审判长　×××
审判员　×××
审判员　×××
××××年××月××日
（院印）

书记员　×××

本件与原本核对无异

第三部分 刑事执法实务

实验项目一 行刑的社会效果分析

一、法律原理概述

行刑的社会效果主要包括刑罚的执行成本及其社会效果的实现。

（一）刑罚的执行成本

所谓刑罚执行成本，是指国家对罪犯执行刑罚所支付的费用和代价，包括刑罚执行过程中直接和间接占用和耗费的人力、物力和财力。如果从动态中考察刑罚执行活动的效益性，可以把刑罚执行过程中投放的司法资源按照其特征划分为固定成本和变动成本两种。

刑罚的固定成本主要是指支撑刑罚体制的经济成本，它包括制刑机关（即立法机关）、求刑和量刑机关（即侦查机关、检察机关、审判机关）、行刑机构这些机关（或机构）的设置、人员的配备、各种设施、设备的配置、工作人员的工资福利待遇、日常性开支等。刑罚的固定成本受制于国家的政治体制、司法体制，具体来讲与国家的机构设置、国家的财政制度和财政状况、国家人事制度等因素密切相关。目前我国正在进行的政治体制改革和司法体制改革，对于降低刑罚固定成本有着很大的意义，比如，司法人事制度改革就能起到降低司法人员数量、提高司法人员质量的作用，司法人员数量减少了，刑罚固定成本自然也会随之降低；司法人员质量提高了，就有助于保证刑罚正确、科学、有效地运行，而且还可以降低变动成本、错误成本、机会成本。从理想状态看，刑罚固定成本的规模主要应当与刑事案件的规模相适应。

刑罚执行的变动成本，是指刑罚执行中随着奖惩措施的运用、执行社会化程度、误判率以及执行的合理性等因素的变化而发生变动的成本支出，它表现为因刑罚执行过量或者投入不足而产生的"不必要的代价"。变动成本作为刑罚执行成本之一，是客观存在的，而且随着刑罚执行方式和程度以及合理性的变化而不停地变动。从整个国家来看，刑罚变动成本的总量是各个具体刑事案件求刑、量刑、行刑所直接耗费的资源的总和。所以具体刑事案件的变动成本的高低决定了刑罚变动成本的总量。具体案件的刑罚变动成本受多方面因素的影响：一是司法工作人员的素质。二是刑罚运行程序的繁简。三是刑事案件的复杂、严重程度。四是刑罚的执行方法不同，所耗费的成本也不一样。

除此之外，刑罚执行还应考虑机会成本。所谓机会成本，是指"在具有稀缺性的世界里做出的一个选择要求我们放弃其他事情，实际上，我们付出的代价是做其他事情的机会。所放弃的选择被称为机会成本"。机会成本引入刑罚执行成本的概念中，目的在于从动态决策的角度考察刑罚执行活动，从而促使国家刑罚执行机关在符合刑罚执行价值目标的前提下，面对多种行为方式做出符合经济学上效益要求的合理选择。一般而言，付出机会成本越小，刑罚执行效益则越高。

（二）刑罚的社会效果的实现

刑罚的功能是指国家制定、裁量和执行刑罚对人们可能产生的积极作用。国家创制、适用和执行刑罚的活动，对不同的对象可能产生不同的功效与作用。根据功效、作用和对象范围的不同，刑罚的功能，可以从三个方面加以论述。

1. 对犯罪人的功能。刑罚是对犯罪人适用的强制方法，它首先对犯罪人发生作用。刑罚对犯罪人的功能，主要有如下两种：

（1）惩罚功能。刑罚是惩罚犯罪人的手段，它以剥夺犯罪人一定的权益为内容，同时包含着国家对犯罪人的否定评价和严厉遣责。任何刑罚都具有惩罚功能，这是各种刑罚的共性；但不同刑罚还具有不同的惩罚功能，这是各种刑罚的个性。死刑是剥夺犯罪人生命的刑罚，它从肉体上将犯罪人加以消灭，使犯罪人本人永远不可能再危害社会。无期徒刑、有期徒刑、拘役是剥夺犯罪人身体自由的刑罚，它将犯罪人置于监狱或看守所，使之在一定期间与社会隔离开来，不致再对社会实施危害行为。自由刑的这种功能，被称为隔离功能。管制是限制犯罪人身体自由的刑罚，它将犯罪人置于公安机关的管束和人民群众的监督之下，使服刑人不易重新犯罪。罚金和没收财产是以剥夺犯罪人一定财产为内容的刑罚，它或者剥夺犯罪人的犯罪资本，或者使其感受丧失财产的痛苦，因而可能抑制其重新犯罪。剥夺政治权利使犯罪人丧失原来享有的一定权利，这对其利用原有职务和其他权利进行犯罪是一种有效的惩罚，从而可以防止其重新利用这种权利进行犯罪活动。可见不同刑罚的不同功能对防止服刑人重新犯罪的强度是不同的。

但不能由此得出结论,为了防止重新犯罪,应当尽量适用具有高强度防止再犯能力的刑罚。因为从报应刑的观点来看,罪刑应相适应,轻罪重判,有违刑罚的公平原则,必然会引起犯罪人的不满和社会心理的不平衡。轻罪也不能用重刑,否则绝不可能达到刑罚惩罚功能所预期的效果。我国法律文化历来提倡宽严相济。

(2) 改造教育功能。这可以说是我国刑罚对犯罪人的主要功能。

我国刑罚的改造功能,包括如下两方面:

①劳动改造功能。犯罪分子大多是从好逸恶劳、贪图享受、追求淫乐而走向犯罪的。通过劳动,使犯罪人逐步养成劳动习惯,能够矫正其好逸恶劳的恶习,恢复普通人的正常本性。为了通过劳动,有效改造罪犯,必须正确处理劳动与改造的关系。应当明确,劳动是手段,改造是目的,劳动是为改造服务的,不能一味劳动,忽视改造,甚至丢掉改造。这样就会丧失刑罚的劳动改造功能。

②教育改造功能。教育可以使人增长知识,改变观念,提高思想,学会技能;所以从事教育职业的教师,被誉为人类灵魂的工程师。由于教育具有如此功能,因而它也是改造罪犯不可或缺的方法。为了收到教育改造罪犯的良好效果,在改造罪犯的教育中,应当因人施教,分类教育,以理服人;并且采取集体教育与个别教育相结合,狱内教育与社会教育相结合,以更好地发挥刑罚的教育改造功能。

2. 对社会的功能。刑罚虽是对犯罪人适用的,但它同时是社会的防卫手段。因而刑罚不仅对犯罪人发生作用,而且对社会产生作用。刑罚对社会的功能,我们认为主要有以下三种:

(1) 威慑功能。或称威吓功能,即刑罚以其具有剥夺权益的强制力使人畏惧而不敢犯罪。我们既不能夸大刑罚的威慑功能,也不宜否定刑罚的威慑功能,刑罚具有一定的威慑功能是客观存在的。详言之,刑罚不是对任何人都产生威慑的效果,对绝大多数人来说,他们奉公守法,从没有想到违法犯罪,这不是因为害怕犯罪后会受到刑罚处罚,而是由于他们具有良好的思想意识;对于极少数恶性很深或者犯罪习性很深的人来说,他们虽然知道犯罪后会受重惩,也不惜以身试法,刑罚对他们很难发挥威慑功能。但对一部分潜在犯罪人或者不稳定分子来说,刑罚的威慑功能会产生一定的效果,他们可能慑于刑罚的威力而不去实施犯罪行为,因而对刑罚的威慑功能,需要给予应有的重视。

刑罚的威慑功能在刑罚的三个阶段上都存在。首先是法定刑,立法上规定某种犯罪应处什么刑罚,这向全社会提供一个犯罪与刑罚的对价表,使欲犯罪者了解后,不愿为犯罪付出高昂的代价,会望而却步。其次是宣告刑,对实施犯罪的人,在查明其犯罪事实后,依法宣布对犯罪人判处的刑罚,有违法犯罪意念者看到罪犯受到现实的刑罚惩罚,不愿重蹈覆辙,会从中吸取教训,打消犯罪意念。

最后是执行刑，犯罪人身受执行刑罚之苦，多为社会上的人所知晓，有犯罪之念者闻知个中情况，也可能有所警戒，回心向善。因此，我们对刑罚在各个阶段上的威慑功能都不应忽视。

（2）教育功能。对一些犯罪规定一定的刑罚，可以教育广大人民群众，了解违法犯罪行为的后果，自觉地遵纪守法，并积极参与同犯罪分子的斗争。对犯罪人判处应得的刑罚和执行刑罚，可以使广大人民群众进一步知法、懂法，认识犯罪之后刑罚的不可避免，会提高人民群众遵纪守法的自觉性和同犯罪分子斗争的积极性。

（3）鼓励功能。犯罪人的犯罪行为，侵害公民利益，危害社会秩序，广大奉公守法的公民，对之无不心怀痛恨。在犯罪人受到刑罚的宣判和执行时，他们解除了心头之恨，由衷地感到欢欣鼓舞，特别是对严重危害社会治安的犯罪分子判处刑罚时，更是如此。

3. 对被害人的功能。被害人包括犯罪行为的直接受害者和直接受害者的家属。由于受到犯罪行为的侵害，被害人对犯罪人不免存在复仇心理；但现代社会不允许私人复仇，这样当法院对犯罪人判处刑罚并付诸实际执行时，被害人在心理上就会得到满足。

二、实验目的

通过该实验项目，加深对刑罚执行成本的认识和理解，通过了解刑罚执行的效果，对刑罚的价值、负面效应以及成本等进行深入的了解、认识，在此基础上反思当前刑罚适用在理念层面以及制度层面存在的问题。

三、实验内容

安排学生到某一行刑机构参观，与执刑与服刑人员交流，了解刑罚执行的方式、服刑人的感受、改造成本、改造效果等内容。参观结束后，将学生分成六个小组，让每个小组经过内部讨论，分析当前行刑过程的问题，在此基础上设计出一套模拟的行刑模式，对刑罚的执行方式、执行成本、执行效果等提出建设性意见，并在这种模式下对当前的主要刑罚制度进行评价。

四、实验要求

1. 理解刑罚执行成本的概念，进而加深对刑罚执行的固定成本和流动成本的认识。

2. 全面理解刑罚对犯罪人的惩罚功能和教育改造功能；对被害人的安抚功能以及刑罚对社会的威慑功能和教育鼓励功能。

3. 认真把握和理解刑罚的目的，明确特殊预防和一般预防的概念，区分一般预防和特殊预防的实现方式。

实验项目二　减　　刑

一、法律原理概述

减刑，是指对被判处管制、拘役、有期徒刑、无期徒刑在执行刑罚过程中确有悔改或者立功表现的被执行人，依法减轻其刑罚的一项制度。减刑包含两方面的含义：一是将较重的刑种减为较轻的刑种，如将原判无期徒刑减为有期徒刑；二是将较长的刑期减为较短的刑期，如将原判有期徒刑 10 年减为有期徒刑 7 年。

减刑是我国的一项刑罚执行制度，建立这项制度的根据来源于对犯罪人区别对待的刑事政策和刑罚经济性原则。犯罪分子实施了危害国家和人民利益的犯罪行为，应受到刑罚的制裁，接受劳动改造。但是因犯罪人的犯罪行为的性质、情节、社会危害程度和主观恶性各有不同，在刑罚执行期间的改造情况也存在较大的差异。其中有些犯罪分子经过服刑改造，确有悔改和立功表现，说明其人身危险性已经减弱。在不损害国家法律的严肃性和人民法院判决的权威性的前提下，通过适当减轻犯罪分子原判决刑罚的办法，对表现好的犯罪分子予以鼓励，有利于巩固改造成果，促进犯罪分子加速改过自新，早日成为社会的有用之才，并有利于对其他犯罪分子的改造。

根据《刑法》第七十八条规定，对犯罪分子减刑，必须符合下列条件：

（一）减刑的适用对象是被判处管制、拘役、有期徒刑、无期徒刑的犯罪分子

减刑的适用，只有刑罚种类的限制，而没有犯罪性质、罪行轻重或者刑期长短等方面的限制，只要犯罪分子被判处的是上述四种刑罚之一，不论其是危害国家安全罪犯还是其他刑事犯罪，是故意犯还是过失犯，是重犯还是轻犯，凡具备了法定减刑的实质条件的上述犯罪分子，都可以减刑。

（二）减刑适用的根据是《刑法》第七十八条

被判处管制、拘役、有期徒刑、无期徒刑的犯罪分子，在执行期间，如果认真遵守监规，接受教育改造，确有悔改表现的，或者有立功表现的，可以减刑；有重大立功表现之一的，应当减刑。只有当被判处管制、拘役、有期徒刑、无期徒刑的犯罪分子，在执行期间，如果认真遵守监规，接受教育改造，确有悔改表现的，或者有立功表现时，才能说明其人身危险性已经减弱，对他的教育改造收到了预期的效果，才符合减刑制度的宗旨和目的。在适用减刑时，要搞清楚如下几个概念的具体内容：

（1）确有悔改表现。根据最高人民法院《关于办理减刑、假释案件具体应用法律若干问题的规定》（1997年10月28日），所谓"确有悔改表现"是指同时具备以下四个方面情形：认罪服法；认真遵守监规；接受教育改造；积极参加政治、文化、技术学习；积极参加劳动，完成生产任务。

（2）立功表现。根据上述司法解释规定，所谓"立功表现"是指具有下列情形之一的：①检举、揭发监狱内外犯罪活动，或者提供重要的破案线索，经查证属实的；②阻止他人犯罪活动的；③在生产科研中进行技术革新，成绩突出的；④在抢险救灾或者重大事故中表现积极的；⑤有其他有利于国家和社会的突出事迹的。

（3）重大立功表现。根据《刑法》第七十八条的规定，具有下列情形之一的，是重大立功表现，对有重大立功表现的，应该减刑：①阻止他人重大犯罪活动的；②检举监狱内外重大犯罪活动，经查证属实的；③有发明创造或者重大技术革新的；④在日常生产、生活中舍己救人的；⑤在抗御自然灾害或者排除重大事故中，有突出表现的；⑥对国家和社会有其他重大贡献的。

（三）减刑的适用限度

减刑的目的是鼓励犯罪分子加速改造，它的适用必须以原判刑罚为基础，因此，减刑必须有一个限度。应当根据犯罪分子的犯罪性质、主观恶性和罪刑轻重等因素确定适当减刑的幅度。减得过多，有损于国家法律的严肃性和法院判决的权威性，也难以做到罪刑相适应，使犯罪分子得不到必要的惩罚和改造；减刑过少，又起不到鼓励犯罪分子积极改恶从善的作用，失去减刑制度的意义。为了防止减刑过度，刑法和上述司法解释对不同犯罪分子"实际执行刑期"做了相应的限制：根据刑法的规定，管制、拘役、有期徒刑一次或者多次减刑的时间不得超过原判刑期的1/2，无期徒刑减刑后实际执行的刑期不得少于10年，同时，无期徒刑减为有期徒刑时，附加的剥夺政治权利终身应减为剥夺政治权利3年以上10年以下。对于判处3年以下有期徒刑缓刑或者拘役缓刑的罪犯，也可以减刑，具体为减少考验期，减刑后有期徒刑的考验期不能少于 1 年，拘役的考验期不能少于 1 个月。

(四) 减刑适用的起始和间隔时间

《最高人民法院关于办理减刑、假释案件具体应用法律若干问题的规定》对此作出了规定：(1) 对有期徒刑罪犯在刑罚执行期间，符合减刑条件的减刑幅度为：如果确有悔改表现的，或者有立功表现的，一般一次减刑不超过 1 年有期徒刑；如果确有悔改表现并有立功表现，或者有重大立功表现的，一般一次减刑不超过 2 年有期徒刑。被判处 10 年以上有期徒刑的罪犯，如果悔改表现突出的，或者有立功表现的，一次减刑不得超过 2 年有期徒刑；如果悔改表现突出并有立功表现，或者有重大立功表现的，一次减刑不得超过 3 年有期徒刑。(2) 有期徒刑罪犯的减刑起始时间和间隔时间为：被判处 5 年以上有期徒刑的罪犯，一般在执行 1 年半以上方可减刑；两次减刑之间一般应当间隔 1 年以上。被判处 10 年以上有期徒刑的罪犯，一次减 2～3 年有期徒刑之后，再减刑时，其间隔时间一般不得少于 2 年。被判处不满 5 年有期徒刑的罪犯，可以比照上述规定，适当缩短起始和间隔时间。确有重大立功表现的，可以不受上述减刑起始和间隔时间的限制。(3) 无期徒刑罪犯在执行期间，如果确有悔改表现的，或者有立功表现的，服刑 2 年以后，可以减刑。减刑幅度为：对确有悔改表现的，或者有立功表现的，一般可以减为 18 年以上 20 年以下有期徒刑；对有重大立功表现的，可以减为 13 年以上 18 年以下有期徒刑。(4) 无期徒刑罪犯在刑罚执行期间又犯罪，被判处有期徒刑以下刑罚的，自新罪判决确定之日起一般在 2 年之内不予减刑；对新罪判处无期徒刑的，减刑的起始时间要适当延长。

减刑的程序和减刑后的刑期计算：

1. 减刑的程序　根据《刑法》第七十九条的规定，对于犯罪分子的减刑，由执行机关向中级以上人民法院提出减刑建议书。人民法院应当组成合议庭进行审理，对确有悔改或者立功事实的，裁定予以减刑。非经法定程序不得减刑。另据《监狱法》第三十条规定，人民法院应当自收到减刑建议书或者假释建议书之日起 1 个月内予以审核裁定；案情复杂或者情况特殊的，可以延长 1 个月。同时，根据《刑事诉讼法》第二百二十二条规定，人民检察院认为人民法院的减刑裁定不当的，应当在收到裁定书副本后 20 日内，向人民法院提出书面纠正意见，人民法院应当在收到纠正意见书 1 个月内重新组成合议庭进行审理，作出最终裁定。

2. 减刑后刑期的计算　犯罪分子原判刑罚的种类不同，减刑后刑期的计算办法也不同。根据《刑法》第八十条的规定和有关立法精神，减刑后的计算办法如下：减刑后刑期的计算：

1. 对于原判处管制、拘役、有期徒刑的，减刑后的刑期从原判决刑罚执行之日起计算。原判刑期已经执行的部分，应当计算在减刑后的刑期之内。

2. 对于原判无期徒刑的减为有期徒刑后的刑期，从裁定减刑之日起计算。已经执行的刑期不计入减刑后的刑期之内。

3. 对于由无期徒刑减为有期徒刑后，依法再次减刑的犯罪分子，再次减刑的刑期按有期徒刑减刑后刑期的计算办法计算。

4. 犯罪分子在刑罚执行期间曾减刑，后又改判为较轻的刑罚时，原来的减刑仍然有效，应当从改判后的刑期内减去原减刑期。

二、实验目的

通过该实验项目，了解减刑的意义，掌握减刑的适用条件，掌握减刑的程序与方法。

三、实验内容

1. 减刑的条件。
2. 减刑的程序。
3. 减刑后的刑期计算。

四、实验要求

1. 正确理解减刑的刑法适用条件。
2. 明确减刑的程序。
3. 明确减刑的适用限度。
4. 掌握减刑后的刑期计算方法。

五、实验角色分配与实验步骤

（一）实验角色分配

根据减刑程序的特点，本实验项目可以将实验角色作如下分配：
1. 审判员；
2. 执行机关的工作人员（这里的"执行机关"是指依法执行拘役、管制的公安机关和依法执行有期徒刑、无期徒刑的监狱)。

(二) 实验步骤

1. 符合减刑条件的罪犯依法向执行机关提交减刑申请书。
2. 执行机关的工作人员向其所在地的中级以上人民法院提交减刑建议书。
3. 人民法院依法组成合议庭。
4. 合议庭依法审查核实申报的程序是否合法,手续是否完备以及是否符合减刑的条件。
5. 合议庭审查后,依法作出是否减刑的裁定,并制作相应的裁定书。

六、实验素材(案例)

案例　张莹减刑案

案件事实:

执行机关:云南省第一监狱。

罪犯张莹,男,38岁,汉族,重庆市人,因犯抢劫罪,于1996年10月20日被昆明市盘龙区人民法院判处有期徒刑15年,剥夺政治权利8年,1997年6月11日交付执行。

罪犯张莹于1996年10月20日因犯诈骗罪,被昆明市盘龙区人民法院以(1996)盘刑初字第659号刑事判决,判处有期徒刑15年,剥夺政治权利8年。上诉后,经二审审理维持原判。1997年6月11日交付执行。2000年3月23日经云南省昆明市中级人民法院以(2000)昆刑执字第2666号刑事裁定书减刑2年,剥夺政治权利减为6年,2002年4月15日又经该院以(2002)昆刑执字第3476号刑事裁定书减刑2年零3个月,剥夺政治权利减为4年。

张犯在服刑期间,认罪服法,深挖犯罪根源,认识犯罪危害,认真遵守监规,接受教育改造,积极参加政治、文化、技术学习,参加劳动,被评为2002年度改造积极分子。张犯在完成所交给的劳动任务外,还利用休息时间进行发明创造,根据手提袋市场的需求进行外观设计,其设计的"纸制手提袋"于2003年9月10日获得中华人民共和国国家知识产权局颁发的"外观设计专利证书"。于是,张犯于2003年10月向执行机关提出减刑申请。

证据证明:

1. 罪犯百分考核记功审批表、罪犯奖惩审批表证明罪犯张莹连续记有考核大功三个、单项加记大功两个,2002年度改造积极分子;

2. 张犯荣获国家知识产权局颁发的"外观设计专利证书"及罪犯奖惩审批表,对该犯记有单项加记大功1次的材料证实。

七、法律适用参考

《中华人民共和国刑法》第七十八条

《中华人民共和国刑法》第七十九条

《中华人民共和国刑法》第八十条

《最高人民法院关于办理减刑、假释案件具体应用法律若干问题的规定》第一条至第九条

广东省高级人民法院、广东省人民检察院、广东省公安厅、广东省司法厅关于印发《关于办理减刑、假释案件实施细则》的通知

《广东省高级人民法院关于进一步加强和规范减刑假释审判工作的通知》

八、主要文书附件

××××人民法院
刑事裁定书
（减刑、假释用）

（××××）×刑执字第××号

罪犯……（写明姓名、性别、出生年月日（或年龄）、民族、籍贯和服刑处所）

××××年××月××日××××人民法院作出（××××）×刑初字第××号刑事判决,认定罪犯×××犯××罪,判处……（写明主刑的刑种、刑期和附加剥夺政治权利及其刑期）等。……（此处写明上诉、抗诉后二审法院的裁判结果。未经二审的写"判决发生法律效力后"）交付执行。……（此处续写执行中的刑种、刑期变更情况。没有就不写）

执行机关……（写明机关名称）于××××年××月××日以该犯在服刑期间确有悔改表现（或立功表现或有特殊情节）,提出减刑（或假释）意见书,报送本院审理。本院依法组成合议庭,对该犯在服刑期间的表现进行了审核,现已审理终结。

本院认为……（写明该犯在服刑期间的具体悔改、立功表现或其他特殊情

节，以及减刑或假释的理由）。依据……（写明裁定所依据的法律条款项）的规定，裁定如下：

……（写明罪犯姓名和对其减刑的具体内容或宣告假释）

本裁定送达后即发生法律效力。

审判长　×××
审判员　×××
审判员　×××
××××年××月××日
（院印）

本件与原本核对无异

书记员　×××

减刑申请书

××监狱监狱长：

罪犯×××，女，××岁，×族，××省××市××区人，××××年因卖淫罪被判处有期徒刑××年。

自从××××年入监以来，我在党和政府的教育下；在监狱各级领导和管教干部的帮助下，改过自新，重新做人，有了一定的进步，主要表现在：

……（应详述表现）

自××××年入监以来，我已经服刑××年。在这××年中，我确有悔改表现，正在积极努力重新做人。根据我国《刑法》的有关规定，我特向狱领导提出减刑申请。当然我还有不足之处，在今后我会更加努力，不辜负党、政府和监狱各级领导及广大管教干部的教育和挽救。

以上申请，敬请批准。

申请人：×××
××××年××月××日

本文书的制作要点如下：

1. 首部。写明标题、文书致送的刑罚执行机关的领导机构，罪犯本人的基本情况和案由情况。

2. 正文。分为两部分：罪犯本人自入监（或上次减刑）以来的悔改表现或立功表现；申请理由及法律依据。

3. 尾部。应写上"此致敬礼"、"敬请审核"等礼貌用语，再写明申请人的姓名及申请日期。

4. 附项：附上能够证明罪犯有悔改表现、立功表现、特殊情况的材料。

纠正不当判刑裁定意见书

检　纠减〔　　〕　　号

一、发往单位。

二、罪犯基本情况，包括罪犯姓名、性别、年龄、罪犯所在监管场所。

三、原判决、裁定情况和执行刑期情况，包括原判决、裁定认定的罪名、刑期，已执行刑期，剩余刑期。

四、裁定减刑情况，包括减刑理由，减刑时间。

五、认定裁定不当的理由及法律依据。可表述为：经审查，本院认为……

六、纠正意见。可表述为：依照《中华人民共和国刑事诉讼法》第二百二十二条的规定，特向你院提出纠正意见，请你院依法重新组成合议庭进行审理，予以纠正。

××××年××月××日

（院印）

纠正不当判刑裁定意见书制作说明

一、本文书依据《刑事诉讼法》第二百二十二条和《人民检察院刑事诉讼规则》第四百二十七条、第四百二十八条、第四百二十九条、第四百三十条、第四百三十一条的规定制作。为人民检察院认为人民法院的减刑裁定不当，向人民法院提出书面纠正意见时使用。

二、制作要求。

1. 本文书采用叙述式，按以下层次叙写：

（1）写明发往单位，即裁定减刑的人民法院，行文上顶格书写。

（2）写明被裁定减刑罪犯基本情况和减刑情况。书写顺序为：罪犯所在监管场所，罪犯姓名（如×××监狱罪犯×××），性别，年龄，原判决、裁定确定的罪名、刑期，已执行刑期，剩余刑期，被裁定减刑的理由及期限。如果该罪犯曾被裁定减刑，应在此次减刑情况前写明。

（3）检察机关认定减刑不当的理由及法律依据。书写层次为：

①写明被裁定减刑罪犯不符合减刑条件的具体情况，如罪犯刑期执行时间，罪犯曾被减刑的间隔时间，罪犯改造表现不符合有关法律、法规规定的情形等。

②写明减刑裁定的不当之处，即不符合法律、法规的哪些条款的规定等。

（4）提出纠正意见并写明法律依据。

2. 本文书一式三份，一份送作出裁定的人民法院，一份送罪犯所在的监管机关，一份附卷。纠正死刑缓期执行罪犯减刑不当的，应增加一份送省级监狱管理机关。

实验项目三　假　　释

一、法律原理概述

假释，是指对被判决有期徒刑、无期徒刑的犯罪分子，经过执行一定期限刑罚，因认真遵守监规，接受教育改造，确有悔改表现且不再危害社会的罪犯有条件予以释放的制度。假释制度体现了惩办与宽大相结合，因而附条件地将其提前释放的一种刑事政策，对于实现我国刑法的任务和刑罚的目的，发挥犯罪分子改造的积极性，鼓励和推动其改过自新，达到预防犯罪并逐步减少犯罪发生的目的。

判刑为有期徒刑的被执行人，执行原判刑期已满1/2以上，判刑为无期徒刑的被执行人，实际执行已满10年以上的，如果认真遵守监规，接受教育改造，确有悔改表现，假释后不致再危害社会的，可以假释。如果有特殊情况，经最高人民法院核准，可以不受上述执行刑期的限制。对累犯以及因杀人、爆炸、抢劫、强奸、绑架等暴力性犯罪被判处10年以上有期徒刑、无期徒刑的被执行人，不得假释。

假释的适用条件：

根据我国《刑法》第八十一条的规定，对犯罪分子适用假释，必须遵守下列条件：

（一）假释适用的对象

假释的适用对象只能是被判处有期徒刑、无期徒刑的犯罪分子。但对累犯和因杀人、爆炸、抢劫、绑架等暴力性犯罪被判处10年以上有期徒刑、无期徒刑的犯罪分子，不得假释。对于死刑缓刑执行罪犯减为无期徒刑或者有期徒刑后，符合《刑法》第八十一条第一款和经过一次或几次减刑，实际执行刑期不少于12年的，可以假释。假释是根据犯罪分子服刑期间的悔改表现而附条件地提前释放，归家保留对其继续执行未执行的刑罚的可能性。

（二）假释适用的限制条件

假释只适用于已经执行一部分刑罚的犯罪分子。根据我国《刑法》第八十一条及有关司法解释的规定，被判处有期徒刑的犯罪分子，执行原判刑期1/2以上，被判处无期徒刑的犯罪分子，实际执行10年以上，才可以适用假释。对无期徒刑减为有期徒刑的罪犯，仍应按原判无期徒刑实际执行10年以上，才可以适用假释。对判处有期徒刑的罪犯适用假释，执行原判刑期1/2以上的起始时间，应从羁押之日起计算。

为了使假释制度的运用有必要的灵活性，我国《刑法》第八十一条同时规定：如果有特殊情况，经最高人民法院核准，可以不受上述执行刑期的限制。根据有关司法解释，"特殊情况"应包括如下情形：（1）罪犯在服刑期间有重大发明创造或突出的立功表现。（2）罪犯已经基本丧失活动能力，并有悔改表现，假释后不会再危害社会。（3）罪犯有专门技能，有关单位急需使用。（4）罪犯家庭有特殊困难，需本人照顾，请求假释的，在司法实践中，须由县级以上公安机关或者人民政府有关部门提供证明。但对犯罪集团的首犯、惯犯和罪行特别严重的罪犯除外。（5）为了进一步贯彻未成年人保护法，执行对未成年罪犯实行教育、感化、挽救的方针，对犯罪时未成年，在刑罚执行期间确有悔改表现，不致再危害社会的。（6）为了政治斗争的需要，对某些具有外国国籍或不属于大陆籍的罪犯而适用假释。（7）其他特殊情况。

（三）假释适用的实质条件

犯罪分子认真遵守监视，接受教育改造。确有悔改表现，假释后不致再危害社会，这是适用假释的实质条件或者关键条件。犯罪分子同时具备以下四个方面情形，应当认为"确有悔改表现"：认罪服法；遵守罪犯改造行为规范和监狱纪律；积极参加政治、文化、技术学习；积极参加劳动，爱护公物，完成劳动任务。

"不致再危害社会"，是指罪犯在劳动改造期间一贯表现好，确有悔改表现不致重新犯罪的，或者老弱病残并丧失作案能力的。

此外，根据有关司法解释，把握适用假释的实质条件，还须特别注意以下问题：第一，为了贯彻对未成年犯教育、感化、挽救的方针，对未成年犯的假释在掌握标准上可以比照成年犯依法适度放宽。第二，对罪行严重的危害国家安全的罪犯和犯罪集团的首要分子、主犯、惯犯的假释，主要是根据他们的改造表现，同时也要考虑原判的情况，应当特别慎重，严格掌握。

（四）不能假释的情况

对累犯以及因杀人、爆炸、抢劫、强奸、绑架等暴力性犯罪被判处10年以上有期徒刑、无期徒刑的犯罪人，不得假释。(1) 不管对罪犯所判处的是什么刑种与刑期，对罪犯不得假释。(2) 对实施了杀人、爆炸、抢劫、强奸、绑架等暴力性犯罪，并且被判处10年以上有期徒刑、无期徒刑的犯罪人，不得假释。"暴力性犯罪"除了上述列举的几种犯罪外，还包括其他对人身行使有形力的犯罪，如伤害、武装叛乱、武装暴乱、劫持航空器等罪。(3) 对于被判处10年以上有期徒刑、无期徒刑的暴力性犯罪人，即使减刑后其刑期低于10年有期徒刑，也不得假释。

此外，法律对适用假释规定了严格的司法程序，非经法定程序不得假释。根据《刑法》第八十二条规定，对于犯罪人假释的，由执行机关向中级以上人民法院提出假释建议书，人民法院应当组成合议庭进行审理，对符合假释条件的，裁定予以假释。

（五）假释的程序、考验和撤销

1. 假释的程序。

《刑法》第八十二条规定："对于犯罪分子的假释，依照本法第七十九条规定的程序进行。非经法定程序不得假释。"根据这一规定，对于犯罪分子的假释，由执行机关向中级以上人民法院提出假释建议书。人民法院应当组成合议庭进行审理，根据假释的适用条件，作出是否准予假释的裁定。

2. 对假释犯的考验。

假释是将犯罪分子有条件地提前释放，放到社会上进行改造，同时保留对其继续执行未执行的刑罚的可能性。因此，必须对假释的罪犯规定一定的考验期限，在宣布假释的同时宣布考验期限，以便对其进行监督改造。对于假释的考验，根据《刑法》第八十三条、第八十四条和第八十五条作了如下规定：(1) 有期徒刑的假释考验期限，为没有执行完毕的刑期；无期徒刑的假释考验期限为10年。假释考验期限，从假释之日起计算。(2) 被宣告假释的犯罪分子，应当遵守下列规定：①遵守法律、行政法规，服从监督；②按照监督机关的规定报告自己的活动情况；③遵守监督机关关于会客的规定；④离开所居住的市、县或者迁居，应当报经监督机关批准。(3) 被假释的犯罪分子，在假释考验期限内，由公安机关予以监督，如果没有本法第八十六条规定的情形，假释考验期满，就认为原判刑罚已经执行完毕，并公开予以宣告。

3. 假释的撤销。

根据《刑法》第八十五条的规定，撤销假释的原因有三种：

（1）被假释的犯罪分子，在假释考验期限内犯新罪，应当撤销假释，将前罪没有执行刑罚和后罪所判处的刑罚，依照《刑罚》第六十九条关于数罪并罚原则的规定，决定执行的刑罚。

（2）在假释考验期限内或者考验期满以后，发现被假释的犯罪分子在假释前还有其他犯罪没有判决而且尚未超过追诉期限的，应当撤销假释，根据《刑法》第六十九条的规定进行处理。

（3）被假释的犯罪分子，在假释考验期限内，违反法律、行政法规或者国务院公安部门有关假释的监督管理规定，尚不构成新的犯罪的，亦应依照法定程序撤销假释，收监执行未执行完毕的刑期。

假释的撤销程序：被假释的罪犯由公安机关予以监督。被假释的罪犯，在假释期间有违反法律、行政法规和国务院公安部门有关假释的监督管理规定的行为，尚未构成新的犯罪的，公安机关可以向人民法院提出撤销假释的建议，人民法院应当自收到撤销假释建议书之日起1个月内予以审核裁定。人民法院裁定撤销假释的，由公安机关将罪犯送交监狱收监。

二、实验目的

通过该实验项目，了解假释的概念和意义，能区分假释与其他相关制度，掌握假释的适用条件，掌握假释的程序、考验和撤销。

三、实验内容

1. 假释的刑法适用条件、限制条件和实质条件。
2. 假释的程序。
3. 假释的撤销。
4. 假释的考验。

四、实验要求

1. 正确理解假释的刑法适用条件。

2. 明确假释的程序。
3. 掌握假释考验的方式与内容。
4. 掌握撤销假释的几种原因。

五、实验角色分配与实验步骤

（一）实验角色分配

根据假释程序的特点，本实验项目可以将实验角色作如下分配：（1）审判员；（2）执行机关的工作人员（执行强制劳动改造的监狱的工作人员）。

（二）实验步骤

1. 符合假释条件的罪犯依法向执行机关提出假释申请。
2. 由执行强制劳动改造的监狱的工作人员向所在地中级人民法院提出假释建议书，并附以下材料：（1）罪犯评审鉴定表；（2）罪犯奖惩表；（3）终审法院判决书和裁定书；（4）历年减刑裁定书复印件；（5）罪犯确有悔改或者立功表现的具体材料；（6）未成年或者老残（自伤自残除外）的材料。
3. 监狱所在地的中级人民法院收到监狱的假释建议书后审查其材料是否齐全、手续是否齐备、程序是否合法。
4. 人民法院在审查案件材料后组成合议庭进行审理，对符合法定条件的罪犯裁定予以假释。

六、实验素材（案例）

案例一　李富生假释案
案件事实：
刑罚执行机关：湖南省少年犯管教所。
罪犯李富生，男，1942年12月24日生，汉族，大学文化，湖南省衡南县人。判决前系湖南省郴州地区化工局副局长，兼郴州地区桥口氮肥厂厂长。因犯受贿罪于1996年11月8日被湖南省郴县人民法院判处有期徒刑5年。
湖南省郴县人民法院1996年11月8日，以（1996）郴刑初字第53号刑事判决，认定李富生犯受贿罪，判处有期徒刑5年。判决发生法律效力后，交付湖南省少年犯管教所服刑。刑期自1996年4月24日起至2001年4月23日止。

罪犯李富生服刑以后，能够认罪服法，遵守监规纪律，政治、文化、技术学习认真，成绩优良。多次检举。揭发坏人坏事和制止打架斗殴事件。1997年6月，湘北地区遭受严重水灾，李想办法积极为灾区人民捐款100元。平时，李能主动协助管教干部维护监内的改造秩序。如同监犯郭健1997年3月因打架受到关禁闭、记过和撤销生产小组长的处分，曾一度思想消沉，丧失了改造信心。李犯便多次对郭犯进行了耐心的教育和规劝。最后使郭犯的表现有明显好转，不久便恢复了生产小组长的职务。李犯在劳动中积极肯干，吃苦耐劳，分配其任中队生产调度，能积极出主意想办法，合理安排生产，每月节约资金千余元，超额完成生产任务。

1997年11月5日，湖南省少年犯管教所以罪犯李富生在服刑中确有悔改表现，并有特殊情节为由，向湖南省郴州地区中级人民法院呈报假释意见书，建议该院依法裁定对罪犯李富生准予假释。

证据证明：

1. 罪犯百分考核记功审批表、罪犯奖惩审批表证明罪犯李富生在服刑期间确有悔改表现，确不至于再危害社会。

2. 罪犯李富生系化工工艺高级工程师，具有一技之长。湖南省郴州岭北化工厂（系郴州地区化工局下属企业）法人代表张朱富因该厂生产和科研的特殊需要，于1997年5月7日向李服刑的单位及有关部门提供了全权担保书，并加盖该厂的公章，愿保释李出狱到该厂进行技术指导。此事实，有湖南省高级技术职称评定审批表、聘用书及保释单位证明材料在卷。

案例二　游智健在假释考验期限内有违法行为被撤销假释案

罪犯游智健，男，28岁，江苏省南京市人，江苏省浦口监狱假释犯人，曾暂住南京市×街197号。

罪犯游智健，1987年9月29日被江苏省苏州市平江区人民法院以抢劫罪判处其有期徒刑14年（刑期至2001年6月23日止），剥夺政治权利3年。判决发生法律效力后，交付江苏省浦口监狱执行。1996年12月江苏省浦口监狱以游智健在服刑期间确有悔改表现为理由，提出假释建议书，建议对其予以假释。同年12月16日，南京市中级人民法院作出（1997）宁刑执字第159号刑事裁定，对罪犯游智健准予假释（假释考验期间至2001年6月23日止），原剥夺政治权利3年不变。1998年4月10日，南京市公安局认定罪犯游智健在假释期间，于1998年3月31日夜在该市府西街，盗开他人黎明牌吉普车1辆，行驶至健康路口时，将1辆夏利牌出租轿车撞坏，后在逃跑途中被公安机关抓获，其行为已触犯了《中华人民共和国刑法》第八十六条第3款的规定。为此，该局向南京市中级人民法院提出撤销假释建议书，请求依法裁定撤销对罪犯游智健的假释，将其收监执行。

七、法律适用参考

《中华人民共和国刑法（1997年修正）》第七十八条第一款第三项
《最高人民法院关于办理减刑、假释案件具体应用法律若干问题的规定》
《监狱提请减刑假释工作程序规定》（中华人民共和国司法部令第77号）
广东省高级人民法院、广东省人民检察院、广东省公安厅、广东省司法厅关于印发《关于办理减刑、假释案件实施细则》的通知
《广东省高级人民法院关于进一步加强和规范减刑假释审判工作的通知》

八、主要文书附件

××××人民法院
刑事裁定书
（减刑、假释用）

（××××）×刑执字第××号

罪犯……（写明姓名、性别、出生年月日（或年龄）、民族、籍贯和服刑处所）

××××年××月××日××××人民法院作出（××××）×刑初字第××号刑事判决，认定罪犯×××犯××罪，判处……（写明主刑的刑种、刑期和附加剥夺政治权利及其刑期）等。……（此处写明上诉、抗诉后二审法院的裁判结果。未经二审的写"判决发生法律效力后"）交付执行。……（此处续写执行中的刑种、刑期变更情况。没有就不写）

执行机关……（写明机关名称）于××××年××月××日以该犯在服刑期间确有悔改表现（或立功表现或有特殊情节），提出减刑（或假释）意见书，报送本院审理。本院依法组成合议庭，对该犯在服刑期间的表现进行了审核，现已审理终结。

本院认为……（写明该犯在服刑期间的具体悔改、立功表现或其他特殊情节，以及减刑或假释的理由）。依据……（写明裁定所依据的法律条款项）的规定，裁定如下：

……（写明罪犯姓名和对其减刑的具体内容或宣告假释）

本裁定送达后即发生法律效力。

审判长　×××

审判员　×××

审判员　×××

××××年××月××日

（院印）

本件与原本核对无异

书记员　×××

<h2 align="center">假释申请书</h2>

××监狱监狱长：

　　罪犯×××，女，××岁，×族，××省××市××区人，××××年因卖淫罪被判处有期徒刑××年。

　　自从××××年入监以来，我在党和政府的教育下；在监狱各级领导和管教干部的帮助下，改过自新，重新做人，有了一定的进步，主要表现在：（应详述表现，此略）

　　自××××年入监以来，我已经服刑××年。在这××年中，我确有悔改表现，正在积极努力重新做人。根据我国《刑法》的有关规定，我特向狱领导提出假释申请。当然我还有不足之处，在今后我会更加努力，不辜负党、政府和监狱各级领导及广大管教干部的教育和挽救。

　　以上申请，敬请批准。

申请人：×××

××××年××月××日

本文书的制作要点如下：

1. 首部。写明标题、文书致送的刑罚执行机关的领导机构，罪犯本人的基本情况和案由情况。

2. 正文。分为两部分：罪犯本人自入监（或上次减刑）以来的悔改表现或立功表现；申请理由及法律依据。

3. 尾部。应写上"此致敬礼"、"敬请审核"等礼貌用语，再写明申请人的姓名及申请日期。

4. 附项：附上能够证明罪犯有悔改表现、立功表现、特殊情况的材料。

纠正不当假释裁定意见书

检　纠假〔　　〕　号

一、发往单位。

二、罪犯基本情况，包括罪犯姓名、性别、年龄、罪犯所在的监管场所。

三、原判决、裁定情况和执行刑期情况，包括原判决、裁定认定的罪名、刑期，已执行刑期及减刑情况，剩余刑期。

四、裁定假释情况，包括假释理由，可表述为：你院以……为由，裁定假释。

五、认定裁定假释不当的理由及法律依据，可表述为：经审查，本院认为……

六、纠正意见，可表述为：依照《中华人民共和国刑事诉讼法》第二百二十二条的规定，特向你院提出纠正意见，请依法重新组成合议庭进行审理，予以纠正。

年　月　日
（院印）

纠正不当假释裁定意见书制作说明

一、本文书依据《刑事诉讼法》第二百二十二条和《人民检察院刑事诉讼规则》第四百二十七条、第四百二十八条、第四百二十九条、第四百三十条、第四百三十一条的规定制作。为人民检察院认为人民法院的假释裁定不当，向人民法院提出书面纠正意见时使用。

二、制作要求。

1. 本文书采用叙述式，按以下层次叙写：

（1）写明发往单位，即裁定假释的人民法院，行文上顶格书写。

（2）写明被裁定假释罪犯的基本情况和裁定假释情况。书写顺序为：罪犯所在监管场所，罪犯姓名（如×××监狱罪犯×××），性别，年龄，原判决、裁定确定的罪名、刑期，已执行刑期，剩余刑期，被裁定假释的情况（包括假释的理由）。

（3）检察机关认为假释不当的理由及法律依据。书写层次为：

①写明被裁定假释罪犯不符合假释条件的具体情况，如罪犯实际执行刑期、罪犯改造表现等不符合有关法律、法规规定的情形。

②写明假释裁定的不当之处，即×××罪犯被裁定假释不符合法律、法规的哪些条款规定等。

(4) 提出纠正意见并写明法律依据。

2. 本文书一式三份，一份送作出裁定的人民法院，一份送罪犯所在的监管机关，一份附卷。

参 考 文 献

尹丽华、严本道著：《刑事诉讼法学实验教程》，北京大学出版社2008年版。

樊学勇主编：《法学课程实训教学讲义及演练脚本》（刑事、民事法庭审判演练），中国人民公安大学出版社2009年版。

马进保、李明、蒋石平著：《刑事诉讼法》，人民法院出版社2006年版。

徐静村主编：《刑事诉讼法》（上、下），法律出版社2004年第三版。

陈卫东主编：《刑事诉讼法学原理与案例教程》，中国人民大学出版社2008年版。

李希慧主编：《中国刑事立法研究》，人民日报出版社2005年版。

张明楷：《刑法的基本立场》，中国法制出版社2002年版。

邱兴隆：《刑罚理性导论——刑罚的正当性原论》，中国政法大学出版社1998年版。